학교폭력 예방의 이론과 실제

학교폭력 예방의 이론과 실제

김성곤 · 황인호 · 차주환 · 장성화 · 김순자 · 윤향숙 공저

Theory and Practice of School Violence Prevention

동문사

머리말

학생들은 학교에서 많은 시간을 보낸다. 그 안에서 때로는 사소한 일로 다투기도 하고 화해도 하면서 사회성을 키운다. 그러나 언제부터인가 학교폭력은 성인폭력처럼 잔인해지고, 학생들 사이의 폭력이 집단화 · 저연령화 경향이 보이며, 특정아이에게 집중되면서 심각한 수준에 이르게 되었다(오혜영 외, 2009).

이러한 학교폭력은 피해자에 심리정서 뿐만 아니라 학교생활, 대인관계 등 피해자의 삶의 모든 측면에서 부정적인 영향을 준다. 심리·정서적으로 피해학생은 폭력을 당하고 나서 폭력의 희생자가 되었다는 분노와 불안, 공포, 우울감 및 소외감과 자책감을 느끼고 심한 경우에는 외상 후 스트레스 장애나 불안, 우울을 겪는다. 학교생활 장면에서는 계속 학교폭력에 시달리게 될 것이라는 심한 불안감을 가지게 되고, 친한 친구들 사이에서 괴롭힘을 당할 경우 수치심으로 학교가기를 꺼려하게 된다. 학업에 집중하지 못하고 흥미를 잃어 성적이 떨어지는 등 학교생활에 적응하지 못하게 되고, 가해학생에 대한 보복 심리와 불안감과 소외감을 줄이고 다시는 피해를 당하지 않겠다는 두려움으로 스스로 가해자가 되어 다른 이들을 피해자로 만들기도 한다. 대인관계 측면에서 피해학생들은 사람들과 접촉하지 않으려고 대인관계 기피와 대인공포증을 갖게 되고, 사람들을 무서워하게 되어 정상적인 인간관계를 맺지 못하게 된다(원혜욱 · 김자용, 2009). 학교폭력은 이제 정부를 비롯하여 사회 · 학교 · 학부모 등 모두가 같이 고민해야 할 만큼 빈도와 정도에 있어서 매우 중요한 사회적 이슈가 되었다.

이에 학교폭력을 예방하고 제대로 잘 대처하기 위해서는 국가에서는 이미 2004년 「학교폭력예방 및 대책에 관한 법률」을 제정하였을 뿐만 아니라 2013년 5월 현 정부에서는 학교폭력을 사회 4대 악(惡)으로 규정하고 이를 근절하기 위한 추진본부를 발족시켰다. 이와 같이 학교폭력 사건이 학교나 당사자들만의 문제가 아닌 사회 전체의 문제라는 인식은 널리 퍼져있으며 이를 해결하기 위한 많은 노력을 기울이고 있다.

교사들은 학교에서 학교폭력 관련 학생들을 바르게 지도하기 위해서는 생활지도와 상담활동을 해오면서, 학교에서 발생하는 학교폭력 문제에 대응하기 위해 많은 노력을 기울이고 있다. 그러나 구체적으로 교사가 무엇을 어떻게 해야 할 것인지에 대한 현실적인 담론과 학교폭력 사안이 발생되었을 때, 어떻게 대응해야 하는지 막연한 점이 있다.

이 책은 학교폭력 현상의 전반적인 이해를 제공하기 위해 학교폭력 예방 및 개입방법, 학교폭력의 사안별 지도방법 그리고 학교폭력에 관한 법률 등 교사가 현장에서 바로 적용할 수 있는 내용을 다루고자 노력하였다.

이 책은 다음과 같이 총 12장으로 구성되었다.

김성곤 선생이 '제1장 학교폭력에 대한 개관, 제9장 학교폭력에 관한 법률적 이해, 제10장 학교폭력에 관한 보호처분 내용과 부록'을, 황인호 선생이 '제5장 학교폭력상담, 제6장 학교폭력상담 사례'에 관한 내용을, 차주환 선생이 '제4장 학교폭력 사안 발생 시 지도방안, 제7장 학교폭력 예방 및 개입 프로그램'에 관한 내용을, 장성화 선생이 '제2장 학교폭력의 원인, 제12장 학교폭력 근절을 위한 교육의 방향'에 관한 내용을, 김순자 선생이 '제8장 학교폭력대책자치위원회의 이해'에 관한 내용을, 윤향숙 선생이 '제3장 학교 내 집단따돌림 및 성폭행, 제11장 학교폭력 예방기관'에 관한 내용을 집필하였다.

이 책이 나오게 된 배경에는 오랜 기간 같은 길을 걸어 온 동학(同學)이라는 점이 있다. 이 책의 집필자들은 학교폭력 관련 교육의 정책을 입안하고 집행하는 정부기관에 근무하는 전문 실무자를 비롯하여 대학 및 상담기관에서 학교폭력 관련 연구, 강의 및 상담활동을 해 온 전문가들이 학교폭력이 관한 이론과 현장지도에 도움이 되게 집필하려고 노력하였다.

따라서 이 책은 먼저 중 · 고등학교 교사를 양성하는 사범대학과 교육대학원에 재학 중이거나 교직과정을 이수하는 예비교사들에게 유용한 학습 자료로 활용할 수 있을 것이다. 또한 일선 학교현장에서 근무하는 교사로서, 학교폭력의 이해를 넓힐 뿐만 아니라, 실제적인 학교폭력의 예방과 대책 방법을 고민하고 모색하는 교사에게 유용한 안내서가 되기를 희망한다.

마지막으로 이 책이 나오기까지 도움을 주신 분들께 감사를 드린다. 먼저 이 책이 나오기 까지 집필진의 강의와 상담에 참여한 교사, 학생 그리고 내담자들에게 고마움을 전한다. 이들의 조언이 있어서 학교폭력의 좀 더 현실적인 부분에 초점을 맞춰 작업을 할 수 있었다. 그리고 학교폭력 예방과 대책을 주제로 한 책을 집필할 수 있도록 지원해 주신 동문사 사장님과 유재영 부장님, 편집국장님을 비롯한 모든 직원 분들께 진심으로 감사의 마음을 전한다.

2014년 8월

저자 일동

차 례

제5장 학교폭력상담 113

제6장 학교폭력상담 사례 135

제7장 학교폭력 예방 및 개입 프로그램 151

제8장 학교폭력대책자치위원회의 이해 175

제9장 학교폭력에 관한 법률적 이해 197

제10장 학교폭력에 관한 보호처분 217

제11장 학교폭력 예방기관 249

제1장
학교폭력에 대한 개관

1. 학교폭력의 개념

학생들은 학교에서 많은 시간을 보낸다. 그 안에서 때로는 사소한 일로 다투기도 하고 화해도 하면서 사회성을 키운다. 그러나 언제부터인가 학교폭력은 성인 폭력처럼 잔인해지고, 학생들 사이의 폭력이 집단화 · 저연령화 경향이 보이며, 특정아이에게 집중되면서 심각한 수준에 이르게 되었다. 학교폭력은 이제 정부를 비롯하여 사회 · 학교 · 학부모 등 모두가 같이 고민해야 할 만큼 빈도와 정도에 있어서 매우 중요한 사회적 이슈가 되었다(오혜영 외, 2009).

이에 학교폭력을 예방하고 제대로 잘 대처하기 위해서는 먼저 예비교사 · 교사 · 상담사 · 정부 관계자 그리고 보호자들이 학교폭력에 대해 정확한 이해와 대처방법을 숙지해야 한다. 이 장에서는 학교폭력의 개념, 특징 그리고 학교폭력의 유형 등을 설명하고자 한다.

2004년 7월 30일에 제정된 학교폭력 예방 및 대책에 관한 법률에 의하면 학교폭력이란 "학교 내외에서 학생 간에 발생한 폭행 · 협박 · 따돌림 등에 의하여 신체 · 정신 또는 재산상의 피해를 수반하는 행위를 말한다."라고 규정하였고, 2012년 1월 26일에 개정된 법률에 의하면 학교폭력을 "학교 내에서 학생 간에 발생한 상해, 폭행, 감금, 협박, 약취, 유인, 명예훼손, 모욕, 공갈, 강요 · 강제적인 심부름 및 성폭력, 따돌림, 정보통신망을 이용한 음란 · 폭력 정보 등에 의해 신체 · 정신 또는 재산상에 피해를 수반하는 행위"라고 규정하여 학교폭력의 범위를 확장하였다.

2012년 3월 21일에 개정된 법률에서는 학교폭력이란 "학교 내외에서 학생을 대상으로 발생한 상해, 폭행, 감금, 협박, 약취 · 유인, 명예훼손 · 모욕, 공갈, 강요 · 강제적인 심부름 및 성폭력, 따돌림, 사이버 따돌림, 정보통신망을 이용한 음란 · 폭력 정보 등에 의해 신체 · 정신 또는 재산상의 피해를 수반하는 행위를 말한다."라고 규정하였다. 즉, 학교폭력의 범위를 '학생 간에 발생한 사건'에서 '학생을 대상으로 발생한 사건'으로 확대하여 학교 밖 청소년 등에 의한 학교폭력도 학교폭력대책법에 의해 지원을 받을 수 있게 하고, 사이버 따돌림을 추가하였다.

이와 같은 학교폭력예방 및 대책에 관한 법률에서는 학교폭력은 학생을 대상으로 하는 폭력이므로 가해자가 학생이 아니더라도 피해자가 학생인 경우 반드시 피해학생에 대한 보호조치를 실시해야 한다는 것이다. 또한 따돌림, 강요된 심부름을 학교폭력의 범위에 포함시킨 것은 왕따, 빵셔틀 같이 최근 학교에서 문제가 되고 있는 실태를 반영한 것이다(이영돈, 2012).

학교폭력은 피해자의 심리정서뿐만 아니라 학교생활, 대인관계 등 피해자의 삶의 모든 측면에서 부정적인 영향을 준다. 심리 · 정서적으로 피해학생은 폭력을 당하고 나서 폭력의 희생자가 되었다는 분노와 불안, 공포, 우울감 및 소외감과 자책감을 느끼고 심한 경우에는 외상 후 스트레스 장애나 불안, 우울을 겪는다(원혜욱 · 김자용, 2009). 학교생활 장면에서는 계속 학교폭력에 시달리게 될 것이라는 심한 불안감을 가지게 되고, 친한 친구들 사이에서 괴롭힘을 당할 경우 수치심으로 학교가기를 꺼려하게 된다. 학업에 집중하지 못하고 흥미를 잃어 성적이 떨어지는 등 학교생활에 적응하지 못하게 되고, 가해학생에 대한 보복심리와 불안감, 소외감을 줄이고 다시는 피해를 당하지 않겠다는 두려움으로 스스로 가해자가 되어 다른 이들을 피해자로 만들기도 한다. 대인관계 측면에서 피해학생들은 사람들과 접촉하지 않으려고 대인관계 기피와 대인공포증을 갖게 되고, 사람들을 무서워하게 되어 정상적인 인간관계를 맺지 못하게 된다(원혜욱 · 김자용, 2009).

2. 학교폭력의 특징

과거의 학교폭력은 소수의 문제 학생에 의해 주로 발생하였으나, 최근에는 다수의 학생들에 의해 반복적으로 이루어지고 물리적인 신체 폭력에 한정하지 않고 정서적 폭력의 형태로 이루어지는 하나의 문화현상으로 변질되고 있는데(조종태, 2012), 최근 학교폭력의 주요 특징은 다음과 같다(정현주 외, 2012)

첫째, 최근 들어 학교폭력이 점차 잔인해지고 비인간적인 방법으로 이루어지고 있는 특징을 가진다. 또한 가해자들은 가해 이유로 '재미있어서', '이유 없음' 등으로 응답하고 있어 뚜렷한 동기가 나타나지 않으며, 피해자에 대한 죄의식이나 미안함을 보이지 않고 있다.

둘째, 학교폭력을 발생시키는 시기가 점차 저연령화된다는 점이다. 조종태(2012)에 의하면, 피해학생 중 53.6%가 초등학교 때 최초로 학교폭력 피해를 경험하였고, 가해학생 중 58.0%가 초등학교 때 최초로 가해하였다. 과거 중 · 고등학교에 주로 발생했던 학교폭력은 이렇듯 초등학교 때부터 경험하는 것으로 나타나고 있다. 따라서 학교폭력은 초등학교 때부터 주의 깊게 지켜보아야 한다.

셋째, 학교폭력 양상은 점차 조직적이고 집단적인 경향을 띤다는 점이다. 마치 어른들의 조직폭력처럼 아이들도 조직화 · 집단화를 추구하며, 일부 학생들의 폭력서클은 성인 폭력조직과 연계되어 있거나 중학교 일진은 고등학교, 나아가 성인까지 연결되어 있는 것을 볼 수 있다. 이러한 집단성은 학교폭력이 더욱 가혹해지고 범죄화하는 원인이 되기도 한다.

넷째, 과거에는 성적이 좋지 않거나 가정환경이 불우한 일부 청소년들이 가해자가 된다고 생각되었지만 요즈음은 성적도 우수하고 또래관계도 좋은 학생들이 무차별적인 가해행동을 하는 경우가 종종 발생된다는 점이다. 이는 입시

위주의 비인간적인 교육풍토가 만들어낸 결과라고 생각할 수 있다.

다섯째, 학교폭력의 가해와 피해의 악순환이다. 최근 학교폭력은 집단으로 가해자가 되는 경우가 많고, 그중 일부는 이미 피해자로서 폭력을 당한 학생들도 있어 가해자와 피해자의 구별이 불분명하다. 학교폭력 피해 경험이 있는 학생이 다시 폭력을 당하지 않기 위해 다른 학생에게 폭력을 행사하는 경우와 같이 학교폭력은 피해와 가해의 악순환이 반복된다.

여섯째, 언어적 · 정서적 폭력의 증가와 폭력의 지속성이다. 조종태(2012)에 의하면, 요즈음 학교폭력은 단순한 신체적 폭력이 아닌 강제적 심부름(46.0%), 사이버폭력(34.9%), 성적 모독(20.7%) 등 언어적 · 정서적 폭력이 증가하는 추세에 있다. 언어적 · 정서적 폭력은 인터넷과 스마트폰, SNS 등을 통해 손쉽게 반복적으로 이루어지고 있어 문제가 더욱 심각하다. 또한 가해자가 주위에 알린 피해자에게 보복 폭행을 하거나(44.0%), 처음 피해를 가한 학생이 친한 주위 학생과 함께(34.4%) 폭력을 행사하는 등 학교폭력 가해자 중 2회 이상의 경험이 있는 학생의 비율이 무려 61.1%나 된다. 더구나 또래를 폭행하거나 성추행하는 동영상을 인터넷상에 유포시킴으로써 피해학생들에게 더 심각한 상처를 주기도 한다.

학교폭력은 학생 시기만이 아니라 이후 가해학생, 피해학생들이 성인이 되어서도 크나큰 부정적인 영향을 미친다. 먼저 심리정서적인 문제가 심각한 가해학생들은 그대로 방치할 경우 성인이 되어 문제행동이 심각해지고 결과적으로 사회부적응 및 범죄자로 전환될 가능성이 높아진다(정현주 외, 2012). Nansel 등(2001)에 의하면, 학교폭력 가해자들은 음주나 흡연 등과 같은 다른 문제행동을 더 많이 하는 것으로 밝혀지고 있으며, 성인이 되어 범죄행동을 더 많이 하는 것으로 나타나고 있다(Olweus, 1995). 또한 결혼 후에 배우자나 자녀들에게 신체적인 폭력을 더 많이 행사한다고 한다(Roberts, 2000).

피해학생들이 경험하는 심리적 · 정서적 어려움으로는 외로움, 우울 · 불안감 등이 있으며, 스스로의 가치 없음에 괴로워한다. 또한 또래와의 관계형성의 어려움을 가지게 되고, 성적이 급격하게 떨어지게 된다. 또래들에게 지속적으로 괴롭힘을 당하게 되면 무기력함과 무능함, 수치심과 분노, 나아가 자살생각이라고 하는 극단적인 생각까지도 하게 된다. 학교폭력의 피해로 인해 학교에 대한 공포를 가지게 되는 학생들은 학교를 많이 빠지는 경향이 있기 때문에 학업수준이 저하되며 성인이 되어서도 더 우울한 경향을 보인다(정현주 외, 2012).

이렇듯 피해학생뿐만 아니라 가해학생들에게도 많은 상처를 남기는 학교폭력은 반드시 근절되어야 한다.

3. 학교폭력의 유형

학교폭력을 예방 · 지도하기 위해 학교폭력의 개념과 유형을 정확히 알아야 한다. 따라서 법률에서 정하고 있는 학교폭력 정의를 기준으로 신체적 폭력, 언어적 폭력, 금품갈취, 따돌림, 성폭력, 사이버폭력 및 매체폭력으로 학교폭력을 유형화하여 각 유형의 의미는 다음과 같다(정현주 외, 2012; 조종태 · 박재억, 2012; 김다헌 외, 2013.).

1) 신체적 폭력

신체적 폭력은 상대에게 해를 끼치기 위해 사용하는 물리적 힘으로, 신체에 직접적으로 해를 끼치는 행동을 비롯하여 공포심을 주는 심리적 위협 행위도 포함된다.

즉, 주먹으로 때리거나 발로 차는 행위, 찌르고 목 조르는 행위, 꼬집기, 손가락 뒤로 꺾기, 회장실에서 문을 잠그고 때리기, 칼이나 컴퍼스 · 몽둥이 · 의자 등을 이용하여 상대방에게 피해를 주는 행위, 운동장으로 나오라고 해서 집단으로 때리는 행위, 장난을 빙자해서 때리거나 힘껏 밀치는 행위 등이 신체적 폭력에 해당된다.

이러한 행위를 법률적으로 살펴보면, 일정한 장소에서 쉽게 나오지 못하게 하는 행위 또는 문을 열어두어 피해자가 충분히 나올 수 있는 장소이지만 옷을 벗겨 거리를 마음껏 활보하지 못하게 하는 행위는 '감금죄', 신체를 손발로 때리거나 도구를 사용하여 피해자의 신체에 고통을 주는 행위는 '상해죄, 폭행죄', 강제(폭행, 협박)로 일정한 장소로 데리고 가는 행위는 '약취죄', 상대방을 속이거나 유혹해서 일정한 장소로 데리고 가는 행위는 '유인죄'로 처벌을 받는다.

2) 언어적 폭력

언어적 폭력은 상대방에게 해를 끼칠 목적으로 다른 사람들이 보는 앞에서 학생에게 언어적 공격, 즉 성격 공격, 능력 공격, 배경 공격, 생김새 공격, 저주, 희롱, 조롱, 욕설, 협박 등을 한 경우이다.

이러한 행위를 법률적으로 살펴보면, 여러 사람 앞에서 모욕적인 용어(외모 놀림, 병신 · 바보 등 비하하는 내용)를 지속적으로 말하거나 그런 내용의 글을 인터넷, SNS 등으로 퍼뜨리는 행위는 '모욕죄', '명예훼손죄'로 처벌받는다. 내용이 진실이라도 범죄이고, 허위인 경우에는 가중처벌을 받는다.

3) 금품갈취

금품갈취는 갚을 생각이 없으면서 돈을 빌리는 행위, 상대방에게 "옷이 예쁘다."라는 말을 은근히 계속하면서 입고 있는 옷을 빼앗기, 돈을 걷어오라고 하기, 교통카드, 핸드폰 등 개인물품을 빼앗는 경우이다.

이러한 행위를 법률적으로 살펴보면, 속칭 삥(금품) 뜯기는 '공갈죄'이고, 옷이나 문구류 등 개인물품을 빼앗는 경우도 '공갈죄'로 처벌을 받으며, 폭행 또는 협박으로 상대방의 권리행사를 방해하거나 의무 없는 일을 하게 하는 행위로 속칭 빵셔틀, 와이파이셔틀 등의 행위도 '강요죄'로 처벌을 받는다.

4) 따돌림

따돌림은 두 사람 이상의 집단에서 특정인을 의도적으로 괴롭히기 위해 특정인을 반복적으로 소외시켜 인격적인 무시를 하거나 해를 주는 일체의 행위를 말한다.

즉, 싫어하는 말로 바보 취급하거나 말을 따라하며 놀리기, 빈정거림, 면박이나 핀잔주기, 다른 학생들과 어울리지 못하도록 막기, 골탕 먹이기, 고립시키거나 모욕을 주는 행동 등이 따돌림 유형에 속한다.

이러한 행위를 법률적으로 살펴보면, 다른 학생들과 어울리지 못하도록 막는 행위는 '강요죄', 싫어하는 말로 바보취급 등 놀리기는 '모욕죄', 빈정거림, 면박주기, 골탕 먹이기 등의 행위도 '모욕죄'로 처벌을 받는다.

5) 성폭력

성폭력은 성을 매개로 한 물리적 · 언어적 폭력행위를 말한다. 상대의 의사에 반하는 모든 가해 행위로 성폭행, 성추행, 성희롱을 포함하는 개념이다. 성폭행은 폭행, 협박하여 성행위(성기 삽입)를 강제로 하는 것이며, 청소년의 경우 유사 성교행위, 성기에 이물질 삽입 등도 이에 해당된다. 성추행은 상대방에게 폭행과 협박을 하면서 신체적인 접촉을 하는 것이다. 그리고 성희롱은 성적인 말과 행동으로 상대방이 성적 굴욕감, 수치감을 느끼도록 하는 것을 의미한다.

이러한 행위를 법률적으로 살펴보면, 폭행 · 협박하여 강제적 성행위, 유사 성교행위, 성기에 이물질 삽입 행위는 '성폭력 범죄', 폭행 · 협박과 함께 성적 모멸감을 주는 신체적 접촉행위도 '성폭력 범죄', 이고, 성적인 말과 행동으로 상대방이 성적 굴욕감이나 수치감을 주는 행위는 '모욕죄 등'으로 처벌을 받으며, 성폭력은 「아동 · 청소년의 성보호에 관한 법률」에 의해 강제추행 이상의 중대 사안일 경우 경찰 등 수사기관에 반드시 신고해야 한다.

6) 사이버폭력 및 매체폭력

사이버폭력 및 매체폭력은 휴대폰, 컴퓨터 등 정보통신망을 이용하여 상대방에게 해를 끼칠 목적으로 글이나 그림, 영상을 퍼뜨리는 행위를 의미한다. 예를 들면, 문자로 "너 죽여 버린다." "너는 너무 싸가지가 없다."라고 보내거나 조롱하는 말과 행동을 동영상으로 찍어 상대방 핸드폰으로 보내는 행위이며, 사이버 모욕, 사이버 명예훼손, 사이버 성희롱 등이 이에 속한다.

사이버 모욕은 특정인에 대해 모욕적인 언사나 욕설 등을 인터넷 게시판에 올리거나 메모 또는 채팅 상에서 행하는 행위이다. 예를 들면, 반 학생들끼리 안티카페를 만들어 한 학생을 비방하는 글을 인터넷 게시판에 올리고 서로 공유하는 행동이다. 사이버 명예훼손은 특정인에 대한 허위의 글이나 개인의 사생활에 관한 사실을 인터넷 게시판에 올려 불특정 다수인에게 공개하는 행위이다. 예를 들면, 자신이 싫어하는 학생의 실명을 인터넷 게시판에 공개하고 소문으로 떠도는 사실을 올리는 것이다. 사이버 성희롱은 인터넷상에서 음란한 대화를 강요하거나 성적 수치심을 주는 대화로 상대방에게 정신적 피해를 주는 행위이다. 예를 들면, '버디버디' 채팅방으로 들어오라고 하여 야한 이야기를 하며 상대방을 곤란하게 하는 행동이다.

이러한 행위를 법률적으로 살펴보면, 특정인에 대한 모욕적인 말이나 욕설 등을 인터넷 게시판, 채팅, 문자, 카페 등에 올리는 행위는 '명예훼손죄 등'이고 특정인에 대한 허위 글이나 사생활에 관한 사실을 인터넷, SNS, 카카오톡 등으로 불특정 다수에 공개하는 행위도 '명예훼손죄 등'이며, 위협 · 조롱 · 성적 수치심을 주는 글, 그림, 동영상 등을 정보통신망을 통해 유포하는 행위도 '명예훼손죄 등'이다. 또한 공포심이나 불안감을 유발하는 문자, 음향, 영상 등을 휴대폰 등 정보통신망으로 반복적으로 전송하는 행위는 '협박죄 등'으로 처벌받는다.

4. 학교폭력의 실태[1)]

(재)청소년폭력예방재단에서 조사한「전국 학교폭력 실태조사 발표」내용에 최근 학교폭력 실태와 현황을 잘 설명하고 있다.

(재)청소년폭력예방재단에서 실시한 학교폭력 실태조사는 2012년 12월에서 2013년 1월까지 전국 16개 시 · 도 초등학교 4학년에서 고등학교 2학년 5,530명을 대상으로 온라인 설문과 오프라인 설문으로 실시하여 2013년 4월

1) 본 학교폭력 실태의 내용은 (재)청소년폭력예방재단에서 조사한「전국 학교폭력 실태조사 발표(2013.4.22)」의 자료를 인용하였음을 밝혀둠

22일에 발표하였다.

본 학교폭력 실태는 (재)청소년폭력예방재단에서 2012년 조사를 중심으로 학교폭력 실태와 현황을 살펴보고자 한다.

1) 학교폭력 피해실태

(1) 학교폭력 피해율 감소, 피해학생의 심리적 고통 증가

2012년 1년간 학교폭력 피해율은 12.0%로 나타나 2011년 18.3%에 비해 감소한 것으로 조사되었다. 하지만 2011년에 비해 2012년에는 학교폭력 피해 후 고통 정도는 33.5%에서 49.3%로 높아져 피해 청소년들의 심리적 고통은 과거에 비해 더욱 증가한 것으로 밝혀졌다.

이는 학교폭력이 양적으로는 다소 감소하였으나, 질적으로 학생들이 체감하는 학교폭력은 심각해졌음을 의미한다. 학생들의 학교폭력 피해 후유증, 청소년 자살, 범죄로 인한 심리적 고통이 고질적인 문제로 이어질 수 있기 때문에 단순히 수치가 떨어졌다고 학교폭력이 줄고 있다고 보기보다는 학교폭력의 실상에 대한 경각심을 가져야 한다.

표 1-1 2012년 최근 1년간 학교폭력 피해 경험

항목	빈도(명)	비율(%)
당한 적이 없다	4,809	88.0
1회	293	5.4
2회	117	2.1
3회	60	1.1
4회	40	0.7
5회	17	0.3
셀 수 없이 많다(6회 이상)	134	2.4
합계	5,470	100.0

※ 무응답 : 60명

표 1-2 2011년, 2012년 학교폭력으로 인한 고통 정도

항목	2011(%)	2012(%)
전혀 고통스럽지 않았다	10.2	10.0
고통스럽지 않았다	26.4	8.3
보통이다	29.9	32.3
고통스러웠다	15.8	31.1
매우 고통스러웠다	17.7	18.2
합계	100.0	100.0

(2) 집단따돌림, 신체폭력을 가장 심각하다고 인식

가장 심각하다고 생각하는 학교폭력으로 1순위는 '집단따돌림'(24.4%), 2순위는 '신체폭력'(23.3%)이라고 응답했다. 2011년에는 1순위 '신체폭행'(20.9%), 2순위 '집단따돌림'(20.5%)으로 여전히 집단따돌림 및 신체폭행이 가장 심각한 것으로 분석되었다.

표 1-3 2012년 학교폭력 유형별 심각성 인식

항목	빈도(명)	비율(%)
신체폭력	1,284	23.3
금품갈취	471	8.6
괴롭힘	560	10.1
집단따돌림	1,343	24.4
언어폭력	746	13.5
위협이나 협박	196	3.6
성적추행	350	6.3
사이버폭력	257	4.7
모두 심각하지 않다	302	5.5
합계	5,509	100.0

※ 무응답 : 21명

표 1-4 2011년, 2012년 학교폭력 유형별 심각성 인식

항목	2011(%)	2012(%)
신체폭력	20.9	23.3
금품갈취	10.2	8.6
괴롭힘	12.7	10.1
집단따돌림	20.5	24.4
언어폭력	17.6	13.5
위협이나 협박	4.6	3.6
성적추행	4.8	6.3
사이버폭력	1.8	4.7
모두 심각하지 않다	6.9	5.5
합계	100.0	100.0

(3) 학교폭력 피해로 인한 자살생각, 10명 중 4, 5명

학교폭력을 경험한 학생들 중 44.7%가 폭력의 고통으로 인해 자살을 생각해본 적이 있는 것으로 응답했다. 즉, 학교폭력 피해자 10명 중 4~5명은 피해 후 자살을 생각해본 경험이 있다. 이는 2011년 31.4%에 비해 13.3% 증가한 수치로, 최근 자살이라는 극단적인 생각을 하는 청소년들이 점차 많아지고 있음을 알 수 있다. 따라서 적극적인 사회안전망 확충이 시급히 요구된다.

표 1-5 2012년 학교폭력으로 인한 자살생각

항목	빈도(명)	비율(%)
전혀 없었다	363	55.3
일 년에 1~2번	119	18.2
한 달에 1~2번	84	12.8
일주일에 1~2번	57	8.7
하루에 1번 이상	33	5.0
합계	656	100.0

※ 무응답 : 5명

(4) 학교폭력 피해에 대한 복수충동

학교폭력 피해 이후 가해학생에게 복수를 하고 싶은 충동을 느낀 적이 있는지에 대한 질문에 2011년 73.6%, 2012년 70.7%가 있었다고 응답했다. 즉, 피해학생 10명 중 7명은 모욕감, 분노, 억울함, 증오 등으로 학교폭력 피해에 대한 보복 심리를 가지고 있는 것을 의미한다. 이와 같은 복수충동은 가해학생에 대한 보복 심리 및 행동으로 이어져 또 다른 학교폭력을 발생시킬 수 있다. 또한, 복수충동이 해결되지 못했을 경우 보복폭행, 우울, 자살 등과 같은 심각한 위기를 초래할 수 있다.

표 1-6 2012년 학교폭력으로 인한 복수충동

항목	빈도(명)	비율(%)
전혀 없었다	193	29.3
일 년에 1~2번	138	21.0
한 달에 1~2번	98	14.9
일주일에 1~2번	93	14.1
하루에 1번 이상	136	20.7
합계	658	100.0

※ 무응답 : 3명

(5) 학교폭력 피해학생의 저연령화로 심리적 후유증 장기화 우려

재학 기간 중 학교폭력 경험이 있다고 응답한 학생(1,264명) 중 학교폭력 피해를 처음 당한 시기에 대해 질문한 결과 '초등학교 5학년'이 17.8%로 가장 높게 나타났다. 그리고 초등학교 저학년(1~3학년) 때 학교폭력 피해를 입은 학생은 30.5%, 초등학교 고학년(4~6학년) 때 피해를 경험한 학생은 47.8%로 초등학교시기에 피해를 당한 경우는 전체의 78.3%로 분석되었다. 학교폭력으로 인한 후유증은 장기화되어 지속적으로 학교생활 적응에 부정적인 영향을 끼칠 수 있으므로 초등학교 때부터 학교폭력 예방에 대한 대책마련이 시급함을 시사한다.

표 1-7 처음 학교폭력을 당한 시기

항목	초1	초2	초3	초4	초5	초6	중1	중2	중3	고1	고2	전체
빈도(명)	118	101	163	182	222	192	157	68	23	16	8	1,250
비율(%)	9.4	8.1	13.0	14.6	17.8	15.4	12.6	5.4	1.8	1.3	0.6	100

※ 무응답 : 14명

표 1-8 2011년, 2012년 초등학교시기 학교폭력피해 경험

항목	초등 1~3학년(%)	초등 4~6학년(%)
2011년	26.7	46.2
2012년	30.5	47.8

(6) 일상생활이 되어 버린 심각한 언어폭력

학교폭력 피해유형을 분석한 결과 '욕설이나 모욕적인 말을 들었다'가 27.3%로 가장 많았으며, 다음으로 '맞았다' 18.0% 등의 순으로 조사되었다. 한편 '욕설이나 모욕적인 말을 들었다'와 더불어 '말로 협박이나 위협을 당했다'는 응답이 전체의 41.2%로 최근 청소년들 사이에서 언어를 이용한 욕설, 모욕 등의 학교폭력이 심각해짐을 알 수 있다. 신체폭력, 금품갈취 등의 드러난 학교폭력뿐만 아니라 언어폭력과 같이 보이지 않는 학교폭력에 대한 경각심이 필요한 시점이다. 청소년들에게 올바른 언어문화가 자리 잡을 수 있도록 대책마련과 실행이 시급하다.

표 1-9 2012년 학교폭력 피해유형(다중응답)

항목	빈도(명)	비율(%)
욕설이나 모욕적인 말을 들었다	274	27.3
맞았다	181	18.0
말로 협박이나 위협을 당했다	139	13.9
괴롭힘을 당했다	132	13.2
집단적으로 따돌림을 당했다	125	12.5
돈이나 물건 등을 빼앗겼다	77	7.6
사이버폭력을 당했다	45	4.5
성적인 놀림과 접촉 피해를 당했다	30	3.0
합계	1,003	100.0

※ 실제 응답인원 633명, 무응답 : 21명

표 1-10 2011년, 2012년 학교폭력 피해유형

항목	2011	2012
욕설이나 모욕적인 말을 들었다	2순위	1순위
맞았다	1순위	2순위
말로 협박이나 위협을 당했다	3순위	3순위
괴롭힘을 당했다	6순위	4순위
집단적으로 따돌림을 당했다	5순위	5순위
돈이나 물건 등을 빼앗겼다	4순위	6순위
사이버폭력을 당했다	8순위	7순위
성적인 놀림과 접촉 피해를 당했다	7순위	8순위

(7) 학교폭력의 장소

학교폭력 피해를 당한 장소를 묻는 질문에 가장 안전하다고 생각한 학교교실에서 50.0%로 나타났으며, '사이버 공간'이라고 응답한 학생은 8.4%로 나타났다. 또한 학교폭력 중 심각하다고 생각하는 유형으로 사이버폭력이라고 대답한 학생은 2011년도 1.8%에서 2012년도 4.7%로 증가하였다. 최근 인터넷과 인터넷을 활용할 수 있는 매체의 발달, 그리고 학생들의 이용 증가로 사이버 공간 상의 학교폭력이 점차 활발해지고 심각해짐을 알 수 있다.

표 1-11 2012년 학교폭력을 당한 장소

항목	빈도(명)	비율(%)
학교 교실	314	50.0
학교 복도	70	11.1
학교 화장실	38	6.1
학교 운동장	32	5.1
학교 밖	121	19.3
사이버 공간(인터넷, 휴대전화 등)	53	8.4
합계	628	100.0

※ 무응답 : 33명

표 1-12 2011년, 2012년 학교폭력 중 사이버폭력의 심각성

항목	2011(%)	2012(%)
사이버폭력	1.8	4.7

(8) 피해 후 도움을 요청하지 않는 학생이 아직도 10명 중 3명

학교폭력 피해학생 중 도움요청 유무에 대해 질문한 결과 '아무런 도움을 요청하지 않았다'가 33.8%로 학생 10명 중 3명 이상은 학교폭력 피해 후 도움을 요청하지 않은 것으로 나타났다. 한편, 도움을 요청한 경우 그 대상이 부모님인 경우가 24.0%, 학교 선생님인 경우가 26.6% 등으로 조사되었다. 그리고 도움의 효과성을 묻는 질문에 '그렇다', '매우 그렇다'라고 응답한 학생은 27.9%, '전혀 그렇지 않다', '그렇지 않다'라고 응답한 학생은 41.8%로 나타났다.

학교폭력 후 도움을 요청하지 않은 학생들이 여전히 존재하며 도움을 요청하더라도 피해학생들에게 실질적인 도움이 되지 않고 있음을 알 수 있다. 피해학생들이 학교폭력으로부터 보호받고 사안이 잘 해결될 수 있도록 부모, 교사 등 1차적으로 도움을 요청 받은 주변 인물들의 적극적이고 실질적인 대처가 필요하다.

표 1-13 2012년 학교폭력 도움요청 방법

항목	빈도(명)	비율(%)
아무런 도움을 요청하지 않았다	210	33.8
부모님께 알려 도움을 요청했다	149	24.0
학교 선생님께 알려 도움을 요청했다	166	26.6
친구들에게 알려 도움을 요청했다	62	10.0
학교폭력전문기관이나 청소년상담실에 도움을 요청했다	16	2.5
117에 신고하여 도움을 요청했다	19	3.1
합계	628	100.0

표 1-14 2012년 학교폭력 도움요청의 효과성

항목	빈도(명)	비율(%)
전혀 그렇지 않다	39	18.1
그렇지 않다	51	23.7
보통이다	65	30.3
그렇다	40	18.6
매우 그렇다	20	9.3
합계	215	100.0

(9) 학교폭력 피해 시 도움을 요청하지 않는 이유

학교폭력 피해 시 도움을 요청하지 않은 이유는 '일이 커질 것 같아서' 29.8%, '이야기해도 소용없을 것 같아서' 25.8% 등의 순으로 나타났다. 피해학생들은 아직 가정, 학교, 사회의 학교폭력 대처방안이 실질적으로 도움이 되지 않는다고 생각하거나 학교폭력 피해 후 도움요청을 하는 것에 대해 부정적인 인식이 자리 잡고 있는 것으로 보인다. 도움요청 및 신고체계에 대해 믿음을 가질 수 있도록 사회적인 인식 제고 및 실질적인 방안이 마련되어야 한다.

표 1-15 2012년 학교폭력 도움을 요청하지 않는 이유

항목	빈도(명)	비율(%)
알려지는 것이 창피해서	18	10.1
야단맞을 것 같아서	8	4.5
이야기해도 소용없을 것 같아서	46	25.8
일이 커질 것 같아서	53	29.8
대단한 일이 아니라고 생각해서	30	16.9
보복당할 것 같아서	23	12.9
합계	178	100.0

2) 학교폭력 가해실태

(1) 학교폭력 가해경험

최근 1년간 학교폭력 가해경험을 묻는 질문에 1회 이상 가해를 경험한 경우는 12.6%로 2011년 15.7%보다 다소 감소하였다. 하지만 가해율은 과거에 비해 낮지 않은 수준을 보여 학교폭력이 여전히 심각함을 알 수 있다.

표 1-16 2012년 최근 1년간 학교폭력 가해경험

항목	빈도(명)	비율(%)
피해를 준 적이 없다	4,706	87.4
1회	298	5.5
2회	184	3.4
3회	36	0.7
4회	23	0.4
5회	111	2.1

항목	빈도(명)	비율(%)
셀 수 없이 많다(6회 이상)	29	0.5
합계	5.387	100.0

※ 무응답 : 143명

표 1-17 학교폭력 가해경험 비교(2006~2012년)

항목	'06년	'07년	'08년	'09년	'10년	'11년	'12년
학교폭력 가해경험(%)	12.6	15.1	8.5	12.4	11.4	15.7	12.6

(2) 학교폭력 가해학생에 대한 조치가 미흡

최근 1년 동안 학교폭력 가해 후 일어난 일에 대한 질문에 '피해학생에게 사과했다' 36.4%, '아무 일도 일어나지 않았다' 27.6% 등의 순으로 조사되었다. 학교폭력 가해 이후 아무 일도 일어나지 않은 경우는 2011년도(33.8%)와 유사하게 높게 나타났다. 최근 학교폭력에 대한 인식이 증가하면서 가해학생에 대한 조치가 부각되고 있으나, 현장에서는 적절한 조치가 이루어지지 않고 있음을 알 수 있다. 학교폭력 신고의식의 강화뿐만 아니라 이후 적절한 제지 및 가해행동에 대한 처벌, 교육이 실제로 이루어질 수 있도록 학교폭력 사후 관리 · 감독을 강화해야 한다.

표 1-18 2012년 학교폭력을 가한 후 발생한 일 유형(다중응답)

항목	빈도(명)	비율(%)
피해학생에게 사과했다	273	36.4
아무 일도 일어나지 않았다(누구도 문제 삼지 않았다)	207	27.6
학교 선생님이 아셔서 꾸지람을 듣거나 벌을 받았다	137	18.2
피해학생 부모님에게 꾸지람을 들었다	47	6.2
자치위원회에서 가해학생 조치를 받았다	44	5.9
경찰서에 신고 되어 조사를 받았다	19	2.5
형사처벌을 받았다	13	1.7
피해학생에게 물질적인 보상을 했다	11	1.5
합계	751	100.0

※ 실응답인원 : 619명, 무응답 : 62명

(3) 학교폭력 범죄라는 인식 등이 부족

학교폭력 피해를 준 이유로 '장난'(33.1%)이 2011년에 이어 여전히 1순위로 조사되어 학교폭력이 범죄라는 심각성을 모르고 있는 경우가 많았다. 다음으로 '오해와 갈등' 18.4%, '상대방 학생이 잘못해서' 17.3% 등의 순으로 학교폭력 가해 이유라 응답했다.

또한 최근 청소년들이 또래와의 관계에서 의견 차이로 발생하는 갈등을 적절하게 조율할 수 있는 능력이 부족함을 짐작할 수 있다.

표 1-19 2012년 학교폭력을 가해 이유

항목	빈도(명)	비율(%)
장난	209	33.1
오해와 갈등	116	18.4
친구들이나 선배 등이 시켜서	30	4.8
보복	24	3.8
화가 나서	77	12.2
상대학생이 잘못해서	109	17.3
스트레스 때문에	25	3.9
이유 없다	41	6.5
합계	631	100.0

※ 무응답 : 50명

표 1-20 2011년, 2012년 학교폭력을 가한 이유

항목	2011년	2012년
장난	1순위	1순위
오해와 갈등	3순위	2순위
친구들이나 선배 등이 시켜서	7순위	6순위
보복	6순위	8순위
화가 나서	5순위	4순위
상대학생이 잘못해서	2순위	3순위
스트레스 때문에	8순위	7순위
이유 없다	4순위	5순위

(4) 학교폭력을 그만둔 이유

최근 1년 동안 학교폭력 가해행동을 그만두게 된 이유로 '스스로 나쁜 행동임을 알게 되어서'가 48.5%로 가장 높게 나타났다. 즉, 다른 학생을 가해하는 행위가 범죄라는 사실을 스스로 깨우치는 것이 중요함을 알 수 있다. 현재의 주입식 학교폭력 예방교육이 아닌 체험 위주의 활동을 통해 가해청소년들이 스스로 심각성을 자각할 수 있도록 도와주어야 한다. 한편 '이전과 같이 가해행동을 지속하고 있다'라고 응답한 학생은 전체의 11.3%로 나타나 그 심각성을 더했다.

표 1-21 학교폭력을 그만둔 이유

항목	빈도(명)	비율(%)
이전과 같이 가해행동을 지속하고 있다	68	11.3
스스로 나쁜 행동임을 알게 되어서	291	48.5
피해학생 부모님에게 꾸지람을 들어서	18	3.0
학교 선생님에게 꾸지람을 들어서	56	9.3
자치위원회에서 가해학생 조치를 받아서	24	4.0
경찰서에 신고 되어 조사 받고 처분을 받아서	11	1.8
함께 가해행동을 한 친구를 멀리해서	27	4.5
학교폭력 예방교육을 받고 생각이 변해서	26	4.3
피해학생과 멀리 떨어져서	41	6.9
학년이 올라갔거나 학교졸업 등으로 환경이 바뀌어서	38	6.4
합계	600	100.0

※ 무응답 : 81명

3) 학교폭력 목격 및 방관 실태

(1) 학교폭력 목격 유무 등

학교폭력 목격 후 행동에 대한 질문에 목격한 적이 있는 학생은 전체의 41.7%로 나타났으며, 그 학생 중 목격 후 모른 척한 학생은 44.5%로 나타났다. 즉, 10명 중 4.5명은 학교폭력을 보고도 눈을 감는다는 의미이다. 따라서 이들에게 목격 후 적극적인 대처가 중요함을 인식시켜 줄 필요가 있다.

표 1-22 학교폭력 목격 유무 및 목격 후 행동(다중응답)

<table>
<tr><th rowspan="2">항목</th><th rowspan="2">비율(%)</th><th colspan="2">목격 유무</th><th colspan="2" rowspan="2">목격 후 행동
(모른 척 유무)</th></tr>
<tr><th>2011년
(%)</th><th>2012년
(%)</th></tr>
<tr><td>목격한 적이 없다</td><td>58.3</td><td>68.2</td><td>58.3</td><td>2011년
(%)</td><td>2012년
(%)</td></tr>
<tr><td>모른 척했다</td><td>15.6</td><td rowspan="7">31.8</td><td rowspan="7">41.7</td><td>56.3</td><td>44.5</td></tr>
<tr><td>부모님께 알렸다</td><td>2.7</td><td rowspan="6">43.7</td><td rowspan="6">55.5</td></tr>
<tr><td>학교 선생님께 알렸다</td><td>8.5</td></tr>
<tr><td>경찰에 신고했다</td><td>1.7</td></tr>
<tr><td>상담센터에 상담했다</td><td>0.8</td></tr>
<tr><td>직접 말렸다</td><td>7.1</td></tr>
<tr><td>피해학생에게 친구가 되어주었다</td><td>5.3</td></tr>
<tr><td>합계</td><td>100.0</td><td>100.0</td><td>100.0</td><td>100.0</td><td>100.0</td></tr>
</table>

(2) 학교폭력 목격 후 모른 척한 이유

학교폭력 방관자들의 방관 이유에 대해 조사한 결과 '같이 피해를 당할까봐'가 30.6%로 가장 높게 나타났으며, 이러한 결과는 2011년도와 유사하다. 즉, 방관자들은 보복 등 자신이 또 다른 학교폭력 피해자가 될지 모른다는 두려움이 큰 것으로 조사되었다. 또한 '어떻게 해야 할지 몰라서'라는 비율은 2011년 28.5%에서 19.0%로 크게 줄어든 반면, '관심이 없어서'라는 응답은 2011년 21.3%에서 2012년 26.9%로 증가하였다. 그리고 '도와줘도 소용이 없을 것 같아서'라는 응답 또한 증가한 추세를 보였다. 즉, 최근 학생들의 학교폭력 대처방법에 대한 인식은 증가한 것으로 보이나 친구들에 대한 관심이 부족하거나 도와줘도 소용이 없을 것 같은 좌절감은 높아짐을 짐작할 수 있다. 단순한 대처방법에 대한 교육보다는 이타심, 공동체의식 등 개인화 현상에 대한 다각적인 접근이 필요함을 시사한다.

표 1-23 2012년 학교폭력 목격 후 모른 척한 이유

항목	빈도(명)	비율(%)
같이 피해를 당할까 봐	248	30.6
관심이 없어서	218	26.9
도와줘도 소용이 없을 것 같아서	190	23.5
어떻게 해야 할지 몰라서	154	19.0
합계	810	100.0

※ 무응답 : 85명

표 1-24 2011년, 2012년 학교폭력 목격 후 모른 척한 이유

항목	2011년(%)	2012년(%)
같이 피해를 당할까 봐	33.6	30.6
관심이 없어서	21.3	26.9
도와줘도 소용이 없을 것 같아서	16.6	23.5
어떻게 해야 할지 몰라서	28.5	19.0
합계	100.0	100.0

(3) 학교폭력을 당하는 학생을 목격한 느낌

학교폭력 목격한 학생을 바탕으로 어떠한 느낌이 들었는지 질문에 '왜 똑 부러지게 대처하지 못하는지 답답하다'라고 응답한 학생은 25.7%로 나타났으며, '도와줄 수 없어서 무기력하다'라고 응답한 학생은 21.0%로 조사되었다. 학교폭력을 목격하고 답답하다고 느끼거나 무기력하다고 느끼는 방관자들을 대상으로 피해학생을 도울 수 있는 조력자로 만드는 교육 및 인식전환이 필요하다.

표 1-25 2012년 학교폭력 당하는 학생을 목격한 느낌

항목	빈도(명)	비율(%)
별 느낌 없다	466	15.6
무섭다	517	17.4
화가 난다	472	15.8
우울하다	134	4.5
왜 똑 부러지게 대처하지 못하는지답답하다	768	25.7
도와줄 수 없어 무기력하다	627	21.0
합계	2,984	100.0

※ 목격한 적 없다 : 2,405명, 무응답 : 141명

표 1-26 2011년, 2012년 학교폭력 당하는 학생을 목격한 느낌

항목	2011년(%)	2012년(%)
별 느낌 없다	17.1	15.6
무섭다	26.6	17.4
화가 난다	19.7	15.8
우울하다	5.2	4.5
왜 똑 부러지게 대처하지 못하는지 답답하다	31.4	25.7
도와줄 수 없어 무기력하다	-	21.0
합계	100.0	100.0

제2장 학교폭력의 원인

본 장에서는 학교폭력의 원인에 대한 기본적인 개념과 다양하고 복합적인 요소로 나타나고 있는 가정적인 원인, 학교적인 원인, 사회적인 원인, 그리고 개인 및 심리적인 원인에 영향을 미치는 요인에 대해 살펴본다.

1. 가정적인 원인

인간에게는 누구나 비행이나 일탈, 공격성에 대한 욕구가 잠재해 있다고 한다. 다만, 어떠한 부모의 양육방식과 가정환경에서 사회화 과정을 밟아 왔느냐에 따라 청소년의 학교폭력은 다양하게 나타난다고 볼 수 있다. 이는 가족제도나 주택문화의 변화에서도 자녀의 사회화에 적지 않은 나쁜 영향을 미친다고 한다. 오늘날 가정은 점점 고유의 가정교육 기능을 상실하고 있으며, 양부모가 모두 있는 소위 '생고아'가 많고, 풍요 속에서 고독하고 불행하며, 정서적으로 불안한 가정으로 전락하고 있다. 이전에는 고아, 사생아, 편모 등의 환경에서 자란 아동들이 문제가 많다고 알려져 왔으나 최근에는 부모가 있는 가정에서, 상류층 자녀들 중 비행 청소년의 수가 점점 증가하고 있는 추세이다.

이는 산업사회로 인해 많은 어머니들이 직장으로 출근하여 가정교육이 소홀히 여겨지게 된 결과라고 볼 수 있다.

가정은 개인의 성격, 인성, 그리고 행동유형을 형성하는 데 매우 중요한 영향을 미치며, 많은 연구들은 부적절한 가정적인 원인이 학교폭력을 유발할 수 있는 위험요인이라고 지적한다. 가정은 부모와 자녀를 구성원으로 하여 상호 신뢰를 바탕으로 협력하며 살아가는 혈연공동체이다. 따라서 가정은 인격형성에 가장 큰 영향을 미치는 사회단위로서 구성원 상호 간의 사랑과 신뢰를 바탕으로 인간에게 가장 중요한 행동지침을 교육하고 정서적 안정감이 나타나도록 가족 기능을 수행한다. 특히 청소년의 인격형성은 가정으로부터 결정적인 영향을 받는다고 할 수 있다. 부모의 갈등이나 이별로 인한 결손가정, 가족구성원 간의 갈등, 가정의 경제적인 빈곤, 부모의 범죄성향 등은 서로 상호작용하여 청소년의 비행 및 학교폭력 등에 영향을 미친다(김창군 · 임계령, 2010). 따라서 학교폭력과 가정적인 원인은 다양하게 나타나고 있지만, 몇 가지 중요한 원인을 제시하고자 한다(표갑수, 1996; 정진성, 2009).

1) 핵가족화에 따른 폭력성

산업화 이후 핵가족화와 더불어 가족구조에 있어서 취업여성의 증가, 이혼 증가, 주말부부 증가, 자녀수 감소, 그리고 주거생활 변화 등으로 인해 문제가정이 많이 나타나고 그 속에서 가출, 비행 청소년, 학교폭력 등 각종 문제를 가진 청소년을 사회에 배출할 가능성이 높아지게 되었다. 이러한 가족구조의 변화로 인해 현대가정에서 여러 가지 형태의 문제가정이 생겨났다. 과거에는 대가족생활을 통해 자녀들의 교육, 생산, 여가, 양육, 이성, 인간관계 등의 모든 기능 수행이 가족 구성원 사이에서 이루어졌으나 산업사회로 오면서 가정 역할이 축소 및 영역이 줄어들게 되면서, 교육적 기능에도 이상이 있어 정서적으로 불안한 가정이 늘어나고 있다(정진성, 2009). 이는 주부들의 취업, 이혼 증가, 주말부부, 자녀수 감소, 주거생활 변화 등 산업화 이후 핵가족에 따른 문제가정이 많이 나타나고, 그 속에서 가출, 비행 그리고 학교폭력 등 각종 문제를 가진 청소년을 배출할 가능성이 높아지고 있다는 것이다.

2) 다양한 가족유형에 따른 폭력성

학교폭력과 관련된 가정의 기능적인 측면에서 보면 가족의 유형을 들 수 있다. 학교폭력 가해행동은 대부분 부모가 권위적이거나 공격성이 있으며, 거부적인 가정의 자녀에게서 많이 나타난다. 이처럼 청소년들의 공격적인 행동은 모델링인 부모에 대한 관찰과 강화를 통해 일어나며, 이러한 자녀들의 부모는 문제해결 능력이 낮고 갈등해결의 방법으로 폭력을 선호하는 경향이 있다(송재홍 외, 2013; Barry, Wentzel, 2006; Brendgen et al., 2006; Ma, 2001). 이와 같은 다양한 가족유형에 따른 폭력성을 살펴보면, 부도덕 가정(immoral family)은 가족원 중에 범죄자, 비행자 등이 있는 가정, 결손가정(broken family)은 양친 중 일방 혹은 쌍방이 사별, 이별, 실종, 장기수형, 부재 등에 의해 결여된 가정, 애정결여가정(unloving family)은 양친 자녀 사이, 형제자매 간에 애정적 관계가 결연된 가정, 갈등가정(conflict family)은 가족원 사이에 감정, 이해관계, 가치관 등에 갈등이 있어 불화를 느끼는 가정, 훈육결여가정(defective family)은 자녀에 대한 감독이 철저치 못한 가정, 빈곤가정(poor family)은 가정적으로 가계에 타격을 받는 가정, 시설가정(institution family)은 고아원 등의 아동양육시설이 가정의 역할을 하는 경우이다. 그리고 올베우스(Olweus, 1993)은 폭력적 행동은 가정환경의 영향을 받아 가정에서의 애정결핍, 공격적 행동의 수용, 신체적 체벌을 하는 양육태도나 비록 이혼은 하지 않았다 하더라도 상호 갈등이 심한 부부관계를 청소년들의 공격성에 영향을 미치는 것으로 나타났다.

3) 부모양육태도에 따른 폭력성

가정에 미치는 심리적 환경인 부모양육태도는 자녀의 성격형성에 절대적인 영향을 미친다고 한다. 쉐퍼(Schaefer, 1961/1989)는 사이몬즈(Symonds)의 부모양육태도 모형이 정신분석학적 임상사례에 근거하여 부모의 부정적인 태도에 초점을 두었으며, 일상생활에서 일어날 수 있는 건전하고 긍정적인 태도에 대해 언급이 없다는 단점을 보완하고자 정상적인 부모의 양육태도를 다음과 같이 구분하였다.

먼저, 보호적인 부모는 간섭, 불안 등으로 약한 사회적응과 의존적이며, 거부적인 부모는 공격성, 반항성, 그리고 싸움을 잘하며, 지배적인 부모는 엄격하며 기대적이라서 자녀들은 복종적, 열등감, 눈치가 빠르며, 복종적인 부모는 고집이 세고, 반항적이며, 수용적인 부모는 행동성, 우정, 정서적 안정, 명랑, 긍정적인 삶을 추구한다. 이처럼 부모양육태도 따라 자녀들의 성격, 인성 등이 형성된다. 폭력이나 공격성은 부모 중심적이나 지나치게 엄격한 가정에서 자란 학생들에게서 쉽게 유발된다. 또한 부모의 체벌, 폭력이 자녀의 폭력 그리고 학교폭력, 사회폭력으로 이어진다. 더욱이 매를 맞고 자라면, 자라서 다른 사람에게 폭력적인 행동을 할 확률이 높다. 또한 자녀의 양육태도는 일관성이 있어야 한다. 일관성 없는 양육태도는 자녀들에게 정서불안, 가치관의 갈등을 형성할 수 있다(청소년폭력예방재단, 1996). 따라서 부모양육태도는 부모가 자녀를 어떠한 방식으로 양육하는가에 따라 자녀의 비행, 즉 청소년비행에 많은 영향을 주는 것으로 나타났다. 그리고 부모의 지나친 폐쇄성, 방임성, 통제성, 보호성 등의 심리적 특성으로 자녀를 양육하는 가정은 청소년 비행의 주요 원인이 된다.

강진령과 유형근(2000)은 부모-자녀 간의 부정적인 태도, 권위주의와 처벌적인 부모의 훈육방식, 공격행동을 방임하는 부모, 가정불화, 위협적인 가정 분위기, 그리고 긍정적 변화를 유도하기 위한 방법에 관한 부모의 무지 등과 같은 가정적인 원인이 학교에서의 왕따, 집단따돌림, 학교폭력에 영향을 미치는 것으로 나타났다. 이러한 내용처럼 폭력적인 행동의 심리적 요인은 첫째, 폭력적 행동을 가진 학생은 권력과 지배에 대한 강한 욕구가 남을 지배하고 굴복시키는 것을 즐기는 모습이 있다. 둘째, 폭력적 학생이 성장해온 가정을 볼 때 주위환경에 대해 어느 정도의 적대감을 품고 있으며, 감정과 충동이 다른 사람에게 손해와 고통을 주는 데 만족감과 희열감을 즐기는 모습이 있다. 셋째, 폭력적 학생의 행동을 볼 때 이익요소가 나타난다(이문웅, 1992). 이는 피해학생들을 억압해 돈, 담배, 술, 그리고 옷 등의 귀중품을 가져오라고 할 뿐만 아니라 공격적 행동으로 권위의 보상을 받으려고 한다. 더욱이 반사회적인 행동과 규범 등에 파괴적인 행동모습이 나타나며, 나중에는 범죄와 알코올남용 등의 문제행동으로 나타난다. 이러한 기질을 가진 청소년들은 타인과의 상호작용에서 보다 공격적이며 폭력성이 나타나기 쉽다.

부모가 가르침을 주고 그것이 지켜지는지 여부를 살피지 않으면 아동은 그것을 지키지 않는 것을 배운다. 부모의 가정교육은 자녀의 공격성을 예언한다고 크레이그, 피터스와 코나르스키(Craig, Peters & Konarski, 1998)는 보고하였다. 오랜 기간에 걸쳐 자녀들은 반항의 기술을 깨닫고 가족 구성원들과의 관계에서 많은 통제감을 발휘한다. 자녀들은 그러한 행동이 학습되고 보상도 뒤따라 그러한 행동을 지속하게 된다. 그들은 부모가 바라는 대로 행동하기보다는 그들이 하고 싶은 대로 행동한다. 다른 사람과의 상호작용의 동기는 다른 사람을 통제하는 것이다. 즉, 힘, 지배 그리고 다른 사람의 통제는 이들 자녀들이 가족 밖의 다른 사람들과 상호작용할 때 기본적인 동기이다. 이러한 자녀들은 학교에 입학하고 나면 그러한 행동은 변하지 않는다. 이런 아동들이 학교에 입학하여 교사 혹은 다른 교직원이 그들에게 화를 낼 때, 그들은 변화되지 않고 자신들이 하고 싶은 대로 행동을 하면서 어른들의 권위에 도전하는 모습이 나타난다(Goldstein, 1995).

4) 결손가정, 빈곤가정과 학대가정

결손가정은 가족역할이 정상적인 기능을 상실함으로써 역할 구조상의 변화를 가져오며 사회의 재적응을 요구하기 때문에 문제가 야기될 수 있다(박영신 · 김의철, 2001). 또한 빈곤가정은 물질적 빈곤만을 의미하는 것이라기보다는 교육과 의료의 기회 및 지위의 상향이동으로 기회상실 등 각종 사회적 가치에 있어서의 빈곤을 동시에 의미하는 것으로 개인의 성취동기, 열망수준과 자아실현 등의 심리적 차원에 있어서의 박탈과 문화적 가치로부터의 소외 등을 의미한다. 부모의 무기력, 음주벽, 생활상의 무질서 등 2차적으로 파생되는 빈곤과 갈등에 의해 폭력 및 공격적 행위로 빠져들게 한다. 학대가정은 신체적 · 정신적 · 성적 학대 모두를 포함하는 것으로 행위자의 의도에 상관없이 아동에게 신체적 · 언어적 학대가 반복되어 아동이 심리적 손상을 입거나 신체적 상해를 입게 되며 심한 경우 비행, 폭행 그리고 가출 등의 일탈적 행위를 하기 쉽다. 천정웅, 이지민과 성윤숙(2013)이 청소년쉼터에 있는 가출 청소년들을 대상으로 조사한 연구에 따르면 45%가 성적학대를 경험하였으며, 35%는 가정에서의 신체적 폭력이 가출의 주요 요인이 되었다고 한다.

폭력을 행사하는 학생들은 학령기 시절부터 부모의 보살핌을 제대로 받지 못했거나, 부모로부터 폭행당했던 경험이 많았기 때문에 대인관계 능력이 부족하며, 어린 시절부터 폭력을 행사하는 것을 보게 됨으로써 자연스럽게 학습하게 된다. 따라서 저학년 시절부터 폭력을 당하는 학생은 고학년이 되면서 가해자로 변하는 경우가 많은 것도 이러한 영향이 크게 작용했다고 볼 수 있다(김준호, 1997). 이러한 결과를 살펴볼 때 가정적인 변인은 가족구조의 변화, 부모양육태도, 결손가정 · 빈곤가정과 학대가정 등이 학교폭력을 유발하는 가정 위험 요인으로 설명할 수 있다.

2. 학교적인 원인

오늘날 학생들은 대부분의 시간을 학교에서 보내고 있다. 학교는 지덕체의 조화로운 발달이나 지식과 인격을 겸비한 전인적 인간 형성을 추구하고 스스로 권리를 행사할 줄 아는 민주시민으로 길러내야 한다. 그러나 학교가 수동적이고 무기력한 다수를 배출해내는 결과를 초래할 가능성도 전혀 배제할 수 없는 사회적 조직체이다. 이러한 학교는 단순히 상급학교에 진학하기 위한 수단이 되었고, 지식편중 교육으로 인해 개개인의 개성, 창의성, 자율성과 정의적 측면의 인격적인 교육을 무시한 채 이루어지고 있다. 따라서 학생들은 진학과 학업문제로 가장 고민을 많이 하고 있는 것으로 나타나고 있는데, 이는 다른 나라에 비해 높은 비율을 차지하고 있다. 학교는 학생들이 일류학교에 진학하는 데 우선권을 두고 있는 실정이므로 청소년들이 자신의 적성이나 개인적인 취향에 맞춰 자신의 인생을 설계하고 준비하는 장소로서의 기능을 제대로 수행하지 못하는 등 왜곡된 모습을 보이고 있다(곽영길, 2007). 이는 학교현장에서뿐만 아니라 가정에서도 철저한 입시위주의 교육, 사회정의 실현 및 사회문제에 대한 교육의 소극성 등이 이루어지고 있기 때문이다. 이처럼 학교폭력과 학교적인 원인은 다양하게 나타나고 있지만, 몇 가지 중요한 원인을 제시하고자 한다(권이종, 1997; 장성화 · 구승신 · 정옥희 · 이주연 · 신성철 · 정희정, 2012; 청소년폭력예방재단, 1996).

1) 입시 위주의 교육내용

전인교육과 자아실현이라는 이상과는 달리 학교교육이 수단화 · 도시화 · 비인간화되고 있다는 점이다. 학력 위주의 사회에서 일류학교에 대한 집착은 학교교육이 시험을 준비하는 한쪽 방향의 교육을 강요하고 있기 때문에 중학교는 고등학교 진학을 목표로 하는 준비교육이고, 고등학교는 대학진학을 목표로 하는 대입교육에 불과하다. 기계적인 암기 위주의 교육방법이 보편화되고, 친구 간에 협력보다는 경쟁이 앞서고, 성적을 위해서는 수단방법을 가리지 않고 부정행위도 불사하는 상황이 되었다. 학교교육이 입시 위주로 파행되고 있는 동시에 좋은 성적을 얻기 위한 과외 및 학원수강의 과열 현상이 계속되고 있다. 그리고 진학을 하지 못하는 학생들은 들러리 학생이 되고, 소외당하기 마련이다. 진학 중심의 진로지도로 인해 그들이 불만과 열등감을 갖는 것은 당연한 일이다. 이러한 진학 및 입시제도는 부모들의 지나친 기대와 욕심, 경쟁심도 일조하여 청소년들은 자유롭게 놀 수 있는 여가시간이 없고 공부에 대한 압력에 눌려서 지치게 되면 가출, 장기결석, 퇴학 그리고 학교폭력 등으로 표출될 확률이 높을 수 있다.

2) 과밀학급과 열악한 교육환경

과밀학급의 교육환경은 교사와 학생 간, 학생과 학생 간의 인간적인 접촉 및 관계형성에 커다란 장애요인이 되고 있다. 학생 개개인의 사정과 성장에 대한 관심이나 학생과의 대화, 상담지도가 잘 이루어지지 않아 교사나 친구에게 인정받지 못한다고 생각하는 학생들은 그 울분을 폭력으로 행사할 가능성이 있다. 워커와 그레시맨(Walker & Greshman, 1997)는 학교 규모가 크거나 학급 수가 많아 학생들이 많은 학교는 보다 많은 문제와 새로운 도전에 직면하게 된다고 보았다. 학교 규모가 크거나 학생이 많을수록 보다 더 많은 주의와 개입을 필요로 하는 위험군의 학생들과 의미 있는 관계를 형성하고 유지하는 데 어려움이 있다. 따라서 학급의 규모가 커서 학생들이 많이 모이는 학교라는 장소는 성숙한 어른들의 부재로 인해 집단 괴롭힘, 성희롱, 언어적 폭력, 공격성 등의 다양한 유형의 학교폭력과 밀접한 관련성이 있을 것으로 사료된다. 또한 교육은 국가의 백년대계라고 하면서도 교육에 대한 국가의 투자가 미흡하여 학교시설 및 설비가 노후화되고 열악한 편이다. 학교 밖 환경도 좋은 편은 아니어서 학교 주변의 차량 통행이나 공장으로 인한 소음, 유해물의 방출, 유흥업소와 러브호텔 등 각종 퇴폐향락업소의 침투, 그리고 불량 청소년에의 무방비 노출, 학교폭력, 집단따돌림 등으로 인해 청소년의 전인적인 성장을 뒷받침하지 못하고 있다.

3) 정서교육의 소홀

학교교육에서 학생들의 심신이나 조화된 교육, 건전한 정서 함양교육, 그리고 예절교육 등이 우선적으로 실시되어야 하는데, 실제 현장에서는 오직 지식 전수에만 총력을 기울이고 있다. 따라서 공부에 흥미를 잃었거나 인정받지 못하는 학생들이 욕구를 발산할 기회와 장소가 없기 때문에 결국 같은 고민을 가진 학생끼리 불량서클을 조직하여 서로 위로하고 힘이 되어 자신을 괴롭히는 권위에 대항하는 폭력행동을 유발하게 된다.

4) 인간관계 및 신뢰결여

오늘날 학교는 입시체제 문제, 교육과정 문제, 과대 및 과밀학습에 대한 문제 등이 학교 내에서 교사와 학생, 학생과 학생 간의 인간적인 신뢰의 결여를 가져오고 있다. 현재 교사와 학생 간의 관계에 있어 가르치고, 이해하고, 상담하고, 만나서 인도하는 관계보다는 철저하게 평가하고 평가받는 관계로 인식되어 있다(청소년폭력예방재단, 1996). 교사의 학생지도력이 약화되어 있으며,

교사에 대한 존경심과 신뢰감이 상실되어가고 있다. 학생들은 교사가 자신을 이해해주지 않는다고 생각하며, 고민이 있을 때 상의하고 싶은 교사이 없다고 생각하는 경향이 있다. 이러한 현상은 과밀학급의 문제, 교사업무의 과중, 권위주의적인 자세, 교사의 사회경제적 지위 저하, 교권의 약화 등을 들 수 있다.

특히 학교에서 교사-학생 간에는 사회적 거리감에 있어서 마음의 교류나 인격적 교류가 거의 없거나, 심지어 교사폭력 또한 그 위험수위를 넘어서서 학교폭력의 발생요인이 되고 있다. 그리고 무엇보다 학생들 간에는 우정보다는 경쟁관계가 형성되고 있는 실정이다. 이는 심리적으로 반항기이며, 소속에의 이탈 등 정서적 불안정기인 학생들은 불안과 고민에 동감하면서 기탄없는 대화와 상담으로 치료를 해야 하는데, 그렇지 못하기 때문에 폭력을 유발하는 요인이 된다.

5) 비교주의와 동료와의 경쟁적 관계

학교교육의 위계성과 획일성은 대학입시에 있어서 치열한 경쟁이라는 현상과 결합하여 시험은 학교생활의 일상적인 현상이 되고 말았다. 모든 학생이 시험을 자주 보면 볼수록 열심히 공부를 하게 될 것이라는 교장, 교감, 학부모, 담임교사의 믿음은 일사불란한 학교 지위체계를 통해 학교에서 시행되는 모든 시험을 점점 늘리는 경향으로 나타난다. 이러한 상황에서 학생들은 자신의 점수가 얼마나 높아졌는가가 아니라 다른 학생들의 점수에 비해 자신의 점수가 어떤 위치에 있는가가 핵심문제이다. 그리고 자신의 점수가 아무리 낮아도 다른 학생들이 더 낮은 점수를 받았다면 문제가 되지 않는다(이병환 · 김영순, 2008). 이는 학생들을 비교주의와 동료와의 관계를 지나치게 경쟁하는 체계로 해석하는 데 문제의 요인이 된다.

6) 또래집단의 문화

청소년들은 학교폭력의 행동을 옹호하거나 지지하는 모습이 또래집단의 문화 속에서 상호작용할 수 있다. 이는 청소년들이 또래집단과 어울리거나 적응하기 위한 노력으로 학교폭력의 행동이 일어나기도 한다. 원래 또래집단은 청소년이 사귀는 친구들을 의미하며, 비슷한 배경과 관심을 가지고 모인 같은 나이 또래의 청소년 집단을 의미한다. 즉, 청소년들이 유희, 오락 등 놀이를 중심으로 형성하는 비형식적 집단이며, 비슷한 연령과 사회적 특징을 가지고 있는 청소년들로 구성된 1차 집단이다. 청소년들은 가족관계에서 점차 벗어나 친구관계에 참여하는 현상이 자연스럽게 늘어나고, 또래집단의 영향이 아동기에 비해 더욱 커지는 시기이다. 이처럼 청소년기가 되면 관심이나 흥미가 가족이나 부모로부터 또래집단으로 전환된다. 하지만 또래집단인 친구들로부터 적극적인 지지를 받지 못하거나 인기가 없는 학생들은 거부되고 배척되어 집단따돌림을 받는 경우가 나타난다. 이처럼 청소년들은 또래집단인 친구들로부터 괴롭힘을 당하지 않기 위해 동조하는 모습 속에서 학교폭력으로 이루어지는 경우가 있다. 학교폭력의 배경에는 입시에 대한 압박, 부모의 지나친 기대, 원만하지 못한 인간관계 등으로 나타나고 있다. 이러한 스트레스는 학력 위주의 이 사회가 변하지 않는 한, 부모들이 성적으로 자식을 평가하는 한 계속될 수밖에 없다. 학생들은 끊임없는 스트레스 속에서 자신의 존재 의미를 잃어버리게 되고 왜곡과 신뢰성을 잃어버린 인간관계를 만들어 가게 된다고 보고하고 있다(청소년폭력예방재단, 1996).

또한 이상균(1999)은 학교교육이 갖고 있는 여러 가지 역기능적 요소들도 학교폭력의 직접적인 원인이 되고 있다고 보았다. 이러한 요소들로는 과밀한 학급 또는 학생 수, 폭력회피 능력의 제한, 분노, 거부, 불만 등을 야기할 수 있는 행동의 제약과 순응의 요구, 폭력행위를 유발하기 쉬운 건물 구조 등을 들 수 있다. 게다가 교사의 무관심, 학교의 미온적인 대응, 학교에 대한 지역사회의 무관심, 통솔력과 지도력의 부재 등도 학교폭력에 영향을 미칠 수 있는 요인으로 지적되고 있다.

이상에서 살펴본 바와 같이 학교적인 원인에 대한 학교 당국의 관심부족과 입시 위주 시험체제, 과밀학급과 열악한 교육환경, 정서교육의 소홀, 인간관계의 신뢰 결여, 또래집단과의 관련성 등이 학교폭력을 유발하는 위험요인으로 설명할 수 있다.

3. 사회적인 원인

도시화 · 산업화는 청소년 폭력의 양적 증가뿐만 아니라 질적 변화까지 나타나고 있다. 이것은 지역사회의 상대적 빈곤과 계층간의 차에서 오는 부모 권위의 약화, 빈곤, 교육에서의 소외, 의료 혜택 부족, 직업 및 생활수준의 심한 격차에서 오는 심리적인 열등감, 그리고 다른 계층으로의 전환 시도의 실패에서 오는 좌절과 포기 등의 문제를 파생시켰다. 이러한 맥락에서 볼 때, 학교폭력을 유발하는 사회적인 원인으로 먼저 학교 주변에서 성행하고 있는 유해환경을 들 수 있다. 이는 학교 주변에 모텔, 빈민가, 오락실, 유흥업소, 노래방 그리고 게임방 등을 들 수 있다. 이처럼 퇴폐유해환경은 청소년들의 호기심을 자극하고 유흥비에 대한 욕구를 만들어 냄으로써 다른 청소년들에 대한 폭력을 행사해서라도 금품을 갈취하는 행동을 선택하도록 하는 분위기를 조성한다. 또한 성인들이 청소년 비행을 방관 · 묵인하는 사회풍토, 즉 성인들의 청소년 비행에 대한 무관심을 갖고 있는 현상도 학교폭력 발행의 한 요인으로 작용하고 있다(김창군 · 임계령, 2010). 그리고 이웃과 지역사회 요인과 폭력행동의 관계에 대한 메타분석에서 청소년들이 14~16세가 되었을 때 가난, 지역사회 해체, 대중매체, 그리고 범죄를 저지른 어른을 아는 것이 청소년들의 폭력과 관련성이 있다고 보고하였다. 이는 폭력에 많이 노출되는 청소년들이 문제를 해결하는 하나의 방법으로 폭력을 자연스럽게 학습하게 되며, 대중매체를 통해 공격적인 언어, 신체적인 폭력, 그리고 다양한 폭력성 도구 등을 많이 보거나 경험할수록 학교폭력 가해 경험이 많은 것으로 보고되고 있다(Murray, 1999). 즉, 청소년들의 일탈행동을 사회화 과정의 측면에서 볼 때, 지역사회의 상업주의가 청소년의 감성과 덕성에 황폐화시키는 원인은 다음과 같다(김영봉 · 권순희 · 장성화 · 황인호 · 김옥진 · 유홍휘, 2010; 청소년폭력예방재단, 1996; 한국청소년개발원, 2001).

1) 학교 주변의 폭력적인 문화

학교폭력은 학교 주변의 폭력적인 문화와 깊은 관련이 있으며, 학교의 폭력문화는 사회 폭력문화의 소산이다. 학교폭력은 뚜렷한 목적이 없거나 동기가 없이 충동적인 상태에서 발생한다. 이러한 경험이 청소년들에게 미치는 영향력은 심리적 · 정신적 영향을 꼽을 수 있으며, 학교폭력 피해학생들은 초기 불안에서 일반화된 불안으로 만성화되고, 불안증, 공포증 등 보다 악화된 증상을 경험할 가능성이 있다(교육인적자원부, 2007). 특히 학교폭력의 피해를 경험한 학생들은 외상 후 스트레스 장애가 나타날 수 있다. 이는 전쟁, 교통사고, 강간, 테러, 자연재해 등 거의 모든 사람에게 외상적인 경험이 될 만큼의 심한 감정적 스트레스를 경험한 개인들에게 나타나는 장애로, 심각한 학교폭력 피해학생들도 우울, 불안, 대인관계 무관심, 흥미상실 등의 증상에 시달리고 있다. 따라서 피해학생에 대한 적절한 개입 없이 학교폭력을 방치할 경우 이들은 추후 가해 집단으로 전환될 가능성이 매우 높다.

2) 대중매체의 범람

학교폭력이 성인범죄를 모방하는 모습이 대중매체의 범람으로 볼 때, 점점 흉포화 · 조직화 · 집단화하는 경향이 나타나고 있다. 이처럼 대중매체(인터넷, 휴대전화 등)가 청소년의 생활 속에 깊이 잠식해 있다는 사실을 감안할 때에 대중매체를 떠난 청소년 폭력의 예방을 생각할 수 없는 것이다. 오늘날 대중매체는 특히 가치교육에 관해 가정이나 학교보다도 더 큰 영향을 미치고 있다고 볼 수 있다. 이처럼 대중매체의 역기능은 TV, 영화, 비디오, 휴대전화 중독, 인터넷 중독, 현피,[1] 잡지 등의 지나친 상업적 · 선정적 · 폭력적 · 향락적인 문화 등의 내용을 경쟁적으로 취재와 반영을 하고 있는데, 청소년들이 무비판적으로 받아들일 때에는 문제가 제기된다. 그리고 학생들 간의 폭력이 아

1) 온라인상에서 게임으로 싸우는 것이 아니라 실제로 시내중심지에서 직접 만나 싸움을 하는 것을 의미한다.

니라 불량 서클과 연계되고 그 위에는 조직폭력단이 연결되어 조직 간의 힘의 대결로 이어지고 있는 실정이다.

최근에 학교폭력과 연계되어 나타나는 인터넷 중독과 휴대전화 중독에 대해 조금 더 살펴보고자 한다. 먼저, 인터넷 중독자들은 비중독자들보다 문제해결 능력이 낮으며 충동성이 높다. 인터넷 중독에 빠져 있는 청소년들은 문제해결에 대한 태도에서 낮은 점수를 받았는데, 이는 중독집단이 전반적으로 문제해결 능력에 대한 자기평가를 부정적으로 인식하고 있다. 그리고 중독 집단의 청소년들은 비중독적 집단보다 충동적이며, 행동에 대한 제지를 잘하지 못하기 때문에 더 깊이 인터넷 중독에 빠지게 되며, 현실과 온라인 상태를 구분하지 못하는 폭력성이 나타난다. 그리고 가족과 함께 보내는 시간보다 인터넷을 사용하는 시간이 늘어나기 때문에 인터넷 중독에 빠질 수밖에 없다.

또한 휴대전화 중독에 빠진 청소년들은 친구들과의 관계가 원만한 사람일수록 휴대전화와 같은 매체를 사용하는 데 있어서 더 중독적으로 휴대전화를 사용하는 것을 알 수 있다. 그리고 부모와의 관계에서도 자신이 존중받지 못한다고 느끼거나 의사소통이 역기능적이며, 부모와의 관계가 부정적이고 거부적-통제적으로 양육되어 가족의 지지가 낮을수록 휴대전화 중독 수준이 높게 나타남을 알 수 있다. 학교생활에서는 대부분의 성적이 낮고 학교생활 만족도가 낮을수록 중독성향이 높게 나타났으며, 가정의 경제력은 경제적 수준이 낮거나 지나치게 많이 나온 휴대전화 요금 때문에 부모와의 의사소통에 문제가 생기고, 또래집단 친구들에게 강제로 금품을 요구하는 학교폭력에 빠져드는 모습이 나타나고 있다.

3) 학교 주변의 유해환경

학교보건법상 정화구역 200m 내에 유해환경업소인 모텔, 술집, 게임방, 주점 그리고 당구장 등의 유혹이 결국 불량학생으로 전락시키는 요인이 있다. 이는 육체적인 폭력이나 금품갈취 이외에도 집단적인 따돌림, 왕따, 놀림, 숙제해주기, 시험지 보여주기 등의 새로운 형태의 문제점들이 노출되고 있다. 특히 금품갈취는 학교 주변과 유해환경업소 등이 많은 곳에서 일어나고 있어 청소년들의 생활하는 모든 장소가 잠재적 피해지역이라고 볼 수 있다. 이는 학교 주변의 상황에 영향을 받아 청소년들이 학교 밖의 폭력조직과 연계되어 학교폭력이 발생할 수 있다. 학교폭력의 연령이 점점 낮아지고 있듯이 연계된 비행 청소년들은 흉포화되며, 학교 밖에 있는 조직의 영향을 받아 또 다른 폭력이 나타나고 있다고 볼 수 있다.

4) 도시화와 산업화로 인한 지역사회의 해체

산업화의 발달은 지금까지 통용되었던 가치체계를 급격하게 변화시켰고, 가치관의 갈등은 학생들에게 적응하기 곤란한 문제를 가져왔다. 이는 도시화와 산업화가 진행되면서 급격하게 외국의 문화가 도입되면서 고유한 전통문화와 도덕규범이 약화되어 청소년들은 도덕적 규범을 학습할 기회를 갖지 못했다. 즉, 물질주의, 실적주의, 목적편향주의 등과 같은 현상은 청소년들이 확고한 도덕윤리의식을 내면화할 수 없는 상태로 몰려서 나중에는 결국 가출 및 비행행위를 유발하고 있다고 볼 수 있다. 또한 가정, 학교, 사회에서 공동체적 유대감도 과거에 비해 많이 해체되어 청소년들의 폭력 사용을 한층 더 부추기고 있다.

이상에서 살펴본 바와 같이 사회적인 원인에 대해 학교 주변에서 성행하고 있는 유해환경, 대중매체를 통해 폭력행위 노출, 산업화로 인해 지역사회의 해체 등이 학교폭력을 유발하는 위험요인으로 설명할 수 있다.

4. 개인 및 심리적인 원인

학교폭력에 영향을 미칠 수 있는 개인 및 심리적인 위험요인으로는 우선 생물학적 원인이 있다. 학교폭력 가해 청소년은 전두엽 실행기능에 문제를 가지고 있어 공격적이고 부적절한 언어적 · 신체적 행동을 통제하는 능력이 부족한 것으로 나타났다. 학교폭력과 유사한 비행행동을 보이는 청소년들 역시 실행과 낮은 주의력을 유발하여 결국 폭력적인 행동과 연결될 수 있다(문용린 외, 2006). 학교폭력에서 가장 많은 부분을 차지하는 원인은 자기통제력, 폭력성, 공격성 그리고 충동성이다. 이는 타인을 괴롭히거나 폭력적인 행동, 타인에 대한 강한 지배욕, 피해자에 대한 낮은 공감 등을 들고 있다(Olweus, 1991). 이처럼 학교폭력과 개인 및 심리적인 원인은 다양하게 나타나고 있지만, 몇 가지 중요한 원인을 제시하고자 한다.

1) 자기통제력과 정서 조절

일반적인 학생들은 양심과 도덕의 기준이 자기통제력에 강하게 작동하여 폭력행위를 하지 않는 반면, 폭력적인 학생들은 반사회적인 행동을 하고도 반성하거나 잘못을 뉘우치지 않는 모습이 나타난다. 이들은 스스로 분노를 조절하거나 화를 참는 능력이 부족하고 자신의 처한 상황에 대한 해석과 인식에 있어서 일반 청소년보다 더 많은 스트레스를 경험하는 것으로 볼 수 있다. 따라서 충동성과 공격성이 높은 사람은 자기 스스로를 통제할 수 있는 능력이 부족하며, 어린 시절부터 윤리의식이 제대로 형성되지 않아 도덕성이나 죄책감 등을 전혀 느끼지 못하는 상태이다.

학교폭력을 행하는 대부분의 학생들이 반사회적인 경향과 자신의 감정을 통제할 수 없어 폭력을 행사한다고 많은 학자들이 주장하고 있다. 이는 정서불안이 학교폭력에 영향을 미치고, 내적으로 반항과 폭력 등의 행동들이 나타난다. 정서불안은 정서장애로 이어져 반항적 · 충동적 · 파괴적 행동을 하고 다른 사람을 괴롭히며, 열등감과 적개심이 강하다. 이처럼 학교폭력 가해학생들은 친구관계를 형성하는 데 있어 협동심, 상대방의 공감능력, 도덕성, 자기조절 능력이 부족한 반면, 학교폭력 피해학생들은 종종 우울, 불안, 자살충동까지 느끼고 있다. 특히 피해학생들은 우울, 불안, 낮은 자아개념 등으로 인해 친구관계에 있어서 매우 조심스럽게 반응하며, 학교적응과 만족도가 매우 낮다는 것을 알 수 있다. 그리고 학교폭력을 행사하는 가해학생들은 타인을 의식하지 않고 자기중심적이고 이기적인 행동을 하며, 지적 판단력이나 표현력의 부족 등으로 폭력을 행사한다. 권이종과 김용구(2006)는 이러한 청소년들은 일반적으로 고집이 세고, 반항적이며, 권위에 대해 불안정하고, 성취동기가 결핍되어 있고, 분개를 잘하고, 적대적이며, 의심이 많고, 파괴적이고, 충동적이며, 자기 통제력이 부족하다고 보고하였다.

2) 공격성과 폭력성

청소년의 개인 · 심리적인 원인으로 가장 많이 나타나는 것은 공격성과 폭력성으로 구분된다. 공격성(aggression)이란 타인에게 의도적으로 상처를 입히는 것으로, 즉 신체적 · 물리적 상해나 언어적 피해 등으로 손해를 입히는 것을 의미한다. 그리고 폭력(violence)이란 그 상처 입히는 정도가 매우 심한 경우를 말하며, 의도적으로 타인에게 심한 신체적 상해를 주려는 시도라고 주장한다. 이와 같이 공격성과 폭력적 행동은 사회문화적 요인으로부터 규범, 가치, 법률, 관습, 도덕적 조건 등이 포함된다(청소년폭력예방재단, 1996). 여기서 중요한 것은 원초적인 사회규범이나 가치관이 유아기부터 성장, 발달해감에 따라 사회화 과정을 통해 형성 및 내면화되는 것이다. 이처럼 공격행동이 획득되는 과정은 직접적 강화, 간접적 관찰, 그리고 모델링 효과 등에 커다란 역할을 하고 있다.

3) 발달과정에서의 스트레스

청소년기는 발달과정에서 가장 큰 변화를 경험하는 시기로, 정신적 혹은 신체적으로 새롭고 다양한 변화를 경험한다. 청소년기에 학생들은 자아에 대한 확고한 의식이 부족하기 때문에 주위환경이나 자극에 의해 감정의 변화가 쉽게 일어나며, 학업성적과 진로문제, 대인관계의 어려움, 시험 등의 다양한 스트레스를 경험하게 되고, 이러한 스트레스로 학생들은 문제행동과 학교폭력 등의 문제를 서슴없이 행하기도 한다. 학교에서 실시하는 시험에 대한 스트레스는 심리적인 긴장과 정서불안을 일으켜 인지적인 요소와 신체적인 요소에도 영향을 주어 나아가 학교 안에서 폭력적인 행동을 일으킬 수 있다. 그리고 청소년기에 급격한 신체적인 성장으로 인해 성적욕구의 원만한 해결은 청소년들에게 가장 큰 고민거리의 하나라 할 수 있다. 욕구불만, 공격성 이론에 의하면 현대사회에 있어서 청소년들의 성적 욕구불만이 학교폭력을 일으키게 하는 주요 원인이 되고 있다고 주장한다. 따라서 청소년들의 성적 욕구를 지혜롭게 또는 간접적으로 해결해줄 수 있는 다각적인 노력이나 교육은 소홀히 한 채 무조건 참아야 하는 것으로 이해되고 있는 실정이다. 이처럼 억압된 청소년들의 성적 욕구가 생활주변에 자극적이고 충동적인 환경요인들에 비정상적이고 비도덕적으로 표출됨에 따라 청소년의 폭력이 더욱 심해진다고 볼 수 있다(표갑수, 1996).

4) 학교폭력에 많이 노출되는 청소년들의 일반적인 특징(원명희, 2002; 임영식, 2006)

첫째, 폭력을 행하는 학생들은 충동성이 문제이다. 평소에는 공격적인 행동을 지나치게 억제하는 경향이 있으며, 이들에게 억제수준을 넘어서는 극단적인 촉발 자극이 주어지면 심한 공격적 행동이 나타남을 보고하였다. 즉, 경미한 폭력범죄보다 극단적인 폭력범죄에서 이러한 성격 특성이 더 많이 관찰된다.

둘째, 폭력을 행사하는 학생들은 타인의 권리와 감정을 공감하지 못하는 것이 문제이다. 폭력을 행사하는 학생들은 타인의 권리와 감정을 침해하는 것에 전혀 죄의식이 없는 경우도 있고, 죄의식을 경험하거나 그것을 정당화하는 기제가 발달되어 있다.

셋째, 폭력을 행하는 학생들은 감정이나 욕구를 조절하는 데 어려움이 있으며, 자신의 삶이나 미래에 대한 장기적인 계획을 세우는 조망능력이 부족하다.

넷째, 폭력을 행하는 모습으로 인해 공격적인 행동이 사회에 전염된다. 가해학생들이 공격적인 행동을 하는 모습을 보고 일반 학생들이 공격적으로 행동하는 것을 의미한다. 집단 내에서 위치를 확보하지 못해 불안하거나 의존적인 학생들은 자신을 나타내고 싶은 경우에 폭력적인 모습이 나타난다. 중립적으로 자신의 폭력적 성향을 통제하던 학생이 가해학생들을 긍정적으로 인식하면서 자신도 점점 공격적인 행동이 나타난다. 이러한 모습의 현상이 공격적인 행동의 대표적인 사회전염의 사례라고 볼 수 있다.

다섯째, 폭력을 행하는 학생들은 일반적으로 자기에 대한 만족 및 수용하는 정도가 낮아 자신을 못났고, 열등하고, 쓸모없고, 사랑받을 만한 존재가 아니라고 느끼고 있다. 그리고 가정에 대한 만족도가 매우 낮은 것으로 나타났다.

여섯째, 폭력을 행하는 학생들은 정신적 혹은 신체(지적)장애를 가졌다고 한다. 정신적 장애로는 품행장애, 반사회성장애, 반항성장애, 주의력결핍과잉행동장애 등을 가지고 있으며, 신체(지적) 장애를 가지고 있어 특수교육을 받고 있는 경우 학교폭력의 가해학생 및 피해학생이 될 경우가 있다.

일곱째, 폭력을 행하는 학생들은 생활에서 직면하는 문제들을 해결할 적절한 능력을 가지고 있지 못하다. 이처럼 학교폭력을 행사하는 학생들은 자신의 행동이 잘못되었다고 생각을 전혀 하지 않는 경향이 있다. 학교폭력 피해학생들의 특성을 살펴보면, 위협을 받으면 쉽게 불안해지고, 자기주장을 잘 표현하지 못하며, 사소한 비판에 민감하며, 친구들이 가까이 접근하는 것에 주저하는 모습이 나타난다. 특히 피해학생들은 아무런 이유 없이 매를 맞거나 폭행을 당한다. 이러한 피해 경험이 있는 학생들은 자아개념이 떨어지고 매우 소극적인 자세로 친구들로부터 거부감을 받거나 인기가 없어서 사회적으로 고립감을 느끼게 되어 학교환경에 신뢰하지 못하는 양상이 보이고 있다. 따라서 학교폭력에 피해 경험이 있는 청소년들은 고통과 충격을 올바르게 극복하지 못하게 된다면 마음 한 구석에 분노가 남아 있을 경우 또 다른 가해자를 양상하게 되거나 학교에 부적응하는 모습이 나타남으로 인생 전체에 부적응적인 모습을 보일 수 있다.

이상에서 살펴본 바와 같이 개인 및 심리적인 원인에 대해 자기통제력을 조절할 수 없는 능력, 폭력성과 공격성에 대한 충동성, 도덕성, 그리고 죄책감의 부재, 타인의 권리와 감정을 공감하지 못하는 것, 우울 · 불안 · 낮은 자아개념 등이 학교폭력을 유발하는 개인 및 심리적으로 위험한 요인으로 설명할 수 있다.

그림 1-1 학교 왕따가 식상 왕따로

출처 : 조선일보(2012.2.17.). p.2.

제3장

학교 내 집단따돌림 및 성폭력

인간은 태어나면서부터 누군가와 관계를 맺으며 살아가야 하며, 영 · 유아기에는 가족 내에서의 관계가 가장 중요한 역할을 한다고 할 수 있다. 그리고 아동기에 들어서면서 인간관계가 학교로 확대되어 가정 밖의 세계에 관심을 가지게 된다. 특히, 아동 · 청소년들은 학교에 입학을 하고 학년이 바뀜에 따라 많은 낯선 또래들을 만나고 여러 가지 상호작용을 통해 신체적 · 정신적으로 성장과 발달을 이루며, 또래들로부터 자신의 욕구충족 및 사회적 · 정서적 지지를 받는다. 그러나 최근 매체에서는 집단따돌림을 당한 아이가 자살이라는 극단적인 방법을 선택하거나 이빈을 사는 등 집단따돌림으로 인한 신체적 · 정신적 피해 사례들이 끊이지 않고 보도되고 있다. 이제 이 문제는 단순히 학교 차원이 아닌 사회문제로까지 번지고 있다. 집단따돌림 문제는 현재 우리 교육 · 상담계가 해결해야 할 중요한 과제 중의 하나로 부각되었을 뿐만 아니라 이미 심각한 청소년문제가 되고 있다. 이에 본장에서는 학교 내의 집단따돌림을 이해하고 그 대처방안을 알아보고자 한다.

1. 학교 내 집단따돌림

1) 집단따돌림의 개념

집단따돌림은 1970년대 스칸디나비아 반도에서 연구가 처음 시작되었고, 유럽에서 많은 연구가 이루어져 오다가 미국, 캐나다, 호주 등지로 연구가 확산되었다. 몇 년 전 일본에서 이 문제가 다루어지기 시작하였고, 최근 들어 우리나라에서도 심각한 문제로 대두되고 있다(강진령 · 유형근, 2009).

국내에서 집단따돌림에 대한 실질적 용어는 최근 들어 만들어진 왕따, 집단따돌림, 집단괴롭힘, 전따, 은따 등의 신조어들로 바꿔 말할 수 있다. 집단따돌림은 학생들이 사용하는 은어인 '왕따'라는 말을 대신하여 사용되고 있다. '왕따'란 학생들이 사용하는 은어로, '왕따돌림'의 준말이다. 왕따라는 용어 속에는 '집단따돌림과 괴롭힘'이라는 측면이 모두 내포되어 있으며, 여기에는 '따돌림 받는 사람'과 '따돌림 자체' 두 가지가 다 포함되어 있다. 학생들에게 물어보면 대체로 왕따가 학급에서는 흔한 일이라고 말하며, 그 의미는 '최고의 따돌림을 당하는 아이' 혹은 '엄청나게 따돌림을 받는 것'(구본용, 1997)이라고 정의 내리고 있다. 우리나라의 집단따돌림에 해당하는 외국 용어를 살펴보면, 일본에서는 일찍부터 '이지메'라는 개념을 사용하고 있는데 이지메란 어떤 집단원이 그 집단의 행동(원리)이나 사고방식에서 조금이라도 벗어나면 집단 구성원 전체가 한 사람에게 제재를 가하는 집단학대 행위이다. 그리고 이지메의 대상을 괴롭히는 데 동참하지 않으면 그 자신도 이지메의 대상이 될 수 있기 때문에 자신은 하고 싶지 않아도 그 대상이 되는 것이 두려워서 이지메를 가하게 되는 경우가 많다(유미경, 2004 재인용). 이렇듯 이지메는 집단성, 조직성, 지속성이 아주 강하다.

서구의 집단따돌림 개념은 가해자와 피해자 간 힘의 불균형을 전제하고 있는 집단이 개인을 가해하는 행위도 포함되고 있다(이혜영, 1999).

집단괴롭힘은 한 사람 또는 한 집단에 대해 두 명 또는 그 이상의 개인들에 의해 가해지는 부정적인 활동이 있는 것으로, 피해자를 가해하려고 하기보다는 아무 의도 없이 자행된다고 하였다(김옥녀, 2009 재인용).

우리나라의 집단따돌림에 해당하는 용어를 살펴보면 구본용(1977)은 집단따돌림을 “두 명 이상이 집단을 이루어 특정인(혹은 특정집단)을 그가 소속해 있는 집단 속에서 소외시켜 무시, 음해하는 언어적 · 신체적 일체의 행위”라고 정의하였다.

Wee프로젝트(2012)에서는 “학교 내외에서 한 명 또는 다수 학생들이 특정인이나 특정집단 학생을 대상으로 지속적이거나 반복적으로 신체적 또는 심리적 공격을 가하여 상대방이 고통을 느끼도록 하는 일체의 행위이나 두 명 이상이 집단을 이루어 특정인이나 특정집단을 소외시켜 구성원으로서의 역할 수행에 제약을 가하거나 인격적 무시 혹은 음해하는 언어적 · 신체적 일체의 행위”를 집단따돌림으로 정의 하였다.

2) 집단따돌림의 원인

(1) 개인적 차원

집단따돌림의 원인은 따돌림을 가하거나 당하는 개인의 심리적 특성과 관련지어 생각해볼 수 있다.

① 집단따돌림을 당하는 학생의 행동특성

집단따돌림을 당하는 학생은 사고 측면에서는 자폐적 사고, 자기폐쇄적 사고, 피해망상적 사고를 보이고, 정서적 측면에서는 불안, 무기력, 분노, 우울 등의 심리적 특성을 보여준다. 얌전하고 말수가 적어 자기욕구를 좀처럼 표현하지 않는 경우, 자신감이 없어 집단의 움직임에 뒤처지는 경우가 그것이다. 행동 측면에서는 상황에 적절하게 대응하지 못하거나 상대의 호감을 얻기 힘든 행동들이 흔히 나타난다. 자신의 생각이나 의견을 분명하게 말하지 못하거나, 태도가 모호해 우물쭈물하는 경우, 너무나 고지식하여 농담이 잘 통하지 않는 경우 등이 이에 해당된다. 많은 학생들이 주로 관심을 갖고 있는 연예계 이야기나 텔레비전, 만화 등 또래집단들의 화제에 끼어들지 못하는 경우도 포함된다. 이런 태도는 자칫 잘난 척하거나 교사에게 잘 보이기 위한 행동으로 비추어져 집단따돌림의 대상이 될 수도 있다. 이러한 학생들은 상황을 회피하려 하다가 엉뚱한 행동으로 그 순간을 모면하려고 하며, 내적 혹은 가상세계로 도피하려는 태도를 보인다.

또한 집단따돌림을 당하는 아이들의 가정적 환경을 무시할 수 없다. 즉, 어린 시절 부모의 따뜻한 보살핌이 부족했거나 양육자가 자주 바뀐 경우, 부모의 이혼 등 심리적인 상처를 경험한 경우, 과잉보호나 잔소리 속에서 양육된 경우의 아이들은 원만한 대인관계를 형성하는데 어려움을 겪는다. 즉, 아동기 초기에 타인과의 안정적인 관계형성이 어려웠던 경험이 청소년기로 이어져 유사한 행동유형으로 반복되면서 집단따돌림을 당할 가능성이 높아지는 것이다.

② 집단따돌림을 시키는 학생의 행동특성

집단따돌림을 시키는 아이는 비교적 성격이 외향적이고, 성취욕이 높으며, 자기중심적으로 사고하는 경향이 많다. 이들은 집단 내에서 영향력이 있어 친구들이 많고 자신이 중심이라는 권력적 성향이 강하다. 이들은 대체로 타인의 결함이나 어려움, 고통에 무감각하다. 가해자는 일종의 콤플렉스나 우월감 등을 가지고 있는 아이들로, 주동자와 지지자로 나뉜다. 주동자는 이른바 '짱(보스)'이며, 지지자는 짱의 지시나 명령을 따르는 아이들이다. 지지자들은 은연중에 짱의 보호를 받는다. 이들은 군중심리를 적절히 이용하여 피해자를 따돌리기도 한다.

이들의 행동특성을 보면 교사와 눈길을 자주 마주치며 수업 분위기를 독점하려 들며, 교사 앞에서는 고분고분하지만 교사가 없으면 거친 행동을 하고, 학생들에게 큰소리를 많이 치고 학급 분위기를 주도한다. 또, 교사가 질문할 때 다른 친구들의 이름을 대면 그 친구가 대답하게 유도하고, 교사가 편애하면 반발하고, 수업 중에 물건을 던지고 화를 잘 내고, 쉽게 흥분하며, 불평불만이 많다.

학습활동 참여에는 불성실하지만 가까이하는 친구가 많고, 친구에게 물건이나 돈을 자주 빌리거나 돈거래를 하며, 부모에게 이유 없는 반항을 하고, 참을성이 없고, 말투가 거칠다. 친구에게 받았다고 하면서 비싼 물건을 가지고 다니며, 외출이 잦고, 친구들의 전화에 신경을 쓰며, 비밀이 많고, 부모와 대화가 없다. 돈 씀씀이가 크고, 분실물이 많고, 외식을 잘한다.

김용태(1997)의 연구에서는 따돌림 가해학생의 특성은 자기 힘을 과시하고 싶은 아이, 질투심이 많은 아이, 싸움을 잘하는 아이, 문제를 일으키는 아이, 공감능력이 부족한 아이이며, 따돌림 방관 학생은 동료에 대해 무관심하며, 개인주의적이고, 학업을 우선시하는 학생임을 밝히고 있다.

구본용(1997)은 개인적 · 심리적인 요인으로 집단따돌림을 받는 피해자 아동은 낮은 자아존중감과 높은 우울을 가지고 있으며, 집단따돌림을 당한 피해자 집단은 당하지 않은 집단보다 우울수준이 더 높을 뿐만 아니라 사회적 수용성과 품행, 전반적인 가치감이 상대적으로 낮은 특성을 가지고 있음을 확인하였다.

③ 동조자와 방관자의 행동특성

동조자와 방관자는 일단 가해자와 피해자 사이에서 갈등을 겪는다. 그러나 이들은 될 수 있는 대로 골치 아픈 일에 끼어드는 것을 꺼린다.

이런 현상은 개인주의 확산과 더불어 더욱 심각해지고 있다. 방관자들의 다수는 집단따돌림에는 적극적으로 동참하지 않지만, 이를 묵인함으로써 따돌림 당한 아이를 외톨이로 느끼도록 한다. 문제는 방관하는 행동이 반복되면서 친구의 고통에 무감각해지고 자연히 동정심이나 정서가 메말라가는 데 있다. 집단따돌림을 시키자고 주장하는 아이가 가진 힘에 도전하여 괜한 고생을 하기보다는 일시적으로 못 본 척하거나 차라리 동조함으로써 속 편하게 살려고 한다.

이러한 이들의 행동은 매우 우려되는데, 정의나 도덕이 교과서 밖에서는 힘을 발휘하지 못하고 있기 때문이다. 집단따돌림을 당하는 아이에게는 동조자, 방관자 그룹이 어떠한 태도를 취하느냐에 따라 심리적 압박을 느끼는 정도가 다르다. 그러나 이들은 언젠가는 집단따돌림을 당할 수도 있다는 상황 때문에 섣불리 집단따돌림을 당하는 아이들을 도와주지 못하는 실정이다.

(2) 환경적 차원

청소년들의 집단따돌림 현상을 연구한 선행연구자들에서는 따돌림 관련 청소년의 심리적 특성 및 문제뿐만 아니라 가정, 학교, 사회의 환경적 요인을 제시하였다.

① 가정적 요인

구본용(1997)은 가정적 요인으로 따돌림을 당하는 아이들을 살펴보면 현대 가정의 문제도 있다고 보았다. 최근 들어 가정불화로 인한 결손가정이 급격히 늘고 있고 이런 가정의 아이들은 따돌림의 표적이 되며, 어린 시절 부모의 따뜻한 보살핌이 부족했거나 양육자가 자주 바뀐 경우, 부모의 이혼 등 심리적 상처를 경험한 경우, 과잉보호나 잔소리 속에서 양육된 경우의 아이들은 원만한 대인관계를 형성하는 데 어려움을 겪기 쉽다. Olweus(1993)는 따돌림을 당하는 남자학생들이 부모, 특히 어머니와 친밀하고 긍정적인 관계를 갖고 있으며, 교사가 보기에는 어머니의 과잉보호로 지각되었다고 한다. 핵가족과 맞벌이부부의 증가로 인한 자기중심화 경향에서 자기 자식만 최고로 인식하기 때문에 친구에 대한 이해가 부족하고, 특히 자기 자녀가 피해자일 경우에는 폭력이라고 흥분하면서도 자기 자녀가 똑같은 행동을 남에게 하는 경우는 폭력으로 인정하지 않으려는 우리나라 부모들의 이중적인 잣대가 문제가 된다. 그리고 부모가 아이들과 함께할 시간이 줄어들면서 자녀들의 생각과 고민을 알 기회도 적어지고, 방과 후 아이들의 생활에 대한 통제도 어려운 상황에서 '내 아이는 잘 자라고 있겠지'라는 안일한 생각을 가지고 있다(가우디, 1999 재인용).

다른 요인으로는 부모의 처벌과 권위주의는 자녀들에게 불안하고 두려움을 만들어 자신감을 약화시키고 신경질적인 습관, 자기 처벌적인 행동, 신체적인 기능 약화를 초래하며 이러한 모습들은 소극적이고 내성적인 학생으로 만들고 타인의 조소와 놀림이 되게 만든다. 또한 부모가 거칠고 신체적인 벌을 사용하는 것은 타인을 통제하는 효과적인 방법임을 자녀들이 깨달아 모방함으로써 집단따돌림의 가해자가 될 수 있는 요인을 갖추게 된다(강진령 · 유형근, 1999).

이와 같이 가정적 요인에서 원인이 있다는 것은 다른 연구에서도 쉽게 찾아볼 수 있다. 강진령 등(1999)은 집단괴롭힘에 영향을 미치는 가정적 요인으로서 부모, 특히 엄마와 자녀 간의 부정적 태도, 처벌적이고 권위주의적인 부모의 훈육방식, 공격행동을 방임하는 부모의 태도, 부모의 불화, 위협적인 가족 분위기, 긍정적 변화를 유도하기 위한 방법들에 관한 부모의 무지 등을 제시하였다. 이규미 등(2000)의 연구에서는 왕따나 외톨이집단이 비외톨이집단에 비해 부모의 돌봄 수준이 유의미하게 낮은 것으로 밝혀졌다. 이는 부모가 자녀에 대해 애정 어린 관심을 갖고 돌보는 정도에 따라 자녀의 친구관계 유형에 차이가 있음을 나타낸다.

② 학교적 요인

구본용(1997)은 학교 요인으로는 입시 위주의 교육으로 인해 자녀를 좋은 대학에 입학시켜 출세시키겠다는 열의와 대학진학이라는 문제가 학교교육에서 가장 중요하게 대두되고 있다. 봉사활동이나 특별활동 체능과목이 그저 점수를 따기 위한 수준으로 머무르며 학생들의 학업성적으로 평가하고 있으며, 학업 외의 인간적인 다른 평가마저 성적으로 결정되는 경향이 있다. 다양성보다는 획일화된 교육여건이 과학이나 사회, 음악이나 미술을 더 좋아하는 학생들을 정해진 시간표에 따라 주입식 교육을 조성하고 있다. 이러한 교육은 자신의 재능을 발견할 기회가 없으며 자기와 다른 사람을 포용할만한 아량을 배울 기회가 없다.

학교는 엘리트 중심의 가치관으로 교육하며, 학생들은 우등생과 열등생으로 차별받고, 남보다 우월해지기 위해 치열한 경쟁에 휩싸이게 된다. 이러한 교육은 학생의 인간적 성숙을 도모하거나 나보다 남을 배려하는 자세, 즉 사랑을 가르치는 교육이 아니기 때문에 학생들은 친구들을 적으로 대하게 되고 자연스럽게 비인간적 학교문화를 형성하게 되는 것이다.

학교는 학생들의 요구와 생활문제를 해결하고 충족시킬 의무와 책임을 가지고 있으며, 학생 생활상의 문제를 진단, 분석 및 평가하고 개선할 방법을 찾아 실천해야 하는데 교사의 업무과다, 학급의 학생 수가 많다는 등의 이유와 교과지도에만 가치를 둠으로써 상담 같은 합리적인 수단보다는 단기적인 징계나 즉흥적인 처벌로 학생들을 지도하는 형편이다. 이러한 인식 때문에 학생과 교사의 인격적 교류가 없어지고 신뢰가 무너짐으로써 교사의 권위가 땅에 떨어지게 된다. 그로써 학생들은 왜곡된 집단의식이 자리 잡게 되며 또래집단에 쉽게 휘말리는 집단따돌림을 유발시키는 하나의 요인이 되기도 한다.

③ 사회적 요인

구본용(1997)은 사회적 요인으로는 과중한 스트레스, 우리 사회에 깊숙이 뿌리박힌 집단주의적 가치관과 획일화된 문화를 집단따돌림의 원인으로 들었다.

남의 것이 나와 다른 것을 잘 참아 내지 못하는 문화적 병리증세라고 할 수 있다. 우리 사회는 자신이 속한 집단에서 연고가 없는 사람에 대해서는 매우 냉혹하다. 또한 핵가족화에 따른 과잉보호와 결과나 업적 중심의 가치체계가 청소년들에게는 자기중심적 개인주의를 조장했다. 이는 집단따돌림을 가하거나 방관하는 청소년들에게 피해학생의 입장이 되어 생각해보는 공감능력의 결핍을 초래함으로써 집단따돌림을 심화시키기도 한다(임고운, 1999).

집단주의 가치관과 획일화된 문화, 폭력에 관대한 의식, 권위주의 차별과 배제 등의 사회문화가 자아정체감을 형성해가는 시기에 있는 청소년들에게 왜곡되어 나타난 것이 집단따돌림이라고 보고 있다(배경내, 1999). 그리고 대중매체의 영향을 빼놓을 수 없다. 청소년들의 사회화에 엄청난 영향을 미치고 있는 코미디 프로그램이나 토크쇼에서 출연자들이 다른 사람을 깎아내리거나 헐뜯어서 시청자들을 웃기는 장면을 가끔씩 보게 된다. 이러한 다른 사람의 단점을 희화화하는 사회적 분위기가 자연스럽게 청소년들의 몸에 배게 되어 상대방으로부터 타인의 단점을 들춰내고 모든 문제점을 자신에게서가 아닌 상대방에게서 발견하려는 법을 배운다(가우디, 1991 재인용).

한준상 외(1999)은 집단따돌림 현상은 동질성을 강조하고 고집하는 사회와 문화일수록 강화된다고 하였다. 획일적인 가치가 통용되는, 그리고 유행이 쉽게 조장되는 사회일수록 그 획일성과 유행에서 이탈한 개인은 집단따돌림의 대상이 된다는 것이다. 집단주의적 문화, 연고주의, 패거리문화가 집단따돌림의 문제를 심각하게 하고, 이러한 사회에서의 생존전략은 가장 일반적이고 가장 평범한 행동과 태도를 집단의 구성원들에게 보여줌으로써 자신이 집단적 요구에 따르고 있음을 보이려고 노력하게 된다고 한다.

박진규(2000)는 문화적 패러다임에 따라 집단따돌림이 여러 가지로 해석될 수 있다고 하였다. 보편주의 문화관의 관점에서는 집단따돌림은 구체적 기능성을 강조하는 문화 체제 속에 적응하지 못하는 부적응 현상이다. 사회제도화된 관점에서 보면 집단따돌림의 가해와 피해현상은 조직의 목적과 운영규칙을 훼손시키는 일탈/비행행위다.

보편주의 문화관과 제도화된 문화관이 지배하는 기능지배의 사회에서는 문화적 격차현상이 심하고, 이러한 문화적 격차 속에서 사회적 기능성을 더 많이 갖고 있는 지배집단이 그렇지 않은 개인/소수를 따돌리는 것이 집단따돌림 현상이다. 반면, 이데올로기 문화관의 관점에서 보면 집단따돌림 현상은 지배적 이데올로기를 가진 다수의 지배집단이 나름대로는 강한 주체성을 지닌 개인/소수와 경쟁을 벌이는 갈등적 구조의 한 표현양식이다. 다원주의 문화관의 관점에서 보면 집단따돌림 현상은 각각의 주체성을 지닌 다양한 집단들이 공존해가는 한 형태이다. 이데올로기 문화관과 다원주의 문화관이 지배하는 사회에서는 문화적 차이에 의해 집단따돌림이 발생할 가능성이 있다.

이상에서 집단따돌림을 유발하는 가정, 학교, 사회의 요인을 살펴보았다. 학교에서 발생하는 집단따돌림은 개인의 심리적 문제로만 한정할 것이 아니라 사회 전체가 집단 속에 개인의 다양성과 이질성을 존중해주는 분위기로 성숙해지려는 노력이 필요함을 알 수 있다.

3) 집단따돌림 극복방안

집단따돌림 문제는 다양한 요인들이 복합적으로 작용하여 나타나는 문제이므로 어느 한 가지 측면만으로 단번에 해결하기는 매우 어렵다. 따라서 다양한 측면에서 다각도의 노력이 소화롭세 지속적으로 진행되는 총체적인 접근이 요구된다. 여기서는 크게 학교 및 학급 차원의 해결방안과 예방대책, 가정의 역할을 중심으로 하여 살펴보고자 한다.

(1) 학교에서 교사의 역할

집단따돌림이 주로 발생하는 현장이 학교라는 점에서 학생의 생활을 맡고 있는 교사(특히 담임교사)의 역할은 매우 중요하다. 특히, 초등학생의 경우 아이들의 집단화가 비교적 덜한 편이며, 행동수준도 중 · 고등학교에 비해 난폭하고 집요한 편도 아니다. 또한 학생과 같이 생활하고 있어 아동의 행동에 미치는 교사의 영향이 크기 때문에 교사가 세심한 관심을 가지고 적극적으로 지도한다면 집단따돌림 문제를 예방하거나 해결하는 데 많은 도움이 될 수 있다.

무엇보다도 초등학교의 집단따돌림의 문제를 조기에 해결하거나 예방해야 할 이유는 초등학교 시절 경험한 집단따돌림이 중 · 고등학교로 이어질 염려가 있으며, 자아정체나 인격형성이 덜 된 상태에서 집단따돌림을 당하게 되면 대인관계에 공포심을 갖거나 적대적으로 대하게 되는 등 심각한 심리적 · 정신적 후유증을 앓을 수 있기 때문이다. 이에 관련해 초등학교 교사의 노력으로는 다음과 같은 것을 들 수 있다.

① 교사의 집단따돌림에 대한 인식의 전환이 요구된다. 학생들이 쓰는 왕따의 은어 중에는 '업따'가 있다. 이는 초등학교 교사들 대부분이 "우리 학급에는 왕따란 없다."고 말하는 데서 비롯된 말이다. 학생들은 집단따돌림을 당하고 그로 인해 고통을 받고 있지만 교사는 그러한 현상이 자기 교실에는 없다고 생각하는 것을 빗댄 말이다. 집단따돌림은 옛날부터 있었던 것이고, 아이들이 성장하는 시기에 또래집단에서 흔히 일어나는 자연스런 현상이라고 쉽게 생각해야 한다. 그러니 "우리 반에는 따돌림이 없다."고 낙관하거나 맹목적으로 무시하는 태도는 올바르지 못하다. 왜냐하면 집단따돌림은 우리가 의식하지 못한 가운데서도 조직적이고 은밀하게 진행되고 있으며, 그로 인한 피해는 우리가 생각하는 것보다 훨씬 심각한 수준에 와 있기 때문이다.

② 집단따돌림이 발생해도 그것이 따돌림 당하는 아이의 행동특성 때문에 일어나므로 그에게 책임이 있다고 생각하여 문제해결에 적극적인 태도를 보이지 않는 것도 위험하다. 왜냐하면 집단따돌림을 발생시키는 곳이 학생들 쪽에만 있는 것이 아니라 교사의 언동, 학교 내의 지나친 경정 및

관리 시스템 등 일방적인 가치관을 강요하는 성인들의 영향도 있기 때문이다. 또한 이러한 태도는 학생을 더욱 궁지로 몰아넣어 문제해결을 어렵게 할 뿐 아니라 학생들로 하여금 집단따돌림을 당연시하는 풍토를 심어준다.

③ 교사는 집단따돌림을 시키는 학생을 무조건 나쁜 아이로 인식되도록 행동해서도 안 된다. 어찌 보면 집단따돌림을 당하는 아이도, 집단따돌림을 시키는 아이도 모두 피해자일 수 있다. 집단따돌림을 당하는 아이를 구제하되, 집단따돌림을 가하는 아이에게 나쁜 딱지를 붙여서도 안 되는 것이다. 집단따돌림은 언제든지 누구에게나 있을 수 있다고 생각하여 교사는 집단따돌림을 둘러싼 가해자, 피해자, 동조자 혹은 방관자의 입장을 골고루 고려할 줄 아는 균형 잡힌 안목이 요구된다.

④ 집단따돌림은 인간의 존엄성을 상하게 하는 중대한 인권침해라는 사실을 인식하고 학생들이 이 점을 이해하도록 교육해야 한다. 무엇보다도 학생 상호간에 서로 신뢰하고 의지할 수 있는 온정적이고 정의로운 학급 공동체를 만들기 위해 교사와 학생들은 민주적으로 협력해야 한다.

⑤ 집단따돌림 문제가 심각성을 느낄 수 있고 겸양과 봉사, 남을 배려하는 태도 등을 직접 체험하고 실천할 수 있는 창조적인 다양한 학교 프로그램을 활성화해야 한다.

(2) 학생의 역할

① 집단따돌림의 피해학생이 해야 할 일

집단따돌림의 피해학생이 해야 할 일은 친구들에게 했던 말과 행동을 잘 생각해보고, 왜 집단따돌림을 당했는지에 대해 그 이유를 찾아본다. 아무리 해도 생각나지 않으면 집단따돌림의 주동자에게 직접 물어볼 수도 있나. 무조건 순응하는 태도를 보이거나 두려워하면서 피하기보다는 자신감을 가지고 당당하게 대처한다. 따돌림을 시키는 아이들에게 편지를 쓰는 등 지금의 힘든 상황을 잘 전달하여 이해시키려고 노력한다. 즉, 집단따돌림을 당하는 학생 각자가 자신의 생활을 되돌아보면서 스스로 반성하여 결점을 고칠 수 있도록 해야 한다. 혼자 있는 시간이 많거나 말수가 적고 소심하여 부정적 성격을 가진 아이 또는 외모가 불결하거나 자기주장이 강하고 지나치게 감정적이어서 친구들과의 어울림에서 마찰이 잦은 아이가 집단따돌림의 대상이 되므로 이것을 스스로의 노력에 의해 반복되지 않도록 고치는 것이 무엇보다도 중요하다. 자신의 개성도 중요하지만 친구의 개성도 소중하다는 생각을 갖고, 작은 일에도 관심을 가지며 융통성을 가지고 마음의 문을 연다. 나를 집단따돌림 하는 아이들을 뒤에서 칭찬한다. 왜냐하면 그런 중에 그 친구도 변하기 때문이다. 즉, 친구 문제는 친구와 해결하는 것이 문제의 정확한 해결책이 될 수 있다. 따라서 혼자라는 생각을 버려야 한다. 항상 나의 진정한 친구는 내 등 뒤에서 나를 바라보고 있다. 극복하기 힘들면 부모님, 교사에게 알리고 상담실에서 도움을 청하도록 한다.

② 방관하거나 동조하는 학생이 해야 할 일은 친구가 집단따돌림을 당하고 있을 때 같이 따돌림 당할까 두려워하지 말고 용기를 내어 집단따돌림 당하는 친구를 도와준다. 자신도 피해자가 될 수 있다는 점을 자각한다. 집단따돌림 당한 친구의 장점을 친구들에게 알린다.

(3) 가정의 역할

① 부모는 자신의 자녀가 집단따돌림을 당하는 사실을 알게 되면 먼저 흥분하기 시작한다. 그러나 흥분하기에 앞서 왜 자녀가 집단따돌림을 당하게 되었는지를 차분하게 생각해보아야 한다. 의외로 자신의 자녀의 태도나 행동에 문제가 있을 수도 있기 때문이다.

② 자녀의 태도에 대해 교사와 상의하는 것이 좋다. 친구 사이에서 내 아이의 위치가 어떠한지를 파악하는 것도 중요하다.

③ 효과적인 방법으로 친구들을 집으로 초청하여 함께 공부하게 하거나 이야기를 나눈다. 이때 엄마도 관심을 가지고 지켜보아야 한다.

④ 집단따돌림을 당한 것에 대해 핀잔을 주거나 왜 그렇게 되었느냐고 몰아세우지 말아야 한다. 오히려 너는 더할 수 없이 귀한 존재라며 용기를 북돋아 주어야 한다. '우리는 너를 위해 힘이 되어줄 수 있다. 너는 혼자가 아니다.'라는 생각을 심어주고 '너를 괴롭힌 사람은 가만두지 않겠

다.'는 식으로 아이에게 힘을 실어 줄 필요가 있다.

⑤ 가해학생 부모에게도 직접 알려 함께 해결방안을 모색하는 적극성을 보여야 한다.

⑥ 만일 자신의 자녀가 집단따돌림을 시키는 가해자라는 사실을 알게 되었을 때는 먼저 그것이 얼마나 나쁘고 친구를 괴롭히는 것인지를 말해준다.

⑦ 집단따돌림으로 인해 가해자 부모와 피해자 부모가 생겨나게 된다. 이때 양쪽 부모는 서로 깊은 대화를 통해 자신의 자녀들을 설득(이범희, 1999)하고 올바른 방향으로 나아가도록 지속적인 지도가 요구된다.

(4) 학교 내 상담사의 역할(Wee센터를 중심으로)

① 집단따돌림 가해학생 상담

표 3-1 집단따돌림 가해학생의 단계별 상담 및 치료전략

단계	전략	세부내용
초기단계	사건정황 파악	집단따돌림 가해학생 관련 자료수집
	사안처리	집단따돌림에 대한 사건 다루기
	초기면접	심리검사 및 진단평가
중기단계	개인상담	• 가해학생에 대한 심리치료 • 상담 및 치료 프로그램
	학부모상담	가해학생 학부모싱담
	집단상담	집단상담 프로그램 진행
종결단계	상담 종결	개인상담 및 집단상담 종결
	다면적 통합지원	• 학교 및 학급 차원의 지원 • 가정 차원의 지원 • 지역사회 연계 지원

표 3-2 집단따돌림 가해학생 관련 자료 수집 방법

중점사업	• 알고자 하는 정보가 무엇인가? • 단순한 집단따돌림에 대한 내용인가? 아니면 복합적인 사건인가? • 모든 사람들로부터 정보를 얻을 것인가? 아니면 집단따돌림 피해학생과 가해학생에게서만 정보를 얻을 것인가? • 가장 집중해야 할 것은 무엇인가? - 정의 : 집단따돌림이란 무엇인가? - 경험 : 집단따돌림의 경험이 있는가?
방법	• 정보 수집을 위한 가장 좋은 방법은 무엇인가? • 누구로부터 정보를 모을 것인가? • 조사 결과는 누가 얻어야 하는가?
관리사항	• 누가, 어떤 수준으로 참여할 것인가? • 정보 수집 대상은 몇 명이 되어야 하는가? • 언제 자료를 수집할 것인가?
분석방법	• 어떤 방법으로 자료를 분석할 것인가? • 누구를 분석할 것인가?
결과	• 자료로 무엇을 할 것인가? • 결과를 발표할 것인가?
검토	• 자료 수집 과정은 언제, 어떻게 검토할 것인가?

표 3-3 집단따돌림 가해학생 상담방법

- 가해학생이 여러 명일 경우 한 명씩 개별적으로 대화하는 것이 좋으며, 다른 교사의 도움을 받을 수 있다면 가해학생들을 동시에 각기 다른 장소에서 상담을 하는 것이 가장 효과적이다.
- 상담 이후에는 가해학생들을 한자리에 모아 따돌리는 행동은 약속한 규칙을 위반하는 행동이고, 앞으로는 용납되지 않을 것이며, 또 이러한 행동을 하면 약속에 따라 제재를 가할 것임을 분명히 통보한다.
- 조치를 취했음에도 변화가 나타나지 않는다면 가해학생과 부모, 학교장이 함께 만날 필요가 있다.

표 3-4 집단따돌림 가해학생(타인 존중 집단상담 프로그램) 예시

회기	단계	목표	회기활동 (회기별 50분)	회기활동
1	탐색	약속 정하기	신뢰감 형성하기	• 프로그램에 대해 소개하기 • 별칭 짓기를 통한 자기 소개하기 • 집단 내 약속을 정하고 친밀감 형성하기
2	적용	의견존중 하기	자기노출 및 타인 수용하기	• 자신에게 가장 중요한 사건 공개하기 : 가장 잊히지 않은 기뻤던 일, 가장 슬펐던 일
3	작업	친절, 관용 베풀기	자기이해 및 타인 이해하기	• 상대의 말을 잘 들어주고 공감하기 • 표현방식에 따라 감정이 달라질 수 있음을 알기 • 부정적인 말을 긍정적인 말로 바꾸기
4		자기이해 및 타인 이해하기	관계 바라보기	• 자신이 맺고 있는 좋아하는 친구 유형 알기 • 사귀고 싶은 친구의 모습과 이유 말하기 • 좋은 친구가 되는 마음, 자세, 행동 방식 배우기
5		관용	친구 사귀기	• 비난이 섞이지 않게 내 마음을 전달하는 연습하기 • 친구관계를 유지하는 방법 배우기
6		입장 변화-약속	입장 바꿔 생각해보기	• 장님과 벙어리 활동으로 상대방의 입장 체험하기 • 함께하는 신체 활동으로 친구에 대한 신뢰 체험하기
7		역할극을 통한 행동 수정하기	역할극을 통한 행동 수정하기	• 부정적 생활 장면의 역할극을 통해 집단따돌림을 체험하고 느낀 감정을 표현하기
8		봉사활동 하기	봉사활동 하기	• 양로원 방문을 통한 봉사활동 • 친구의 장점을 발견하고 말해줌으로써 마음을 전달하고 친구에게 힘을 주는 체험하기
9		미래계획 세우기	미래계획 세우기	• 나의 미래 모습을 계획하기
10	종결	집단상담 종결하기	집단상담 종결하기	• 집단상담을 마치며 앞으로의 자신과의 새로운 결심 및 각오 다지기 • 전체 소감 나누기

〈가해학생 상담 시 참고사항〉

- 가해학생의 상담에서는 근본적인 심리변화보다는 도덕적 가치관이나 윤리관을 정립하는 데 초점을 맞추는 것이 효과적이다.

〈집단따돌림이 지속되도록 하는 실수들〉

- 가해학생에게 사람들이 그들을 좋아하지 않고 그들을 화나게 할 것이라고 말하는 것, 특히 가해학생의 동기가 관심을 끄는 것이라면 역효과를 가져올 수 있다.
- 공개적으로 가해학생을 비난할 때 역효과를 가져올 수 있다.
- 행동을 변화시키기 위해 노력하도록 가해학생을 위협하는 것은 효과가 없다.
- 가해학생에게 일관성 없이 반응하는 것은 그의 따돌림 행동을 막을 수 없다.
- 가해학생 혹은 그들의 부모와 논쟁하는 것은 다시 따돌림이 일어난 것을 막을 수 없다.

② 집단따돌림 피해학생 상담

표 3-5 집단따돌림 피해학생 단계별 상담전략

단계	전략	세부내용
초기단계	사건정황 파악	집단따돌림 피해학생 관련 자료수집하기
	초기면접	심리검사 및 진단평가
중기단계	개인상담	집단따돌림 피해학생에 대한 상담치료
	집단상담	집단따돌림 피해학생 집단상담 프로그램 지원
종결단계	상담종결	개인상담 및 집단상담 종결
	다면적 통합지원	• 학교 및 학급 차원의 지원 • 가정 차원의 지원 • 지역사회 차원의 지원

표 3-6 피해학생 상담 시 유의사항

- 적절한 위로와 지지를 해준다.
- 피해상황과 욕구를 파악한다.
- 면담 내용에 대한 비밀보장을 알려준다.
- 가해학생이나 주변 학생들로부터 보복당하지 않도록 담임교사가 책임감을 가지고 지도 · 관리해줄 것임을 인지시킨다.
- 진술 내용에 대해 가해학생 혹은 진술과 비교 · 확인하여 객관적 자료를 확보한다.

〈집단따돌림이 지속되도록 하는 실수들〉

- 질문의 내용이 피해학생으로 하여금 상담에 대한 거부감을 유발 할 수 있으니 사용에 주의하며, 피해학생이 편안하고 안정감을 느낄 수 있는 장소와 환경에서 실시하는 것을 권장한다.
- 상담 초기에는 반드시 피해학생의 이야기를 판단이나 충고 없이 무조건 경청해야 한다.
- 피해학생이 말하고 싶어 하지 않을 때에는 말을 하고 싶어 할 때까지 시간을 두고 잠시 기다려주어야 한다.

③ 집단따돌림에서의 방관자

집단따돌림에서 가장 힘들어하고 피해 받고 스트레스를 받는 것은 물론 피해자이기도 하지만, 그다음으로 방관자라고 할 수 있다. 현대사회에 들어오면서 이기적 · 자기중심적 경향의 확대로 인한 타인 공감 및 수용능력의 결핍이 많아지고, 기성세대들이 보여주는 지나친 경쟁심으로 같은 친구, 같은 사람이 아니라 모든 사람을 경쟁자라고만 판단하는 인식이 만들어지고, 방송과 비디오 등을 통해 보이는 폭력장면과 과다노출은 어른들을 따라 하고 모방하는 특징을 가진 청소년들에게 집단따돌림을 유발하는 요인이 된다.

방관자가 피해자에 대해 지지적인 행위를 하지 않거나 책임감을 느끼지 않는 이유는 집단따돌림 상황에 대해 어떻게 해야 하는지 모르고 가해자의 공격에 대한 보복을 두려워하고 있으며, 자신들의 개입으로 문제가 더욱 잘못되지 않을까 하는 생각 때문이다.

집단따돌림에 대해 옳고 그름을 판단할 수 있게 하고 피해자에 대해 도와줄 수 있는 용기를 낼 수 있게 한다면 집단따돌림의 해결방안은 한결 수월할 것이다.

2. 아동 · 청소년 성폭력

우리나라의 경우 90년대 이후부터 성인은 물론 청소년들에 의한 청소년 성폭행의 사례가 세계 3위라는 보고와 함께 사회적으로 큰 이슈가 되고 있는 것이 사실이다. 이와 같이 성폭력으로 인한 문제해결을 위해 전문 상담소를 찾는 비율이 높아지고 있다. 최근 한국성폭력상담소에 의한 청소년 성폭력 피해자에 대한 상담사례의 분석에서 전체 성폭력 상담사례 중 약 30% 이상이 아동 및 청소년을 대상으로 한 성폭력인 것으로 나타났다. 그리고 성폭력 발생률이 급속히 증가함에도 불구하고 전통적으로 우리의 성은 금기시되어 온 영역으로서 드러내 놓고 취급하지 못하고 있으며, 청소년 성폭행은 일시적인 충동과 호기심의 발동으로 가해지고, 피해자의 수치심과 굴욕감에 의해 피해사실들이 드러나지 않는 것이 현실이다. 이에 본장에서는 아동 · 청소년 성폭력을 이해하고 그 대처방안을 알아보고자 한다.

1) 아동·청소년 성폭력의 개념

아동 · 청소년 성폭력에 대한 개념은 국가와 사회문화에 따라 다르며, 학자들마다 정의가 다양하여 각 기관들의 정의를 살펴보고자 한다.

(1) WHO(세계보건기구)가 정의하는 바에 의하면 아동 · 성폭력은 아동이 충분히 이해되지 않는 상태에서 성행위에 대해 동의를 표현할 수도 없는 상황 또는 동의를 할 만큼 충분히 발달하지 않았거나 사회적으로 금기시되는 상황에서 이루어지는 성적활동에 아동이 노출되는 것을 의미하며, 다음과 같은 경우를 포함한다.

① 아동에게 불법 성행위 계약 유도 및 강요하는 경우
② 아동에게 윤락행위나 그 외 불법 성행위를 강요하는 경우
③ 음란행위나 그 외 불법 성행위를 강요하는 경우

(2) 미국의 아동학대 방지와 조치에 관한 법률(Child abuse prevention treatment act : CAPTA)에서는 성적학대를 "아이를 대상으로 고용, 이용, 설득, 유인, 유혹, 강제하여 성적 착취행위를 하거나 아이로 하여금 이와 같은 행위를 하게 하여 영상매체를 제작하려는 행위 강간, 그리고 친척이나 보호인의 경우에는 법적인 강간, 집착, 매춘 또는 다른 형태의 성적인 착취나 근친상간"으로 정의하고 있다.

(3) 국내 여러 가지 법률에서는 먼저 아동 · 청소년을 ‘만 19세 미만의 자’로 규정하고 앞서 법률들을 종합하고 있다. 성폭력 특별법 제8조 2항에서는 아동폭력의 개념을 “만 13세 미만의 미성년자에 대한 강간, 강제추행”으로 정의하고 있다.

(4) 법적으로 규정된 성폭력의 정의를 살펴보면 1994년 4월 성폭력범죄의 처벌 및 피해자보호 등에 관한 법률이 시행됨에 따라 기존의 형법 및 특별범죄가중처벌에 해당하는 강제추행, 강간, 강간미수, 위력 또는 위계에 의한 간음, 그리고 어린이 성추행 외에 친족에 의한 강간, 장애인에 대한 준강간, 업무상위력 등에 의한 추행, 공중 밀집장소에서의 추행, 통신매체 이용 음란의 죄 등을 규정하고 있다.

(5) 아동복지법에서는 아동을 18세 미만의 자로, 성학대를 아동에게 성적 수치심을 주는 성희롱, 성폭행 등의 학대행위, 아동에게 음행을 시키거나 음행을 매개하는 행위로 규정하고 있다.

(6) Wee센터(2012)에서는 성희롱, 성추행(강제추행), 성폭행(강간, 강간미수, 강간치상, 특수강간), 성을 매개로 상대방의 의사에 반해 이뤄지는 신체적 · 언어적 · 정신적 가해 행위로 정의하고 있다.

(7) 성폭력에 대한 정의는 보통 성적 접촉 유형과 그 행위의 강제성을 포함하며, 최근 정의된 성적접촉 유형은 언어적 희롱, 음란전화, 음란통신 등에서부터 신체접촉, 강간 시도와 강간까지 다양한 유형이 포함되고 있다(여성가족부, 2010). 또한 성에 대한 개념이 미약한 아동의 경우에는 저항하거나 의사표현을 하지 못했더라도 그들을 대상으로 한 성적인 행동은 모두 성폭력이라고 할 수 있다.

이렇듯 성폭력은 각 개인의 성별에 따라 성과 폭력에 대한 경험인식에 따라, 그 밖에도 각자의 가치관에 따라 어디서부터 어디까지가 성폭력이고 어떠한 해위가 친근감이나 애정의 표현이 되는지에 대해 서로 다른 판단을 내릴 수 있기 때문이고 명확히 규정을 내릴 수는 없지만 위의 성폭력의 개념을 정리해보면 다음과 같은 경우 청소년 성폭력으로 규정하고 있다(박용순, 2000).

- 성적추행으로서 가슴, 엉덩이, 성기부위를 접촉하거나 집적거리기, 키스, 음란한 행위
- 성기노출로서 피해자 또는 가해자의 성기를 노출시키는 것
- 강간 미수로서 강간을 시도하거나 성립이 안 된 경우
- 강간으로는 윤간, 강도강간, 근친상간 등을 포함
- 성적인 가혹행위로서 가해자의 성적 만족을 위해 상대방에게 신체적 상해를 입히기
- 음란물 보이기, 음란물 제작에 이용, 윤락행위의 강요
- 음란전화의 행위를 청소년 대상으로 행하고 청소년이 이러한 가해행위를 할 경우 등

2) 아동·청소년 성폭력의 유형

(1) 폭력의 유형, 정도 혹은 가해자에 따라 다양하게 구분되는데, 형법 및 성폭력 특별법상 나열된 성폭력의 개념 중에서 아동에 대한 성 폭력의 유형을 정리하면, 다음과 같이 6가지 유형으로 구별할 수 있다(정현옥, 2008).

① 강제력 없는 간음 추행
② 폭행 협박에 위한 간음 추행
③ 위계 위력에 의한 간음 추행
④ 심신 상실 항거불능의 상태를 이용한 간음추행
⑤ 유사 성교행위
⑥ 친족관계에 있는 가해자의 강간, 강제추행, 준강간, 준강제추행 등

(2) 성폭력 유형은 김재엽(2000)이 개발한 성폭력 피해경험 측정도구 상에 나타난 가벼운 성추행, 심한 성추행, 강간미수, 강간, 성희롱, 음란전화 등의 통신매체 이용, 음란물 노출, 성기 노출, 스토킹의 9가지 유형으로 분류하였다.

(3) Wee센터(2012)에서는 <표 3-7>과 같이 유형을 분류하였다.

표 3-7 성폭력의 유형

유형	설명
강간	가해자가 자신의 성기를 피해자의 생식기에 강제로 삽입하는 행위로, 처녀막의 손상이나 사정의 흔적이 없더라도 가해자의 성기가 소음순 까지 닿는 경우도 강간으로 취급한다. 구강성교, 항문성교, 다른 물질을 성기에 삽입하는 행위를 모두 포함한다.
성추행	성교는 하지 않고 가슴, 엉덩이, 성기부위를 접촉하거나 문지르기, 키스, 음란한 행위, 피해자나 가해자의 성기를 노출시키는 행위이다.
강간미수	가해자가 강간을 의도하였으나 주변의 상황이나 피해자의 저항으로 성기 삽입이 되지 않은 상태이다.
성희롱	상대방 여자의 몸을 흘끔흘끔 쳐다보는 것에서부터 분명히 원하지 않는다는 것을 알면서 상대방의 동의 없이 몸을 만지거나, 성과 관련된 야한 농담을 하면서 강제로 끌어안거나 키스하는 행위 등이다.

3) 청소년 성폭력의 원인

청소년 성폭력의 발생 원인은 빈곤, 가족 간의 불화, 결손가정, 맞벌이가족 등의 개인적 환경 요인과 입시 위주의 학교 교육제도, 성 억압적이며 또 한편으로는 성 탐닉적인 이중적 성문화, 남성 중심적 성의 상품화, 성교육의 부재와 교육제도의 모순 등 사회적 · 문화적 요인들을 말할 수 있으며, 청소년 성폭력 문제는 이 모든 원인의 복합적 영향에 의해 발생하는 문제라고 본다. 청소년 개개인이 처한 상황을 악화시키고 성폭력 발생의 토양을 제공하는 것은 결국 우리 사회의 구조적 · 문화적 환경이라고 보이기 때문이다.

(1) 이중적인 성문화

우리 사회의 성문화는 가정과 학교를 중심으로 한 유교 전통의 공식적인 성문화와 성은 통제 불가능한 본능이라는 관점에서 성을 탐닉하는 비공식적인 성문화이다. 자라면서 자연스럽게 일어나는 성적 호기심이나 관심 등이 학교는 물론 부모에게조차 불량한 것으로 취급당하면 아이들은 성에 대해 전혀 관심도 없는 백지처럼 행동하며 부모의 시선을 피해 나름대로 성적 호기심을 충족해나간다. 이것은 결국 성적 탐닉과 방종으로 이어지며 청소년에 대한 성금기적 성문화는 성에 대한 필요 이상의 호기심을 유발하여 오히려 실행하고 싶은 욕망을 야기하는 부작용을 낳게 된다.

(2) 남성 중심적 성의 상품화

자본주의 사회에서는 돈이 될 수 있는 것은 무엇이든 상품으로 내놓고 팔기 마련이며, 성을 금기하는 사회에서의 성은 최상의 상품가치가 되며, 성을 파는 데 온갖 수단과 방법을 가리지 않는다. 매매춘뿐만 아니라 직접 행위 하지 않고도 호기심 충족 내지 대리만족을 할 수 있는 성이 상품화되기 시작하였고, 이는 중·고등학교 학생들에게 무차별적으로 보급되었다. 성을 상품화하는 만화나 잡지의 모델로 나오는 여성은 남성 중심적 성 상품화의 구도에서 눈요깃감이나 노리개로 표현되고 있으며 포르노 잡지, 음란비디오나 만화에서의 주인공 역시 아무 남자하고나 성관계를 요구하는 색녀형의 여자를 등장시킨다. 색녀로서의 여성 이미지는 남성들로 하여금 성관계에서 자신들이 여성을 하나의 쾌락의 도구 혹은 소유와 정복의 대상으로 객체화시키는 것을 합리화·정당화시키는 구실로 삼고 있으며, 이러한 성적 대상이 됨으로써 겪는 여성의 고통이나 파괴되는 삶에 대해서는 전혀 죄의식을 느끼지 않게 되는 것이다.

(3) 성교육의 부재와 교육제도의 모순

성폭력 발생 원인의 주요 이유 중의 하나로 성교육의 부재이다. 자본주의 사회에서의 성의 상품화에 청소년을 무방비 상태로 방치해 놓음으로써 청소년 성폭력 발생은 오히려 당연하다고 할 수 있다. 현재 학교 교육에서 행해지고 있는 성교육은 임신과정이나 신체에 대한 보건학 교육에 불과한 실정이며, 가정에서도 아이들에게 성교육을 거의 시키지 않을 뿐 아니라 억압적 태도를 견지함으로써 음성적 성을 야기한다. 대다수의 열등학생은 소외감과 좌절감을 달래줄 소일거리를 찾아 헤매다가 비행 청소년, 성폭력 가해자의 길로 들어서게 된다.

4) 청소년 성폭력상담

(1) 성폭력상담의 특징으로는 위기상담 성격이 강하고, 학생과의 신뢰감 형성이 중요하며, 심각한 정신적 피해 후유증과 의료적 · 법적 정보의 제공, 주변 사람들에게 영향을 미친다.

(2) 성폭력 발생 시 대응노력

표 3-8 성폭력 발생 시 대응노력

성폭력 피해의심		성폭력 피해사실
문의/상담		신고
• 여성 긴급전화 1366 • ONE-STOP 지원센터 • 해바라기아동센터 • 한국성폭력상담소(위반 시 300만 원 과태료)	피해확인 증거채취	교육, 아동복지 등 신고 의무자는 반드시 신고해야 함

표 3-9 피해학생 보호 지원

- 성폭력 사안조사 협조
- 가해학생 상담 및 특별교육
- 피해학생 상담들을 지원
- 필요 시 Wee센터, 해바라기아동센터, 성폭력상담소 등에 상담 의뢰

표 3-10 성폭력 발생 시 학교 내 처리절차

구분	주요 내용	업무담당자
사건 인지	• 법적 처벌이 필요한 사안인지 파악 • 이웃 학교와 공동 대응이 필요한 사안인지 파악	보건교사 (책임교사)
대책 수립	• 교육적 · 법적 차원의 조치 방법 모색 • 중대 사안 시 즉시 수사기관 의뢰	책임교사 (전담기구)
사안 처리	• 성폭력법, 학교법에 의거 처리 • 의료지원, 상담지원	책임교사 [보건 · 전문상담(교)사]
결과 처리	• 사안처리 결과 교육청 등에 보고	책임교사(보건교사)

표 3-11 성폭력 사건대처 시 유의사항

성폭력 사건대처 시 유의사항

- 성폭력 사건이 발생하였다는 사실, 특히 성폭력 사건에서 가장 중요한 것 하나는 피해학생에 대한 2차 피해를 방지하는 것이기 때문에 피해학생이 누구라는 사실이 주변의 학생들에게 알려지지 않도록 주의
- 만약 알려진 경우, 우선 학생들을 안정시키고 교사들이 흥분하지 않고 침착하게 대응하도록 유의
- 관련 사실을 함부로 알리거나 피해학생을 놀리지 않도록 교육
- 학교, 교사는 학생 등 학교 구성원 모두가 피해아동을 보호 · 지지 · 지원해주고 공감해주는 '도우미'가 될 수 있도록 노력
- 관련 사실을 핸드폰, 인터넷을 통해 유포하는 것은 범죄행위임을 학생들에게 알림
- 만일 피해학생의 신원, 사실의 유포 등 2차 피해 우려가 심각할 경우 전문기관과 긴밀히 협력

(3) 성폭력 피해학생 상담

① 성폭력 피해학생 상담의 목적

피해학생이 성폭력으로 인한 신체적 · 심리적 상처와 후유증을 극복하도록 지원

② 성폭력 피해학생 상담절차

- 사건 정황 파악

표 3-12 사건의 정황 파악 및 객관적 자료수집

구분	파악 내용
피해학생의 인적사항	• 소속, 연락처, 이메일주소, 주소, 건강상태
사건관련 상황 파악	• 육하원칙에 따른 사건 개요, 피해 정도 및 지속기간 • 증거 및 증인 여부, 병원 진료 여부 등
의뢰인의 욕구 파악	• 법, 의료상담, 사건해결 상담, 심리상담 등

- 초기면접

표 3-13 접수상담

접수상담	
• 나이, 학년	• 피해 정도
• 피해학생의 가족관계	• 가해학생과의 관계
• 교유관계 및 가족관계	

표 3-14 성폭력 피해학생을 위한 사정

성폭력 피해학생을 위한 사정	
• 가족력 : 성폭력이나 가족폭력 유무?	• 자아기능 : 자존감과 정서적 안정감?
• 성격적 특성	• 우울, 불안, 분노 및 좌절감 수준
• 사회성 및 대인관계 기능	• 피해학생이 갖고 있는 자원

- 상담 실시

표 3-15 성폭력 피해학생 개인상담 프로그램

단계	회기	프로그램 내용
초기	1회기	현재 문제 다루기 및 상담 관계 형성(현재 감정 파악 및 상담과정 안내)
	2회기	성폭력 상황 파악하기
	3회기	성폭력 사건 정황, 어려움 파악 및 상담 목표 설정
중기	4회기	성폭력 피해 경험 드러내기 1
	5회기	성폭력사건 재경험하고 소감 나누기
	6회기	후유증 다루기 1 : 분노
	7회기	후유증 다루기 2 : 자기비난 없애기

	8회기	후유증 다루기 3 : 순결상실감
	9회기	성폭력 사건의 의미 재구성
	10회기	성폭력에 대한 변화 된 생각 및 자신에 대한 용서
종결기	11회기	성폭력 새롭게 이해하기
	12회기	자신의 역량 강화(나의 장점 찾기, 자기주장 훈련 등)
	13회기	'나'답게 살아가기 위한 훈련 및 새로운 '나' 선언

출처 : 한국여성상담센터 성폭력 피해자 치유를 위한 상담 매뉴얼

표 3-16 성폭력 피해학생 집단상담 프로그램(예시)

순위	주제	내용	준비물
1	오리엔테이션 (나 알리기)	자기인식 및 감정이완, 친밀감 형성	도화지, 잡지, 풀, 색칠도구
2	난화 속 그림 찾기	긴장이완, 흥미유발, 라포르 형성	A4용지, 연필, 색칠도구
3	현재, 미래의 내 모습	긍정적 자기인식, 자아존중감 향상, 현실과 소망 인지	도화지, 잡지, 풀, 색종이, 색지, 색칠도구
4	점토작업	긴장완화, 스트레스 해소, 정서표출	찰흙
5	자유화	긴장이완, 자아수용, 욕구 및 감정탐색	도화지, 색칠도구
6	점토로 감정 표현	자기표현, 자기이해	지점토, 도화지, 꾸미기재료, 색칠도구
7	색 물총 놀이	에너지발산, 집단 간의 역동, 화합, 집단 응집력 강화	화선지, 물감, 큰 대야, 물총
8	석고 손 본뜨기	자신의 장점 인식, 긍정적인 자아감 형성	석고붕대, 물그릇, 색칠도구, 반짝이 풀
9	나를 위한 선물	자기탐색, 자아존중감 향상	플레이점토, 다양한 매체
10	만다라	집단응집력, 자아존중감 향상	전지, 색칠도구, 연필, 잡지, 재활용품
11	미래의 내 모습	자기개념 인식, 긍정적인 자아상 확립, 자아존중감 향상	우드락, 과자, 물엿, 호일, 색상지, 그림도구
12	함께 타고 가는 배	집단에서의 자신의 위치와 정체성 발견, 성장의 힘과 조화 발견	우드락, 과자, 물엿, 호일, 색상지, 그림도구

출처 : 이승희(2010), 성폭력 외상 후 스트레스를 중심으로 한 미술치료의 현황 분석과 프로그램의 연구.

- 다면적 통합지원

표 3-17 다면적 통합지원(사후관리)

구분	지원방안	담당
학급 · 학교 차원	• 예방교육 • 전문 상담기관 의뢰 • 성폭력 피해학생 상담	보건교사 · 전문상담(교)사
가정 차원	• 피해학생 부모교육 • 가족상담 지원	보건교사 · 전문상담(교)사
지역사회 차원	전문기관 연계	생활부장 · 전문상담(교)사
• 한국여성 민우회 성폭력 상담소 : 02-739-1366 • 여성 긴급전화 : 1366 • 해바라기아동센터 : 02-3274-1375 • ONE-STOP 지원센터 : 117 • 학교 내 Wee클래스 또는 관내 Wee센터 연계		

(4) 성폭력 가해학생 상담

① 성폭력 가해학생 상담의 목적

자신의 잘못을 인정하고 그로 인한 피해학생의 피해를 인식함과 더불어 피해학생의 상처를 공감하도록 하여 성폭력의 재발 방지

② 성폭력 가해학생 상담절차

- 사건 정황 파악

표 3-18 사건의 정황 파악

구분	파악 내용
가해학생의 인적사항	소속, 연락처, 이메일주소, 피해학생과의 관계
사건관련 상황 파악	• 육하원칙에 따른 사건 개요, 가해 정도 • 가해학생 수(개인/집단), 우발적이냐 지속적이냐 등
의뢰인의 욕구 파악	법, 사건해결 상담, 심리상담 등

- 초기면접

표 3-19 초기면접

접수상담	성폭력 가해학생을 위한 사정
• 나이, 학년 • 전과 유무 • 가해학생의 가족관계 • 피해학생과의 관계 • 가해학생의 성격 특성	• 가족력 : 성폭력이나 가족폭력 유무? • 자아기능 : 자존감과 정서적 안정감? • 공격성 : 분노 조절력과 좌절 극복력 • 충동을 자제하지 못하는가? • 대인관계 기능 • 정신병리 유무

- 상담 실시

표 3-20 가해학생 개인상담 프로그램(예시)

단계	회기	목표	프로그램	기대효과
초기	1	오리엔테이션 가해자 탐색	• 프로그램 설명 • 현재 상황을 위한 질문지	관계형성
	2	사건 듣기	기초질문지, 상황질문지	사건의 구체적인 탐색
	3	자신과 만나기	문장완성검사	가해자 이해
중기	4 5	성폭력 개념 이해하기	• 성의식 점검 검사 • 성적 의사결정 능력 검사 • 성폭력에 관한 검사	성의식 점검 및 성폭력 개념의 정확한 이해
	6	나의 사건으로 성폭력 바라보기	성폭력 사례	왜곡된 성의식 확인 및 성폭력 행위에 대한 책임 인정
	7 8	성폭력 피해자 상담	• 연속선상의 성폭력 • 성폭력 피해자의 글 • 비디오에 관한 질문지	자신의 행위로 피해자가 육체적 · 심리적 · 정신적으로 어떤 고통을 당하고 영향을 받는지 이해
후기	9	'나' 돌아보기	• 사건발생 전 · 후의 감정 • 행동, 사고에 대한 탐색	자기수용
	10	새로운 삶 계획하기	• 나의 행동전략 점검 • 교육을 마치며	행동 전략 및 평가

출처 : 한국여성민우회(2008), 성폭력 가해자 재범 방지를 위한 프로그램 매뉴얼

표 3-21 가해학생 집단상담 프로그램

순위	기관명 실시장소	구성형태 (연령대/인원)	프로그램 목적	프로그램 내용
1	D보호관찰소	집단 (성인/9명)	성관계와 성폭력의 차이인식, 피해자 이해, 올바른 성행동 및 성인식	자아정체 및 인간관계 훈련(별칭 짓기)
2	S보호관찰소	집단 (청소년/5명)	자아정체성 및 인간관계 훈련, 성에 대한 바른 이해, 성 정보와 그 수용방안	별칭 짓기, 성애도표, 성교육, 성관계와 성폭력의 차이점 토론, 뜨거운 의자, 역할극, 편지 쓰기
3	I종합사회복지관	집단 (청소년/7~10명)	자기이해 및 자존감 향상, 성 정체감 확립, 재범 예방	성충동 조절 훈련, 성에 대한 테스트, 역할 시연, 구체적 피임법, 비디오 감상, 피해자 이해하기
4	K보호관찰소	집단 (청소년/30명)	올바른 성인식과 성행동, 재범 예방	사회적 통념 반박하기, 성과성 문화의 이해, 성 개념 재구성, 사후 폭력 통제 수립, 성충동 극복 훈련, 성비행 권유 거절 역할 연습
5	S종합사회복지관	집단 (청소년/7~10명)	자아정체감 확립, 바람직한 성 정체감, 사회적응력 향상	부모교육/직업정보제공

출처 : 임지언(2008), 성폭력 가해자 교정 프로그램 활성화 방안 연구

- 다면적 통합지원

표 3-22 다면적 통합관리(사후관리)

구분	지원방안	담당
학급 · 학교 차원	• 예방교육 • 성폭력 가해학생 특별교육 이수 • 전문적인 교육 및 상담기관 의뢰	보건교사 · 전문상담(교)사
가정 차원	• 가해학생 부모교육 • 가족상담 지원	보건교사 · 전문상담(교)사
지역사회 차원	• 전문기관 연계	생활부장 · 전문상담(교)사

③ 가해학생 상담 시 주의사항

가. 사법기관의 보호관찰과 가해학생에 대한 치료 협조가 이루어진 상황에서 진행

나. 지시적이고 교육적 접근법 사용

다. 정신분석이나 가해자 위주의 상담기법 금지

라. 법적인 문제에 있어서는 단호한 태도를 취함

제4장
학교폭력 사안 발생 시 지도방안

최근 심각한 사회문제로 대두하고 있는 학교폭력 문제를 효과적으로 대처하기 위해 국가는 이미 2004년「학교폭력예방 및 대책에 관한 법률」을 제정하였다. 그뿐만 아니라 2013년 5월 현 정부에서는 학교폭력을 '사회 4대 악(惡)'으로 규정하고 이를 근절하기 위한 추진본부를 발족시켰다. 이와 같이 학교폭력사건이 학교나 당사자들만의 문제가 아닌 사회 전체의 문제라는 인식은 널리 퍼져 있으며 이를 해결하기 위한 많은 노력을 기울이고 있다.

그러나 학교폭력 사안을 해결하는 것은 그렇게 쉽지만은 않다. 학교폭력문제의 당사자인 가해학생, 피해학생 모두 학생이며, 그들의 성장과 발달에 있어 학창시절은 매우 중요한 시기이기 때문에 학교폭력 문제로 피해가 가지 않도록 삭별하게 주의를 갖고 해결할 수 있도록 노력해야 한다. 이 장에서는 교육과학기술부(2012)에서 제시한 학교폭력 발생 시 기본적인 처리 지침과 세부처리를 기초로, 학교폭력 사안을 정확하게 파악하고 이를 지혜롭게 대처하기 위해 학교폭력 사안 발생 시 학교와 교사는 어떻게 대처해야 하는지 구체적으로 살펴보고자 한다.

1. 학교폭력 사안 발생 시 대응절차

학교폭력이 발생하면 원칙적으로 사안의 크고 작음, 가볍고 무거움에 상관없이 모든 학교폭력은 학교 내 전담기구에 신고하고 학교폭력대책자치위원회를 통해 해결해야 하지만, 사안에 따라 달라질 수 있다.

1) 가해학생에 대해 '즉시 출석정지'를 해야 하는 사안

(1) 적용 대상 : 「학교폭력예방 및 대책에 관한 법률」 제17조제4항 다음의 학교폭력 사안에 대해서는 가해학생에 대한 '출석정지' 조치를 반드시 실시해야 한다.

Tip

학교장이 출석정지를 반드시 해야 하는 경우

- 2명 이상의 학생이 고의적 · 지속적인 폭력을 행사한 경우
- 폭력을 행사하여 전치 2주 이상의 상해를 입힌 경우
- 학교폭력에 대한 신고, 진술, 자료 제공 등에 대한 보복을 목적으로 폭력을 행사한 경우
- 피해학생을 가해학생으로부터 긴급하게 보호할 필요가 있다고 판단되는 경우

※ 「학교폭력예방 및 대책에 관한 법률시행령」 제21조

(2) 대응 요령

① 가해학생과 피해학생을 즉시 격리하고, 신고한 학생이 있는 경우 신변보호 조치를 신속하게 실시한다.

- 가해학생, 피해학생, 신고한 학생의 보호자에게 학교폭력 발생 사실을 즉시 통보

② 학교폭력전담기구에 우선 신고하고, 학교폭력전담기구 소속 교사와 함께 초기 사안조사를 실시한 후 학교장에게 신속하게 보고하여 '출석정지'를

하도록 해야 한다. 이후, 학교폭력전담기구에서 신고 받은 후 7일 이내에 학교폭력대책자치위원회를 개최하여 조치 결정을 하고 학교장에게 통보하게 된다.

2) 담임교사가 자체 해결할 수 있는 사안

(1) 판단의 기준

① 가해행위로 인해 피해학생에게 신체 · 정신 또는 재산상의 피해가 있었다고 볼 객관적인 증거가 없는 경우

② 가해학생이 즉시 잘못을 인정하여 피해학생에게 화해를 요청하고, 이에 대해 피해학생이 화해에 응하는 경우에 해당하는 사안

(2) 대응 요령

① 또래상담, 또래중재, 학생자치법정, 학급총회 등 학생들이 스스로 문제를 해결할 수 있는 또래 프로그램을 활용한다.

② 담임교사가 자체 해결한 사안인 경우에도 사안 발생 사실과 담임교사의 조치사항에 대해 학교폭력전담기구에 알리고 기록으로 남긴 후 사건 종료한다.

③ 담임교사가 사안 인지 후 3일 이내에 해결하지 못하는 경우에는 일반적인 절차를 거쳐야 하는 사안으로 처리한다.

표 4-1 또래 프로그램 종류와 특징

구분	프로그램 특징
또래상담	• 또래가 상담자가 되어 동료학생의 눈높이에서 고민을 상담하고 함께 문제 해결 • 갈등의 이상 징후 발견 및 예방에 초점
또래중재	• 학급에서 신뢰(추천 등)받는 학생이 훈련을 통해 중재사가 되어 학생 간 문제를 해소하고 교사 · 전문상담사 등 갈등조정전문가는 이를 지원 • 갈등 발생 후 조정 및 화해에 초점
학급총회	• 갈등상황 발생 시 담임교사를 중심으로 학급 학생 모두가 참여하여 토론을 통해 갈등해결 모색(소규모학교의 경우 학년총회 운영 가능)
학생자치법정	• 학생들이 경미한 학칙위반 등의 사안에 대해 상 · 벌점제와 연계하여 학생 스스로 변론하고 자율적 징계 실시

3) 일반적인 절차를 거쳐야 하는 사안

(1) 적용 대상

① 가해학생에 대한 즉시 출석조치 대상이 아닌 폭력 사안

② 담임교사가 자체 해결할 수 없는 폭력 사안

(2) 대응 요령

① 가해학생과 피해학생을 즉시 격리하고, 신고한 학생이 있는 경우 신변 보호 조치를 신속하게 실시한다. 가해학생, 피해학생, 신고한 학생의 보호자에게 학교폭력 발생 사실을 즉시 통보한다.

② 학교폭력전담기구에 우선 신고하고, 해당 학생들을 대상으로 초기 사안 조사를 실시하여 전담기구에 통보한다.

※ 이후, 학교장은 가해학생에 대한 선도가 긴급하다고 인정되는 경우 선도 조치를 하고, 학교폭력전담기구에서 신고 받은 후 7일 이내에 학교폭력대책자치위원회를 개최하여 조치 결정을 하고 학교장에게 통보하게 된다.

2. 학교폭력 사안처리 세부지침

1) 가해학생과 피해학생의 격리 및 피해학생·신고학생 보호

(1) 가해학생과 피해학생의 격리

① 격리의 목적

- 가해 · 피해학생 간 2차적인 폭력사태의 예방
- 사안조사를 위해 가해 · 피해학생의 심리적 · 신체적 상태 회복

② 격리의 방법

- 사안조사 기간 중 가해 · 피해학생이 서로 접촉하지 않을 수 있도록 학교 실정에 맞게 사전에 격리방안을 마련한다.
- 피해학생이 상담기관, 병원, 외부 쉼터, 자택에 머물게 되는 경우, 출석일수에 산입하고 평가 등에 있어서 불이익을 당하지 않도록 조치한다.

(2) 피해학생 보호

① 신속하게 보건교사에게 도움을 청하여 학생의 피해 상태를 파악한 후 조치

- 가벼운 상처의 경우 학교 보건실에서 1차 치료를 받도록 조치한다.
- 탈골, 기도 막힘, 기타 위급한 상황이라고 판단될 경우 119에 연락하여 도움을 청하도록 한다.
  ※ 보건교사의 1차 진단이 없더라도 객관적으로 위급한 경우 즉시 119 연락
- 성폭력 피해학생은 신속하게 병원으로 이송하고, 증거를 보존하여 경찰에 신고한다.
  ※ 성폭력의 경우 담임교사 혼자 증거를 파악 · 보존하는 데 어려움이 있으므로 반드시 보건교사, 책임교사 등과 협조하여 처리한다.

유의사항

아동 · 청소년 대상 성범죄는 「아동 · 청소년의 성보호에 관한 법률」에 따라 강제추행 이상의 중대 사안은 경찰 등 수사기관에 반드시 신고해야 한다.

※ 신고 의무를 위반하거나 거짓으로 신고 시 법률에 따라 300만 원 이하의 과태료가 부과됨에 유의

(3) 신고학생 보호

① 신고학생에 대한 비밀보장을 철저하게 하여 가해학생으로부터 보복폭행을 당하지 않도록 신고학생의 신상이 조사과정 등에서 누설되지 않도록

각별히 유의해야 한다.

② 신고학생에 대해서는 사안 종료 시까지 신변의 안전을 보호할 수 있는 조치를 하되, 가해학생이 정황을 파악할 수 없도록 세밀하게 조치해야 한다.

2) 학교폭력전담기구에 신고 및 해당 학부모 면담

(1) 학교폭력전담기구에 신고

① 학교폭력 사안이 발생하면 학교폭력전담기구에 즉시 신고해야 한다. 단, 담임교사가 자체적으로 해결할 수 있는 사안의 경우 해결을 완료한 후 전담기구에 신고한다.

② 학교폭력전담기구 신고는 원칙적으로는 정해진 서식에 따라 서면으로 하되, 긴급한 경우 전화 또는 구두보고 등으로 할 수 있다.

(2) 사안 조사 : 학교폭력전담기구와 협의 하에 진행

① 피해학생 면담

- 가해학생이나 다른 학생이 모르게 진행하고, 피해학생이 솔직하게 이야기할 수 있는 분위기를 만드는 것이 중요하다.
- 피해의 유형, 학교폭력의 구체적인 사실, 가해학생 명단 등 구체적인 증거를 확보한다.
- 학생이 담임교사와의 면담을 어려워하는 경우 전문상담교사의 지원을 받도록 한다.

② 가해학생 면담

- 피해학생 면담, 구체적인 증거를 확보한 이후에 진행한다.
- 집단폭행을 조사할 경우에는 관련 학생 모두를 한꺼번에 불러 다른 장소에서 일제히 조사하여 상황을 조작하지 못하도록 한다.
- 피해학생을 보복할 경우, 더 무거운 징계를 받을 수 있음을 주지시킨다.

(3) 해당 학부모 면담 : 1차 사안조사를 마친 후 면담 진행

① 학부모 면담은 면대면 일대일 면담을 하는 것이 원칙이나, 경미한 사안의 경우 전화를 통한 상담도 가능하다.

② 면담 일시, 면담 내용은 기록으로 남기고, 그 결과를 학교폭력전담기구에 통보한다.

③ 학부모의 어려운 상황을 충분히 이해하고, 감정이나 판단이 섞인 말을 사용하는 것을 자제해야 하며, '사실' 위주로 이야기해야 한다.

표 4-2 학부모 면담 시 유의사항

구분	유의사항
피해학생 학부모	• 피해학생 학부모의 아픈 심정을 충분히 공감하고, 사안 해결의 의지를 보여주어 담임교사를 신뢰할 수 있도록 하여 피해학생 학부모의 격한 감정을 완화시키는 데 최선을 다함 • 피해 사실과 학교폭력대책자치위원회 개최 등 향후 조치계획을 설명하고, 피해학생이 신체적 · 정신적 피해를 신속하게 치료할 수 있도록 병원, 상담기관 등 안내 • 필요 시 피해학생이 전문단체나 전문가로부터 심리상담 및 조언, 일시보호, 치료를 위한 요양 등에 소요되는 비용은 「학교안전사고 예방 및 보상에 관한 법률」 제16조에 따라 학교안전공제회에서 우선 부담할 수 있음을 안내 ※ '12.4.1 기준 학교폭력으로부터 피해를 받아 치료를 받고 있는 사람부터 적용
가해학생 학부모	• 가해 사실과 학교폭력대책자치위원회 개최 등 향후 조치계획 설명 • 피해학생에게 보복행위를 하지 않도록 알려주어야 함 • 피해학생의 부모가 원하지 않는 경우, 가해학생 학부모에게 피해학생 부모의 연락처를 알려주어서는 안 됨

3) 사후 생활지도

(1) 피해학생에 대한 생활지도

① 학교폭력전담기구와 협의하여 피해학생의 신체적 · 정신적 피해가 조속히 치유될 수 있도록 최우선적으로 지원한다.

② 학생이 안정적인 학교생활을 할 때까지 학교 내 전문상담교사 또는 외

부의 상담전문가를 통해 정기적으로 상담을 할 수 있도록 지원한다.

(2) 가해학생에 대한 생활지도

① 학교폭력대책자치위원회의 조치를 이행하고 학교에 복귀한 가해학생에 대해서는 더욱 세심한 생활지도가 필요하다.

② 가해학생이 진심으로 반성하고 새롭게 시작할 수 있도록 정기적으로 상담한다.

③ 가해학생에 대한 학교폭력대책자치위원회의 조치사항이 학교생활기록부에 기재되므로 학생에 대한 세심한 관심을 가지고 긍정적인 변화행동을 관찰하여 '봉사활동', '창의적 체험활동 상황', '행동발달 및 종합의견'란 등에 충분히 기록한다.

Tip

[예시](인성요소) + 구체적인 활동사항 기재

(규칙 준수) '12. 3월 학교폭력예방 및 대책에 관한 법률 제17조1항 5호에 의한 징계조치를 받아 성실히 참여하였고, 특히 Wee센터의 치유 · 상담 프로그램에 참여한 후 타인을 이해하고 규칙을 준수하는 생활태도를 갖게 되었음. 또한 급우간의 학교폭력 문제를 앞장서 해결하기 위해 또래 상담활동에 적극 참여하고 중재역할을 모범적으로 수행하여 급우간의 신망이 높음(봉사시간 10시간).

유의사항

학교폭력 가해 · 피해학생의 학교폭력관련 사실, 상담, 치료 등에 관한 사항을 개인별로 누적 기록 · 관리하고, 생활지도에 활용

※ 학생생활지도 기록관리카드는 다음 학년 담임교사에게 인계하여 누적적으로 기록 · 관리하며 생활지도에 활용하고, 졸업 시 관련 내용 삭제

(3) 학급 전체학생 대상 예방교육 실시

① 학교폭력 사안이 종결된 후, 학급 구성원 모두 학교폭력 사안에 대해 생

각해볼 수 있는 시간을 마련하여 운영한다. 학교폭력이 가해학생과 피해학생만의 문제가 아니라 학급 구성원 모두의 문제임을 인식할 수 있도록 한다.

② 학교 내 전문상담교사 또는 외부 전문가의 도움을 받아 교육 프로그램을 구성한 후 담임교사가 직접 실시하도록 한다.

4) 정보보안에 관한 책임

가해학생 · 피해학생 및 제20조에 따른 신고자 · 고발자와 관련된 자료를 누설할 경우 300만 원 이하의 벌금이 부과됨에 유의해야 한다(「학교폭력예방 및 대책에 관한 법률」 제21조, 제22조).

3. 사건 종료 후 조치

1) 학교폭력 가해학생에 대한 조치

(1) 피해학생에 대한 서면사과

피해학생에게 진심으로 사과하는 편지를 써서 용서를 구해야 한다.

(2) 피해학생 및 신고 · 고발학생에 대한 접촉, 협박, 보복행위 금지

피해학생에게 보복폭력을 저지르지 않도록 주의를 받게 된다.

(3) 학교에서의 봉사

화단정리, 교실의 교구정리, 화장실 청소, 장애학생 등교 도우미 등 학교에서 할 수 있는 봉사활동을 정해진 기간 동안 해야 한다.

(4) 사회봉사

복지시설, 관공서에서의 봉사활동 등을 정해진 기간 동안 해야 한다.

(5) 특별교육 이수 또는 심리치료

폭력적인 행동을 스스로 제어하지 못하는 경우 학교 내외 특별 전문가에게 일정기간 동안 특별교육이나 심리치료를 받아야 한다.

(6) 출석정지

① 일정 기간 동안 학교수업에 참여하지 못하게 된다. 이 경우, 출석정지 기간의 제한이 없어 누적될 경우 유급도 가능함을 유의해야 한다.

② 특히, 다음의 학교폭력 사안에 대해서는 학교폭력대책자치위원회가 열리기 전에 학교장이 '출석정지' 조치를 실시하게 된다는 것을 명심해야 한다.

Tip

학교장이 출석정지를 반드시 해야 하는 경우

- 2명 이상의 학생이 고의적 · 지속적인 폭력을 행사한 경우
- 폭력을 행사하여 전치 2주 이상의 상해를 입힌 경우
- 학교폭력에 대한 신고, 진술, 자료 제공 등에 대한 보복을 목적으로 폭력을 행사한 경우

(7) 학급 교체

가해학생과 피해학생이 같은 학급에 있는 경우, 가해학생은 다른 학급으로 이동해야 한다.

(8) 전학

가해학생은 다른 학교로 소속을 옮겨야 한다.

(9) 퇴학처분

학교폭력의 수준이 심각한 경우, 퇴학처분까지 받게 된다. 단, 의무교육과정인 초등학교와 중학교의 경우 퇴학처분은 적용되지 않는다.

유의사항

- 피해학생 및 신고·고발한 학생에 대한 접촉·협박 및 보복행위 금지, 학교에서의 봉사, 사회봉사, 출석정지, 전학 조치를 받은 경우 교육감이 정한 기관에서 특별교육을 이수하거나 심리치료를 받아야 한다.
- 이 경우, 가해학생의 부모님(보호자)도 함께 특별교육을 받아야 한다.

2) 학교폭력 사안 처리 후 가해학생 생활지도

학교폭력대책자치위원회의 조치를 이행하고 학교에 복귀한 가해학생에 대해서는 더욱 세심한 생활지도와 함께 가해학생이 진심으로 반성하고 새롭게 시작할 수 있도록 정기적으로 상담을 하게 된다.

가해학생에 대한 학교폭력대책자치위원회의 조치사항이 학교생활기록부에 기재되므로 학생에 대한 세심한 관심을 가지고 긍정적인 변화행동을 관찰하여 '봉사활동', '창의적 체험활동 상황', '행동발달 및 종합의견' 란 등에 충분히 기록한다.

Tip

[예시](인성요소) + 구체적인 활동사항 기재

(규칙 준수) '12. 3월 학교폭력예방 및 대책에 관한 법률 제17조1항 5호에 의한 징계조치를 받아 성실히 참여하였고, 특히 Wee센터의 치유·상담 프로그램에 참여한 후 타인을 이해하고 규칙을 준수하는 생활태도를 갖게 되었음. 또한 급우간의 학교폭력 문제를 앞장서 해결하기 위해 또래 상담활동에 적극 참여하고 중재역할을 모범적으로 수행하여 급우간의 신망이 높음(봉사시간 10시간)

유의사항

학교폭력 가해 · 피해학생의 학교폭력관련 사실, 상담, 치료 등에 관한 사항을 개인별로 누적 기록 · 관리하고, 생활지도에 활용하게 된다.

※ 학생생활지도 기록관리카드는 다음 학년 담임교사에게 인계하여 누적적으로 기록 · 관리하며 생활지도에 활용하고, 졸업 시 관련 내용 삭제

Tip

학교폭력대책자치위원회 진행

Q1. 학교폭력인지 아닌지 애매한 경우가 있는데?

⇒ 학교폭력의 기준은 때리거나 괴롭히는 가해자 입장이 아닌, 모든 것을 피해자 입장에서 생각해보면 답이 나온다. 나는 장난으로 했는데 상대방이 상처를 받았다면 이것은 학교폭력이다.

Q2. 돈을 빌린 것인지 갈취한 것인지?

⇒ 돈을 빌려간 사람에게 언제든 갚으라고 편안하게 말할 수 있으면 빌려준 것이고, 무서워서 갚으라고 말하지 못하면 갈취이다.

Q3. 장난과 폭력의 차이는?

⇒ 장난은 모두가 즐겁게 웃어야 한다. 폭력은 어느 한쪽이 정신적으로나 육체적으로 괴로운 것이다. 한쪽이라도 괴로우면 폭력이다.

Q4. 친구의 미니홈피 방명록에 장난으로 '나쁜 X, 못된 X'이라고 몇 자 적었는데, 이것도 학교폭력인가?

⇒ 평소 사용한 '나쁜 X, 못된 X, 도둑 X, 미친 X' 등은 모두 언어폭력이며, 이것은 상대방의 인격을 비방하는 모욕에 해당한다. 핸드폰으로 욕설문자를 보내는 것도 모욕, 협박에 해당된다는 것을 잊지 말라.

4. 학교폭력대책자치위원회 진행 및 필요서식

1) 학교폭력대책자치위원회의 진행

(1) 자치위원회 진행과정

개최 알림	• **개회사 : 위원장** 위원장이 자치위원회 개최를 알린다.
⇩	
자치위원회 개요 안내	• **참석자 소개 및 자치위원회 안내 : 책임교사** ① 자치위원회 목적 ② 진행절차 ③ 주의사항 전달 - 발언을 하기 위해서는 먼저 동의를 구해야 한다. - 욕설, 폭언, 폭행 등을 할 때, 퇴실 조치함을 알린다. - 자치위원회에서 알게 된 사항에 대한 비밀유지 의무가 있음을 알린다. ④ 참석자 소개
⇩	
사건조사 보고	• **사건보고 : 책임교사** 사건조사 결과 보고를 한다.
⇩	
피해 측 진술 및 질의응답	• **피해자 측 진술(사건진술, 요구사항)** ① 사건을 진술하고 피해자 측의 입장에서 요구사항을 말하도록 한다. ② 위원회에서 피해자 측에 질문하고 피해자 측에서 답변한다. ③ 퇴장
⇩	
가해 측 진술 및 질의응답	• **가해자 측 진술(사건진술, 가해자 측 입장)** ① 사건을 진술하고 가해자 측의 입장을 말하도록 한다. ② 위원회에서 가해자 측에 질문하고 가해자 측에서 답변 한다. ③ 퇴장
⇩	
피해학생 보호조치, 가해학생 조치 논의 ⇩ 합의 조정	• **피해학생 보호조치, 가해학생 조치 논의** 자치위원들끼리의 협의를 통해 피해자 보호조치와 가해자 처벌 조치의 수위를 결정한다.
⇩	
학교장 결재 후 결과 통보	• **학교장 결재 : 위원회의 결정사항에 대해 결재** • **피해·가해 측에 결과 통보 : 양식에 의거 통보**

2) 학교폭력대책자치위원회의 개최 시 준비사항

(1) 서류준비

① 필요한 서류를 미리 준비한다(예 : 사건 조사서, 관련 학생 진술서, 증거자료, 사과문 양식, 각서 양식, 피해 · 가해 측의 합의서 양식 등)

② 자치위원회에서 하게 될 사건보고에 관련된 자료들을 자치위원회 시작 전에 위원과 위원장에 전달하도록 한다. 이는 위원과 위원장이 자료를 충분히 숙지한 후에 보고를 받도록 하기 위함이다.

(2) 공간준비

① 피해 · 가해 측 대기장소 준비 : 자치위원회 개최 전에 책임교사가 사전에 가해 측과 피해 측이 있을 장소를 따로 지정해두도록 한다.

② 회의 좌석 배치 기획 및 준비 : 자치위원회 진행 시의 대립과 갈등을 완화하기 위해 회의 좌석 배치도를 미리 기획하고 준비하도록 한다.

[자치위원회 좌석 배치도]

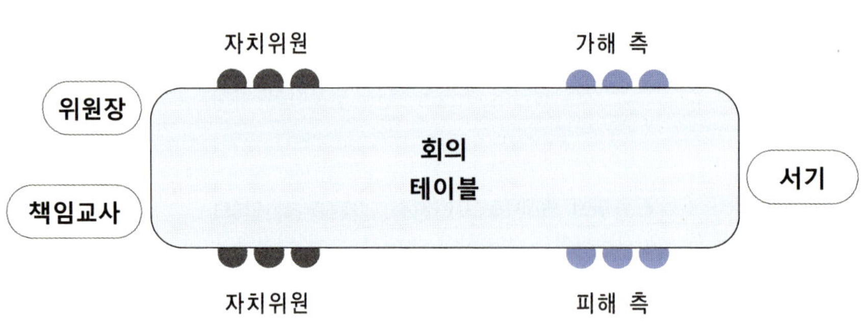

(3) 전문서기

① 자치위원회 위원장은 해당 학교의 교직원 중 자치위원회의 실무를 담당할 간사 1명을 지명한다(학교폭력예방 및 대책에 관한 법률 시행령 제8조제3항).

② 회의록 작성

※ 회의록에 반드시 기록해야 할 사항

- 위원회 개최일시 및 장소
- 출석위원
- 각종 보고사항
- 심의내용 및 의결 · 결정사항
- 보고서 제출현황
- 그 밖의 토의 사항

3) 학교폭력대책자치위원회의 개최 시 필요한 서식

학교폭력대책자치위원회는 필요한 서류철 및 서기교사를 두도록 되어 있다. 서기교사는 학교폭력책임교사가 겸임할 수도 있으나 필요에 따라 별도로 둘 수 있다. 그리고 자치위원회에서 구비해야 하는 서류는 다음과 같다.

- 위원 위촉 · 지명 · 임명에 대한 시류(5년 보존)
- 안건접수 및 처리부(5년 보존)
- 위원회 운영 일반(3년 보존)
- 회의록(10년 보존) : 회의록이란 학교폭력 예방 및 대책관련 심의뿐 아니라 학교 분쟁조정 관련한 심의내용을 기록한 것이다.

위의 서류철 이외에도 예방교육 자료철 등 서류를 필요에 따라 추가로 구비힐 수 있다.

서식 1 학교폭력대책자치위원회 연락처

연번	성명	소속	연락처		이메일
1			집		
			직장		
			HP		
2			집		
			직장		
			HP		
3			집		
			직장		
			HP		
4			집		
			직장		
			HP		
5			집		
			직장		
			HP		
6			집		
			직장		
			HP		
7			집		
			직장		
			HP		
8			집		
			직장		
			HP		
9			집		
			직장		
			HP		
10			집		
			직장		
			HP		

서식 2 위원 위촉 · 지명 · 임명부

연번	성명	소속	임명일	임명기간
1				
2				
3				
4				
5				
6				
7				
8				
9				
10				

서식 3 회의록

<table>
<tr><td>회의일시</td><td colspan="2">년 월 일(시작 시각 : ~ 종료 시각 :)</td></tr>
<tr><td>참석위원</td><td colspan="2"></td></tr>
<tr><td>회의 주제</td><td colspan="2"></td></tr>
<tr><td>회의 내용</td><td colspan="2"></td></tr>
<tr><td>확인</td><td>학교폭력대책자치위원회 위원장
(서명 · 날인)

학교폭력대책자치위원회 위원
(서명 · 날인)
(서명 · 날인)
(서명 · 날인)</td><td>학교폭력대책자치위원회 위원
(서명 · 날인)
(서명 · 날인)
(서명 · 날인)
학교폭력 책임교사
(서명 · 날인)</td></tr>
</table>

서식 4 학교폭력 예방교육 기록부

<table>
<tr><td>교육일시</td><td>년 월 일</td><td>교육시간</td><td></td></tr>
<tr><td>대상</td><td></td><td>장소</td><td></td></tr>
<tr><td>교육주제</td><td></td><td>강사</td><td></td></tr>
<tr><td>교육내용</td><td colspan="3"></td></tr>
<tr><td rowspan="2">확인</td><td>책임교사 : (서명 · 날인)</td><td colspan="2">전문상담교사 : (서명 · 날인)</td></tr>
<tr><td>교 감 : (서명 · 날인)</td><td colspan="2">교 장 : (서명 · 날인)</td></tr>
</table>

서식 5 분쟁 조정 신청서

<table>
<tr><td rowspan="3">신청인</td><td>성명</td><td colspan="4">(남 여)</td></tr>
<tr><td>주소</td><td colspan="4"></td></tr>
<tr><td>학교명</td><td colspan="4">학교 학년 반</td></tr>
<tr><td rowspan="2">보호자</td><td>성명</td><td></td><td>관계</td><td>전 화</td><td></td></tr>
<tr><td>주소</td><td colspan="4"></td></tr>
<tr><td colspan="6">신청 사유</td></tr>
</table>

상기 본인은 위와 같이 분쟁조정을 신청합니다.

신청일 : 년 월 일

신청인 : (서명)

교육감(학교폭력대책자치위원회 위원장) 귀하

서식 6 학교폭력 신고 접수

연번	일시	신고자 또는 신고기관	신고자 신분 및 전화번호	신고내용	사실 여부	사실 통보	
						피해자	가해자
1							
2							
3							
4							
5							
6							
7							

[확인]

책임교사 :
해당 담임교사 :
교감 :
교장 :

서식 7

분쟁조정 위한 학교폭력대책자치위원회 참석 요청

본 위원회는 학교폭력예방 및 대책에 관한 법률 제11조, 제16조에 의거하여 제 회 학교폭력대책자치위원회를 아래와 같이 개최하고자 하오니 참석하여 주시기 바랍니다.

1. 일시 : 년 월 일 ( ) 시

2. 장소 :

3. 안건

년 월 일

교육감(학교폭력대책자치위원회 위원장) (직인)

서식 8 분쟁 조정 결과 통보(거부/중지/종료된 경우)

<table>
<tr><td rowspan="3">신청인
(피해학생)</td><td>성명</td><td colspan="3"></td><td>성별</td><td></td></tr>
<tr><td>학교명</td><td colspan="3"></td><td>학년 반</td><td></td></tr>
<tr><td>주소</td><td colspan="5"></td></tr>
<tr><td rowspan="2">보호자</td><td>성명</td><td></td><td>관계</td><td></td><td>연락 전화</td><td></td></tr>
<tr><td>주소</td><td colspan="5"></td></tr>
<tr><td rowspan="3">피신청인
(가해학생)</td><td>성명</td><td colspan="3"></td><td>성별</td><td></td></tr>
<tr><td>학교명</td><td colspan="3"></td><td>학년 반</td><td></td></tr>
<tr><td>주소</td><td colspan="5"></td></tr>
<tr><td rowspan="2">보호자</td><td>성명</td><td></td><td>관계</td><td></td><td>연락 전화</td><td></td></tr>
<tr><td>주소</td><td colspan="5"></td></tr>
<tr><td colspan="7">사유</td></tr>
</table>

년 월 일

교육감(학교폭력대책자치위원회 위원장) (직인)

서식 9 **분쟁 조정 합의서**

<table>
<tr><td rowspan="3">신청인
(피해학생)</td><td>성명</td><td colspan="3"></td><td>성별</td><td></td></tr>
<tr><td>학교명</td><td colspan="3"></td><td>학년 반</td><td></td></tr>
<tr><td>주소</td><td colspan="5"></td></tr>
<tr><td rowspan="2">보호자</td><td>성명</td><td></td><td>관계</td><td></td><td>연락 전화</td><td></td></tr>
<tr><td>주소</td><td colspan="5"></td></tr>
<tr><td rowspan="3">피신청인
(가해학생)</td><td>성명</td><td colspan="3"></td><td>성별</td><td></td></tr>
<tr><td>학교명</td><td colspan="3"></td><td>학년 반</td><td></td></tr>
<tr><td>주소</td><td colspan="5"></td></tr>
<tr><td rowspan="2">보호자</td><td>성명</td><td></td><td>관계</td><td></td><td>연락 전화</td><td></td></tr>
<tr><td>주소</td><td colspan="5"></td></tr>
<tr><td colspan="7">◎ 분쟁의 경위

◎ 조정의 쟁점

◎ 조정의 결과

</td></tr>
</table>

년 월 일

학교폭력대책자치위원회 위원장 (서명 · 날인)
학교폭력대책자치위원회 위원 (서명 · 날인)
(서명 · 날인)
(서명 · 날인)
(서명 · 날인)
분쟁조정 신청인 (서명 · 날인)
분쟁조정 피신청인 (서명 · 날인)

서식 10 사안이 언론에 보도되었을 때 보고양식

'사건' 보도 관련보고

□ 언론사명 : 보도된 언론사명 모두 기재(○○일보, ○○신문, ○○방송뉴스)
□ 보도제목 : 대표적인 제목기재
□ 보도일자 : ○○월 ○○일(○○신문)
□ 주요 내용 : 주요 사항 요약

□ 사안 내용

- 일 시 :
- 장 소 :
- 관련자 인적사항 : ○○학교 ○○○(학년, 성별)

  (소재지 : 교장 : ○○○, 전화 :)
- 보도내용 :

□ 조치 내용

- 학 교

  -
- 교육청 :

  -

  -

작성자 : 교육청 장학사 (인)

작성자 : 학 교 교 감 (인)

서식 11 사안보고양식

학생사안보고서

( )교육청 · 학교 보고자 : 교육장 · 교장 성명 : (직인)
( )교육청 · 학교 보고자 : 직( ) 성명 : (직인)

<table>
<tr><td colspan="2">사고발생일시</td><td colspan="3">2014. . . 시 분</td><td colspan="2">보고일시</td><td colspan="2">2014. . . 시 분</td></tr>
<tr><td colspan="2">사안명</td><td colspan="3"></td><td colspan="2">학교전화</td><td colspan="2"></td></tr>
<tr><td colspan="2">발생장소</td><td colspan="7"></td></tr>
<tr><td rowspan="3">관련자</td><td rowspan="2">가해자 및 당사자</td><td>학교</td><td>학년반</td><td>성명</td><td>성별</td><td>생년월일</td><td>생활태도</td><td>주소
(전화번호)</td></tr>
<tr><td></td><td></td><td></td><td></td><td></td><td></td><td></td></tr>
<tr><td>피해자</td><td colspan="2"></td><td></td><td></td><td></td><td></td><td></td></tr>
<tr><td colspan="2">사안내용 및 경위</td><td colspan="7">(6하원칙 기재)
• 일시
• 장소
• 관련자
• 사안내용
• 현재상황을 순서에 의해 구체적으로 기록(지면이 부족하면 늘려서 기록)</td></tr>
<tr><td rowspan="2">조치사항</td><td>학교</td><td colspan="7">사안발생 후 학교에서 조치한 사항을 순서대로</td></tr>
<tr><td>교육청</td><td colspan="7"></td></tr>
<tr><td colspan="2" rowspan="5">임용일자
참고사항</td><td>직</td><td>성명</td><td>연령</td><td colspan="2">임용일자</td><td colspan="2">사안발생 시 근무상황</td></tr>
<tr><td>교장</td><td></td><td></td><td colspan="2"></td><td colspan="2"></td></tr>
<tr><td>교감</td><td></td><td></td><td colspan="2"></td><td colspan="2"></td></tr>
<tr><td>담임</td><td></td><td></td><td colspan="2"></td><td colspan="2"></td></tr>
<tr><td>학급수</td><td>학급</td><td>학생수</td><td>남 명</td><td>여 명</td><td colspan="2">계 명</td></tr>
<tr><td colspan="2">비고</td><td colspan="7">(징계, 재판관계, 부상자 치료, 보상금, 조의금, 징계사항, 사망자장례, 관련자 근황 등을 기록)</td></tr>
</table>

서식 12 사과각서 양식

사 과 각 서

1. 나 ____________(은/는) ________에게 ____________한 행동을 하였습니다.

2. 그로 인해(을/를) 힘들게 만들었음을 진심으로 인정하며, 나는 ________에게 다시는 학교폭력을 행사하지 않을 것을 약속합니다.

3. 또한 나 _________(이/가) 학교폭력을 행사함으로써 부모님과 학교 선생님들을 힘들게 했음을 인정합니다.

4. 역시 나 __________(은/는) 이를 목격한 다른 학생들에게도 좋지 못한 영향을 미쳤음도 인정합니다.

5. 앞으로 나 ________(이/가) 다시 학교폭력을 행사할 시, 더 엄중한 처벌이 내려져도 이를 불만 없이 받아들일 것을 약속합니다.

6. 나는 _________(을/를) 약속합니다.

__________(이/가) 위 약속한 사항을 앞으로 성실히 지킬 것을 증인들은 믿습니다.

〈증 인〉

담임교사 서명

책임교사 서명

학 교 장 서명

학 부 모 서명

학 부 모 서명

(   ) 학 교

제5장

학교폭력상담

1. 학교폭력상담

학교폭력상담에서 주로 나타나는 학생들의 부적응 행동의 원인과 발달과정을 보면 학교나 가정 혹은 친구관계에서의 지속적인 좌절과 낙담, 학교 스트레스, 잘못된 스스로의 대처능력 부족 등으로 '부적응행동'이 나타나고, 결국 지속적인 좌절의 결과로 부적응 행동인 학교폭력이 발생한다.

청소년기의 학생들은 원만한 학교생활, 좋은 성적, 진로와 미래에 대한 낙관적인 희망, 행복한 가정생활 등을 꿈꾸게 된다. 그러나 학교생활에서의 위기와 가정생활의 위기, 친구관계에서의 위기 등으로 이러한 욕구들의 충족이 지속적으로 좌절될 때 학생들은 부적응 행동을 발달하게 된다. 이러한 부적응 행동의 결과 학교폭력 행동, 등교 거부, 자살사고, 불안한 행동, 수업태도의 불량, 교칙위반과 교사의 지시에 반항하는 행동, 우울증, 무기력증, 인터넷 중독, 스마트폰 중독 등이 나타난다. 학교폭력은 "학교와 관련하여 일어나는 폭력행위"로 정의할 수 있으며, 반복적이고 지속적인 신체적 · 물리적 폭력과 집단따돌림, 욕설, 협박 등의 심리적 · 언어적 폭력행위의 형태로 나타나고 있다. 우리나라의 경우, 2012년 2월에 실시한 학교폭력 전수조사결과 초등학교 4학년부터 고3에 이르기까지 전국 558만 명의 학생들 중 응답한 139만 명의 12.3%인 17만 명이 최근 1년간 학교폭력 피해를 경험한 적이 있다고 응답하였다. 이와 같은 학교폭력은 가해학생과 피해학생 모두에게 발달상의 폐해를 미치기에 더욱 우려를 자아내고 있다. 가해학생의 경우 상습적인 비행 청소년이 될 가능성이 높아지고, 피해학생의 경우 우울증 등 심리적인 문제와 학교부적응으로 인한 교육기회 상실, 대인관계상의 문제 등 어려움을 겪게 된다.

최근에 학교폭력의 심각성에 대한 인식이 높아지면서 학교현장에서는 학교폭력에 대한 대처와 예방을 위한 노력이 시도되고 있다. 또한 학교폭력상담의 중요성이 대두되면서 각 학교별 상담전문가의 배치 등 학교폭력에 대한 인식과 대처기술을 포괄하여 청소년의 폭력예방과 위기상담에 도움이 되는 유용한 상담접근이 더욱 대두되고 있다.이 장에서는 학교폭력상담의 진단, 학교폭력상담의 과정, 학교폭력상담 이론 등을 살펴보고자 한다.

2. 학교폭력상담의 진단

청소년폭력상담에 대한 정신과적 진단(2005, 신지용)에 의하면 다음과 같은 특징을 갖는다.

1) 정상 청소년

청소년 시기에는 신체발달이 급격히 이루어지면서 몸도 커지고 근력이 강해진다. 그러므로 이전까지 참고 지내거나 기를 펴지 못하던 아이들이 스스로도 놀랄 만큼 행동화하는 경향이 증가한다. 이 경우 아직 행동을 통제하는 사고력이 충분히 따라오지 못할 수 있으므로 정상 청소년에서도 가끔 의도하지 않은 폭력으로 나타나는 예들도 있다.

2) 청소년 우울증

우울증은 인간이 평생 살아가면서 가장 자주 경험하는 정신과 진단들 중 하나이다. 우울증은 보다 심각한 주요 우울증에서 가벼운 우울증까지 그 범위가 넓다. 주요 우울증은 전문적 치료를 요하는 것으로, 기분만 우울한 것이 아니라 신체적 활성화의 전반적 저하를 가져오는 것이다. 식욕, 체중, 수면, 성 기능 등이 어려워지고, 짜증, 집중력 감소, 의욕 감소, 자기비하감, 학습 등에 곤란이 온다. 이러한 상태가 2주(청소년은 1주) 이상 지속되면 진단이 가능하고, 가능한 한 즉시 치료에 들어가야 한다. 자살 시도가 가장 높은 진단이므로 응급 상황이 발생할 수도 있다.

청소년 우울에서 폭력이 자주 발생하는 이유는 짜증과 자포자기감 때문이다. 특히 아침에 가족에게 짜증이 심할 수 있다. 또한 본의 아닌 폭력이 나타나는 경우가 많다.

3) 품행장애(청소년 비행)

청소년의 품행장애는 그 시작이 훨씬 빠르다는 사실을 인식해야 한다. 남아의 경우 초등학교 4학년, 여아의 경우 중학교 1학년이 청소년 비행의 평균 시작 연령이다. 대개 처음에는 가벼운 거짓말로 시작하게 된다. 그러다가 차츰 보다 습관화된 거짓말로 발전하며, 물건이나 돈에 손을 내고, 흡연이나 음주, 싸움이나 폭력, 등교 거부나 조퇴, 가출 등으로 발전한다.

보다 심각한 경우에는 집단폭행, 불법약물남용, 조직폭력, 범죄, 고의적 자해나 타해, 갈취, 강간 등으로 발전할 수 있으며, 청소년폭력의 가장 극단적 형태는 살인이다.

비행을 보이는 청소년을 진찰하고 상담할 때 우선 아이를 잘 보아야 하고, 이어서 가정을 잘 보아야 한다. 반드시 그런 것은 아니지만 거의 대부분의 경우 가정문제, 부모 간 문제가 있다. 따라서 청소년의 비행을 치료하는 경우에는 청소년이 주된 치료대상이지만, 동시에 그 부모나 가족이 치료대상이 되어야 한다.

4) 약물남용

약물남용이란 약물을 치료 목적으로, 즉 건강증진 목적으로 사용하지 않는 경우를 말한다. 약물남용 상태가 지속되어 약물 사용 없이는 일상생활을 유지하기 어렵거나 금단증상을 경험하게 되면 약물의존 혹은 약물중독 상태라고 한다.

술과 담배도 약물의 일종이므로 알코올의존과 흡연의 경우도 심각하게 보아야 하며, 특히 한창 자라는 청소년기에는 알코올과 약물 등 유해물질이 신체에 미치는 영향은 더욱 크다고 할 수 있다.

5) 집단따돌림

집단따돌림은 나이가 들어서 나타날수록 보다 더 심각한 것이다. 집단따돌림의 다양한 사례들을 통해 알 수 있는 것은 당사자들은 물론 부모와 교사가 얼마나 초기 대응을 적절히 하였는가가 중요하다는 사실이다. 초기 대응이 미숙한 경우에는 의외로 문제가 심각한 방향으로 증폭될 수 있다.

우선 이러한 일이 벌어지게 되면 보다 분명하게 인식해야 하는 것은 엄연한 폭력이라는 사실이다. 별 것 아닌 아이들 문제로 보게 되면 대개 예후가 매우 좋지 않다. 이것은 가해자와 피해자가 있는 문제이고, 얼마든지 법적 문제로 비화될 수 있음을 정확히 알고 있어야 한다.

집단따돌림의 중요한 3요소는 피해 아이 특성, 그 부모와 가정 특성, 학교 및 사회 환경 등이 된다.

6) 주의력결핍과잉행동장애

주의력결핍증이 반드시 폭력적이라고 할 수 없지만, 집중력장애아동은 아주 어려서부터 자주 지적을 받거나 야단을 맞고, 실제로 매를 맞는 경우도 월등히 많으므로 비행으로 진행될 가능성도 크다. 주의력결핍증의 3대 후유증이 학습부진, 우울증, 청소년비행이다. 부모나 교사로부터 자주 지적을 받고 주의를 들어도 그때뿐이고 돌아서면 잊어버리고 같은 행동을 하는 것이 특징이다. 수업시간에도 아이가 수업 내용에 집중하기 어려워서 멍하거나 다른 생각에 골몰하게 된다.

치료는 역시 주의력결핍증에 대한 원인치료가 가장 중요하다. 주의력결핍증은 그 원인이 심리적인 것이 아니라 타고난 아이의 뇌 기능 특성이므로 보다 기질적 원인이다. 그러므로 아이를 달래보고 칭찬하고 야단치고 해도 소용이 없다. 초기 치료에서 가장 중요한 것은 약물치료이다.

7) 인격장애

인격장애는 성인에게 주로 붙여질 수 있는 정신과 진단명이다. 왜냐하면 대개 20세경까지는 아직 성격도 형성 중에 있는 것으로 간주하므로 병으로 보기 힘들기 때문이다. 하지만 청소년기에도 진단내릴 수 있는 인격장애도 있다.

인격, 즉 성격이란 출생 후부터 지금까지 살아오면서 겪은 모든 경험의 총합이라고 할 수 있으므로 이를 바꾸거나 치료한다는 것은 쉽지 않다. 하지만 청소년의 경우에는 아직 나이가 어리고, 성격 전체를 바꾸는 것이 아니라 건강한 측면은 그대로 두고 난폭함이나 대인관계에서 힘든 점으로 한정해서 치료한다면 얼마든지 가능하다. 실제로 청소년 심리치료의 가장 큰 장점은 증상 호전은 물론 아이의 성격까지 좋아질 수 있다는 데 있다.

3. 학교폭력상담의 과정

학교폭력상담은 내담자와 만나기 시작하여 종결될 때까지 여러 번의 상담면접을 거치는 하나의 심리적인 도움의 과정이다.

상담의 과정은 대개 문제제시 및 상담의 필요성에 대한 인식, 촉진적 관계의 형성, 목표설정, 내담자의 자각 및 합리적 사고의 촉진, 행동계획, 그리고 상담결과의 평가 등을 중심으로 하고 있다.

1) 문제의 제시 및 상담의 필요성

상담의 시작단계에서는 신뢰감을 형성하고 수용적이고 온화한 태도로서 내담자에게 깊은 관심을 나타내는 것이 필요하다. 먼저 내담자에게 자신의 고민, 문제, 찾아온 이유를 말하도록 한다. 일반적으로 상담과정은 4가지 중요한 목적을 지닌다. 첫째, 내담자에게 자신에 관한 정보를 제공해주고, 그 정보를 정확히 해석할 수 있도록 도와주는 데 있다. 둘째, 내담자가 자신의 성장 · 발달에 필요한 환경과 관계자들의 요소와 필수조건을 발견하도록 도와준다. 셋째, 내담자가 자신의 이해를 증진시키고 환경을 변화시킴으로써 환경에 잘 적응하도록 도우며, 그러한 변경은 고려해야 할 가장 바람직한 요소들을 제공해주는 것이다. 넷째, 내담자 자신의 갈등과 관심을 해결하기 위해 성장하는 학생들의 능력으로부터 야기되는 내담자 편에 독립성을 증가시키는 목표를 고정시키는 데 있다.

대화는 필요치 않은 장애물에 의해 괴로움을 받지 말아야 하는 복잡한 상호관계의 형성을 말한다. 대화의 정상적 발전을 저해하는 많은 요소들은 비교적 쉽게 제거되어야 한다. 이러한 장애요소들은 신체적이거나 심리적인 성격이겠지만, 주의 깊은 준비로서 장애적인 영향을 제거할 수 있게 된다. 이러한 준비의 과정이나 양상은 언제나 대화를 전개할 환경 또는 장면을 마련함으로써 가능하다.

첫째, 상담자가 관심을 가져야 할 조건은 상담자가 상담의 주체로서 유능한 인성적 특성을 지니고 있어야 한다는 것이다.

그것은 상담자 자신이 경험에 개방적이고 수용적일 것, 자신의 가치와 신념을 알고 있을 것, 다른 사람과의 온정적이고 깊은 관계를 발전시켜나갈 수 있을 것, 실제 있는 그대로 다른 사람을 볼 수 있도록 허용적일 것, 자신의 행동에 대한 개인적 책임을 수용할 것, 현실적인 포부수준을 발전시켜나갈 것 등이다.

둘째, 상담의 객체인 내담자의 객관적 이해를 위한 활동의 전개이다. 학생이해를 위한 방법은 관찰, 질문지조사, 면접, 표준화검사, 평정법, 투사법, 사회측정법, 사례연구, 자서전, 누가기록 등의 방법을 동원하여 학생을 정확히 파악하는 일이다.

셋째, 상담환경조건의 구비이다. 환경이란 상담을 효과 있게 이룰 수 있는 시설과 재료와 행정적·재정적 지원으로 상담실, 각종 정보자료, 진로정보센터, 표준화검사 자료, 부대시설의 구비이다. 또한 상담자와 내담자가 편안하게 아무런 부담이나 억압, 의기소침이 없이 자유스런 분위기 조성에 있다. 춥고 지나치게 어둡거나 밝은 장소, 지나친 장식물로 치장한 환경들은 피해야 한다. 내담자와 상담자가 사용해야 할 테이블이나 의자 등도 심리적인 장애를 갖지 않도록 포근하고 안락한 분위기가 제공되어야 하며, 상담을 저해할 투명한 유리나 시끄러운 환경은 피해야 한다.

2) 촉진적 관계의 형성

촉진적 단계에서는 솔직하고 신뢰로운 관계를 형성하는 것이다. 상담자와 내담자와의 순조로운 대화관계를 원만히 유지하기 위해서는 흔히 라포르의 형성이 이루어져야 한다. 즉, 대화의 촉진적 관계로서 서로 믿고 의지하는 관계, 친화감이 있어야 한다. 상담의 효과에 대한 긍정적인 기대를 갖게 하는 요인이 바로 내담자가 상담자에게서 느끼는 전문적 숙련성, 매력, 신뢰성 등이다. 그러므로 상담의 촉진적 관계를 유지하려면 상담자의 공감적 이해, 성실한 자세, 내담자에 대한 수용적 존중 및 적극적인 경청 등이 요구된다.

3) 목표설정과 구조화

목표설정 단계에서는 상담과정의 목적과 골격을 분명히 한다. 구조화(structuring)란 상담과정의 본질과 제한조건 및 목적에 대해 상담자가 정의를 내려주는 것이다. 즉, 상담과정의 바람직한 체계와 방향을 알려주는 것이다. 상담의 구조화에는 암시적인 구조화와 정규적인 구조화가 있는데, 내담자가 처해 있는 상황이 자동적으로 어떤 구조를 가하게 되는 것은 내담자에게 상담과정에 대해 의도적으로 설명하고 제약을 가하는 것이다.

구조화는 상담의 효과를 높이기 위해 상담의 기본성격, 상담자 및 내담자의 역할관계, 바람직한 태도 등을 설명하고 인식시켜주는 작업이다. 구조화에 포함되는 사항은 ① 상담의 성질, ② 상담자의 역할과 책임, ③ 상담의 목표, ④ 시간과 공간적인 제한 등이다.

구조화의 일반원칙은 ① 상담자와 내담자가 서로 편안하도록 최소한의 불안을 줄여주어야 하고, ② 적절한 시점에서 이루어지되 절대로 내담자를 처벌하는 식이 되어서는 안 되며, ③ 면담시간과 약속 및 내담자의 행동규범에 관해서는 구체적으로 정해져야 한다.

4) 문제해결의 노력

문제해결 단계에서는 내담자의 감정표현을 촉진하고 제시된 문제를 다시 구체적으로 정의한다. 문제의 성질을 명확하게 이해하고, 어떤 방법과 절차를 이용할 것인가를 결정해야 한다.

문제해결을 위한 노력은 다음과 같다.

① 문제에 대해 정확히 정의
② 문제해결을 위한 방향과 가능한 방안 결정
③ 관련된 정보 수집
④ 관련된 정보를 중심으로 대처방안 의논
⑤ 검사와 심리진단자료를 참고로 바람직한 행동절차 및 의사소통의 실제 계획 수립
⑥ 계획된 것을 실제생활에서 실천
⑦ 실천된 결과를 평가하고 행동계획에 대한 수정 · 보완

5) 자각과 합리적 사고의 촉진

내담자가 상담의 목표에 도달하기 위해 필요한 자기이해와 합리적 생각을 갖출 때까지 상담에 적극 참여하도록 한다. 아울러 심리적 부담과 저항을 잘 조절해야 한다.

6) 실천행동의 계획

내담자의 구체적인 행동절차를 협의하고 세부적인 행동계획을 작성하는 것이다. 예를 들면, 배우자의 선택, 직장에서의 인간관계, 교우관계 등이다. 이러한 갈등에 대처하는 방안을 구체적으로 논의한 후 판단기준을 확인하여 실제 행동과정을 계획한다.

7) 실천결과의 평가 및 추후지도

종결단계는 주로 내담자와 상담자의 협의 하에 이루어지며, 이 단계는 종결로서 상담의 성과를 측정하는 것이다. 종결상담에서는 진전사항을 종합적으로 점검하여 상담의 목표에서 제시한 바와 같이 태도의 변화를 가져오게 하며 정신건강의 증진을 가져오도록 한다.

마지막으로 학교폭력상담에서 상담자의 역할을 살펴보면 다음과 같다. 상담은 내담사와 상담자 사이의 목적 있는 대화로 이루어진다. 그러므로 상담자가 어떠한 역할을 하느냐에 따라 상담의 효과가 좌우된다. 상담의 질(quality)은 상담자의 질에 비례하거나 좌우된다. 따라서 상담자는 상담의 이론에 능통해야 하고 상담의 목표에 알맞게 그리고 기본원리를 지키면서 다음과 같은 역할에 힘써 노력해야 한다.

상담자는 자신의 역할에 대한 그들 나름대로의 확실한 신념과 태도를 지니고 있어야 한다. 상담은 이론만으로 성공적인 효과를 기대하는 것이 아니고, 그 이론을 내담자의 상황에 맞게 접근하는 상담자에 의해결정된다. 그러므로 상담자가 그의 역할을 어떻게 생각하느냐에 따라 상담의 전체과정이 결정된다.

상담자의 역할은 교정, 예방 그리고 교육과 발달의 3가지 측면으로 나누어 생각할 수 있다.

마군(Magoon)에 의하면 상담자는 여러 사람 또는 조직체를 위한 '조력제공자(consultant)'의 기능, 위기개입자의 기능, 특수한 영역에 대한 훈련자의 기능, 전형적인 개인 상담활동 과정에 대한 심화기능 등에서 뚜렷한 변화가 일어난다고 한다.

여러 학자들이 말하고 있는 상담자의 역할을 종합적으로 제시하고자 한다.

첫째, 상담자의 역할은 전통적인 상담자에서 조력제공자로 바뀌게 된다. 즉, 자기-조력과정(self-helping process)에 열중하고 있는 많은 사람들에 대한 원조제공자라는 역할로 옮겨가게 된다.

둘째, 상담자는 정체의식을 확립하여 심리적으로 성숙하고 자신이 하고 싶은 일에 대한 확신이 있는 방향의식이 정립된 사람이어야 한다.

셋째, 상담자는 대인관계에서 적응상태가 원만, 원숙해야 한다.

넷째, 상담자는 인간문제에 대한 깊은 관심이 있어야 한다.

다섯째, 상담자는 감정의 통제력이 필요하다.

여섯째, 상담자는 전문적 지식과 기술을 가지고 있는 모델로서의 상담자가 되어야 한다.

일곱째, 상담자는 상담이 적용되는 분야에 대한 기본적 이해와 전문적 소양이 필요하다.

여덟째, 내담자에 대한 깊은 통찰력을 가지고 개인의 복지 향상에 관심을 갖는다.

아홉째, 상담자는 '제3의 귀'를 가지고 있어야 한다.

이와 같은 사항은 훌륭한 상담자의 역할로서 요구되는 기본요건임을 인식하고 전문적 자질과 인성적 자질함양에 노력해야 한다.

4. 학교폭력상담의 이론

학교폭력상담에서는 상담이론 활용이 기본이 된다. 따라서 개괄적으로 상담의 이론을 이해하는 일은 매우 중요하다. 이 장에서는 김충기(2011)를 바탕으로 살펴보고자 한다.

1) 프로이트(Freud)의 정신분석 상담이론

(1) 인간관

인간은 비합리적이고, 결정론적인 존재이다. 인간의 행동은 기본적인 생물학적 충동과 본능을 만족시키려고 하는 욕망에 의해 동기화된다. 인간은 무의식 속에 있는 어린 시절의 심리성적인 사건들에 의해 결정된다.

(2) 성격이론

성격은 원초아 · 자아 · 초자아로 구성되어 있고, 무의식 · 전의식 · 의식의 3가지 의식수준을 갖고 있다. 자아가 욕구충족의 과정에서 맞게 되는 여러 가지 압력들을 적절히 처리하지 못할 때 불안이 생기고, 이것이 무의식 수준에서 인격행동에 영향을 미친다.

(3) 상담의 목적과 목표

내담자가 자기 행동의 무의식적 동기를 각성하여 의식수준에서 행동할 수 있는 성격으로 변화할 수 있도록 돕는다. 그리하여 내담자가 다른 사람을 사랑할 수 있고 열심히 일할 수 있는, 잘 적응하는 개인으로 변화할 수 있게 한다.

(4) 상담의 과정과 기술

상담의 과정은 ㉠ 시작 단계, ㉡ 전이의 발달단계, ㉢ 지속성 활동단계, ㉣ 전이의 해결단계이다. 주요 기술로는 자유연상, 저항의 분석과 해석, 전이의 분석과 해석, 꿈의 분석과 해석을 들 수 있다.

(5) 적용 및 평가

주로 신경증적 또는 정신병적 경향성이 있는 내담자에게 적용되는 경우가 많다. 무의식의 역동성에 대한 이해 · 해석 · 저항 그리고 전이현상의 중요성을 강조한 점과 치료자가 내담자의 행동에 대한 도덕적 평가를 하지 않도록 강조한 기여점이 있다. 그러나 성적 및 공격적 동기와 무의식을 지나치게 강조한

나머지 인간의 합리성을 경시하고 있으며, 장시간의 치료기간을 요하며, 경비가 많이 든다는 비판이 있기도 하다.

2) 아들러(Adler)의 개인심리학 상담이론

(1) 인간관

인간은 원래 선한 방향으로 나아가도록 되어 있다. 인간의 모든 행동은 사회적 맥락에서 일어난다. 그래서 인간은 기본적으로 소속의 욕구를 가지고 있다. 총체주의 개념으로 인간을 파악한다. 인간은 개인적이요, 일관성을 가진 하나의 독특한 실체이다. 인간은 끊임없는 변화 · 발전 · 자기창조를 통해 자기완성을 추구한다.

(2) 성격이론

유전과 경험을 토대로 자신의 성격을 스스로 창조한다. 성격과 관련된 주요 개념으로는 열등감과 보상, 우월의 추구, 생활양식, 사회적 관심, 창조적 자아, 허구적 최종 목적론이 있다. 가장 초기의 회상이 성격, 특히 생활양식을 이해하는 열쇠가 된다. 부적응행동은 사회적 관심이 부족하여 개인적 · 자아중심적 우월성 추구에만 급급한 경우이며, 이는 수동적 과잉보호적 생활양식에서 연유한다.

(3) 상담의 목적과 목표

열등 콤플렉스와 그릇된 생활양식의 발달과정에 대한 이해를 통해 잘못된 생활목표를 변화시켜 새로운 생활양식을 구성하고 사회적 관심을 가지게 한다.

(4) 상담의 과정과 기술

상담과정은 ① 상담관계의 설정, ② 내담자의 역동성 분석과 이해, ③ 해석, ④ 재교육이다. 실제적인 기술로는 부드러운 충고와 같은 언어적 기술, 역할연기, 마치 ~인 것처럼 행동하기, 과제장면 설정하기 등 절충적인 기술들을 사용한다.

(5) 적용 및 평가

개인상담, 집단상담, 가족상담, 교사와 부모교육에 활용된다. 인간의 전체성과 주관성을 인본주의적 측면에서 강조한 점과 건강한 성격의 발달원리 및 상담자에게 다양한 상담 원리를 제시한 점이 기여한 점이라고 볼 수 있으나, 지적 통찰과 주관적인 경험 · 가치 · 흥미가 지나치게 강조된다는 비판이 있기도 하다.

3) 실존주의적 상담이론

(1) 인간관

인간은 실존적으로 자신의 본래적 존재방식을 취한다. 따라서 인간은 실존하고 난 뒤에 자유로운 자신의 의지에 의해 선택하고 행동하며, 그 결과에 대해 책임지는 가운데 자신의 본질은 자신이 만든다. 인간은 자기를 각성할 수 있는 능력을 가지고, 무의미한 세계에서 의미와 가치를 추구하며 자아실현의 경향을 가진다.

(2) 성격이론

성격이론을 중요하게 다루지는 않는다. 성격의 변화보다는 인간의 본성이론을 중심으로 한 성격이론에만 중점을 둔다. 인간의 본성이론에서는 의지의 자유, 의미에의 의지, 삶의 의미를 강조한다. 부적응행동은 인간이 타고난 경향성을 실현하지 못한 결과이다. 특히, 삶의 의미가 결여되어 있기 때문이다.

(3) 상담의 목적과 목표

타고난 가능성 또는 경향성을 포함한 자기존재를 완전히 각성하고 이를 실현하게 한다. 이것을 위해 자기각성을 최대화할 수 있는 환경을 제공하고, 개인의 가능성 발휘에 장애가 되는 요소를 제거한다. 내담자가 자유롭게 선택하고 행동하고 그에 대해 책임지도록 하며, 나아가 자신이 가치와 의미의 창조자가 되도록 한다.

(4) 상담의 과정과 기술

상담의 과정은 인간적 만남, 상담목표의 이해, 촉진적 관계형성, 각성이다. 주요 기술로는 역설적 의도, 역반영이 있다.

(5) 적용 및 평가

개인 및 집단상담을 통해 어린이나 청소년 그리고 학급 장면에서 유용하게 적용되어질 수 있다. 자아실현을 포함한 인간의 긍정적 측면, 인간의 주관성, 의미창조에 관심을 가지게 한 기여점도 있으나, 용어가 어렵고 체계적이지 못하며 기술이 빈약하다는 비판도 있다.

4) 로저스(Rogers)의 인간중심 상담이론

(1) 인간관

인간은 자신 속의 자기를 이해하고, 자아개념의 기본적인 것을 변경시킬 수 있는 방대한 자원을 가지며, 이러한 자원은 분위기만 제공되면 개발될 수 있다. 인간은 또한 실현 경향성을 가지고 있는데, 그중에서 가장 중요한 것이 자아실현의 경향성이다. 이 접근에서는 계속 성장해가는 존재로 인간을 보고 있다.

(2) 성격이론

유기체와 자아가 성격의 주요 구성개념이다. 유기체는 개인의 사상과 행동 및 신체적 존재 모두를 포함하는 전체로서의 한 개인을 지칭한다. 이러한 유기체의 주관적인 경험의 세계를 '현상적 장'이라고 하며 이것이 개인의 실제 세계이다. 자아는 이러한 현상적 장에서 분화하여 발달한 것으로 자신에게 속한 것 혹은 자기의 일부와 자신이 지각하는 다른 모든 대상들 사이를 구별할 수 있다. 부적응행동의 심각성은 자아와 유기체가 경험하는 세계와의 불일치의 정도에 달렸다.

(3) 상담의 목적과 목표

충분히 기능하는 인간으로의 성장이다. 내담자의 방어적 행동을 조성하는 가치조건들의 해체를 돕고, 유기체적 경험에의 개방성을 증대시킬 수 있도록 도와서, 내담자의 자아와 유기체의 경험들이 가급적 일치하도록 한다.

(4) 상담의 과정과 기술

이 접근에서는 상담과정을 구체적 단계로 나누기는 어려우며, 상담과정에서는 내담자의 책임과 주체성이 강조되고, 내담자가 주체적으로 자신의 문제해결에 대한 충분한 통찰을 얻도록 하는 내용이 포함된다. 초기에는 기술에 많은 관심이 주어졌으나, 최근에는 진실성, 무조건적 긍정적 존중과 수용, 공감적 이해와 같은 내담자와의 관계가 중요시되고 있다.

(5) 적용 및 평가

학생들을 중심으로 한 개인 및 집단상담에 광범위하게 적용되고 있다. 내담자가 능동적으로 자신의 상담과정을 이끌어갈 책임을 지도록 한 점이나 상담에서의 관계 및 태도를 중시한 점 등에서 상담에 기여한 점이 크지만, 정의적인 면의 느낌을 지나치게 강조하고 인지적인 면을 거의 무시한 점이나 정보사용의 배제 · 상담목표가 지나치게 일반적이고 포괄적이라는 비난도 있다.

5) 펄스(Pearls)의 형태주의상담이론

(1) 인간관

인간은 본질적으로 선하지도 악하지도 않다. 인간은 신체 · 정서 · 사고 · 감각 · 지각 등 모든 부분이 서로 관련을 갖고 있는 전체로서 완성되려는 경향이 있다. 인간은 그가 속한 환경을 떠나서는 이해될 수 없으며, 내외적 자극에 내해 능동적으로 반응하고 그에 대해 책임을 질 수 있다.

(2) 성격이론

성격은 자아, 자아상 그리고 존재로 구성된다. 성격은 사회적 단계, 정신 ·

신체적 단계, 그리고 영적 단계로 발달한다. 내적 요구와 외적 요구에 따라 전경과 배경이 바뀌어 진다는 점, 지금 여기서 무엇을 어떻게 경험하느냐, 그리고 각성을 중요시한다. 부적응행동은 각성의 결여, 책임의 결여, 환경과의 접촉상실, 형태완성 능력의 부족, 욕구의 부인, 자아의 미분화에서 그 원인을 찾을 수 있다.

(3) 상담의 목적과 목표

잘 통합된 인간이 되도록 한다. 이를 위해 개인적 각성의 향상과 지금의 여기의 자신에게 진실하게 살아갈 수 있도록 한다.

(4) 상담의 과정과 기술

형태의 생성과 소멸을 방해하는 요인을 제거하는 모든 과정이 상담과정에 포함되었다. 주요 기술로는 현재와 지금 중심, 언어적 접근기법, 비언어적각성기법, 환상접근기법, 과거와 미래에 대한 기법, 감정에 대한 접근기법이 있다.

(5) 적용 및 평가

개인 및 집단상담, 그리고 학교장면에서 가르치고 배우는 데 적절하다. 비교적 짧은 시간 내에 각성하게 하며, 현재의 상태에서 문제와 접하게 한 기여점이 있기도 하지만, 보편성이 결여되었고 인지적인 면이 지나치게 무시된다는 비판도 있다.

6) 번(Berne)의 교류분석상담이론

(1) 인간관

인간의 모든 것은 어릴 때 결정되나 변화될 수 있다는 입장을 취한다. 즉, 인간은 자신이 내린 과거의 결정을 이해하고 이에 대해 다시 결정을 내릴 수 있는 능력이 있다. 인간은 스스로를 결정하고, 자신을 변화시켜가며, 자신의 생활을 돌볼 수 있다.

(2) 성격이론

성격발달에 있어 초기 5년을 중요한 시기로 본다. 성격은 어버이자아(P), 어른자아(A), 어린이자아(C)의 3가지 자아로 구성되어 있다. 인간행동의 동기로 생리적 욕구와 자극의 욕구, 구조의 욕구, 자세의 욕구와 같은 심리적 욕구를 가정한다. 다른 주요 개념으로는 인생각본과 생활자세 등이 있다. 부적응행동은 편견이나 망상과 같은 자아들 간의 혼합, 어느 하나의 자아에 고착된 배타에서 생긴다.

(3) 상담의 목적과 목표

상담목적은 자율성의 성취이다. 어버이자아, 어른자아, 그리고 어린이자아 사이에 혼합과 배타가 없도록 자아상태를 바꾸어서 필요에 따라 모든 자아를 적절히 사용할 수 있는 능력, 특히 어른자아를 충분히 활용할 수 있는 능력을 갖는다. 부적절하게 결정된 생활자세와 인생각본으로부터 해방될 수 있도록 도와주어서 자기긍정과 타인긍정의 생활자세와 생산적인 새로운 인생각본을 형성할 수 있게 한다.

(4) 상담의 과정과 기술

상담의 과정은 상담자와 내담자와의 계약, 구조분석, 의사거래분석, 게임분석, 인생각본 분석이다. 주요 기술로는 허용, 보호, 상담자의 잠재능력, 조작(질의, 특별 세부반응, 맞닥뜨림, 설명, 실증, 확립, 해설, 구체적 종결)이 있다.

(5) 적용 및 평가

자녀와 부모와의 관계, 학교상담, 집단상담, 개인상담에 적용된다. 자아상태의 기능에 관한 의사거래에 관심을 가지게 하였고, 의사소통의 질을 개선할 수 있는 방안을 시사해주었으며, 형식적인 상담의 도움 없이 혼자서도 자기를 이해하고, 더 나아가 자기치료의 가능성을 시사해 준 기여점이 있으나, 용어의 이해가 어렵고 많은 내용이 실험적으로 증명되지 못하였다는 비판도 있다.

7) 엘리스(Ellis)의 인지·정서·행동 상담이론(R.E.B.T.)

(1) 인간관

인간은 동시에 사고하고 느끼고 행동하며, 이들은 서로 중대한 영향을 주고 받는다. 인간은 합리적이고 올바른 사고를 할 수도 있고, 비합리적이고 왜곡된 사고를 할 수도 있다. 인간은 제한된 범위에서나마 자신의 미래를 변화시키고 통제할 수 있는 능력을 가진다.

(2) 성격이론

성격의 발달 중 이상성격의 발달에 보다 관심이 많다. 이상성격은 타고난 경향성으로 생득적인 면, 사회적인 면, 그리고 심리적인 면에 기초한다. 특히 비합리적인 사고와 신념체계가 자신을 계속 자기 파괴적이 되도록 한다.

(3) 상담의 목적과 목표

내담자의 자기 파괴적인 비합리적 신념들을 줄이고 보다 합리적이고 현실적이며 관대한 인생관을 갖게 하여, 더욱 융통성 있고 생산적인 삶을 살아가도록 한다. 이를 위해 자기관심, 자기지도, 사회적 관심, 관용, 융통성, 불확실성의 수용, 몰입, 과학적 사고, 자기수용 등에 관심을 갖도록 한다.

(4) 상담의 과정과 기술

상담의 과정은 내담자에게 비합리적인 신념을 보여주고, 비합리적인 신념은 자신의 재교육에 의한 것임을 자각하게 하며, 내담자의 비합리적인 신념을 바꾸도록 하고, 합리적이고 능률적인 인생관을 갖게 한다. 기술로는 인지적 · 정서적 · 행동적 기술로 대별되며 구체적인 것으로는 논박, 과제제시, 독서법, 자기진술 그리고 수용이 있으며 행동주의적 접근의 많은 기술을 그대로 사용한다. 이 접근의 기술은 다른 접근에 비해 더욱 설득적 · 지시적인 것이 특징이다.

(5) 적용 및 평가

이 접근은 개인상담, 집단상담, 가족상담, 부부상담 등에 적용되고 있다. 중요한 기여 측면은 인간의 정서적 혼란에 있어 사고 및 신념의 영향이 크다는 점을 강조한 것과 자신의 정서적 혼란에 대한 통찰뿐만 아니라, 통찰된 것을 실제행동으로 옮기도록 해야 함을 강조한 점이다. 그러나 내담자의 지적 수준이나 자발성에 따라 내담자가 제한되며 지나치게 인지적 · 지시적이라는 비판도 받는다.

8) 행동주의 상담이론

(1) 인간관

인간은 좋지도 나쁘지도 않은 상태로 이 세상에 태어났다. 인간과 환경은 서로 영향을 주기도 하고 받기도 한다. 인간은 자기지도의 능력이 있다. 이 접근의 초기에는 인간이 유전과 환경에 의해 결정된다는 입장이었지만, 최근에는 인간의 능동적인 면도 강조하고 있다.

(2) 성격이론

비교적으로 일관성 있는 인간의 특성에는 관심이 적다. 학습원리에 의해 어떤 행동이 나타났다가는 역시 학습원리에 의해 그 행동이 사라진다. 따라서 바람직한 행동과 바람직하지 못한 행동은 모두 같은 학습원리에 의해 학습된다. 파블로프(Pavlov), 스키너(Skinner), 헐(Hull), 반두라(Bandura)의 학습이론 중 주요 개념이 강조된다.

(3) 상담의 목적과 목표

바람직하지 못한 행동을 소거시키고 바람직한 행동을 학습시키는 것이 상담목적이다. 이를 위해 잘못 학습된 행동의 소거와 바람직하고 효과적인 행동의 학습에 도움이 되는 조건을 찾아내거나 조성하려 한다. 비현실적인 공포나 불안의 제거와 학습을 통한 행동수정이 중요한 목표이었으나, 최근에는 자기지도가 강조되고 있다. 상담목표는 내담자가 결정하며, 한 상담목표는 구체적인 세부단계의 목표로 나누어진다.

(4) 상담의 과정과 기술

상담의 과정은 ① 상담관계의 형성, ② 문제행동의 진단 ③ 현재의 상태파악, ④ 상담목표의 설정, ⑤ 상담기술의 적용, ⑥ 상담결과의 평가, ⑦ 상담의 종결이다. 주요 기술로는 주장훈련, 체계적 둔감화, 역조건형성, 심적 포화, 혐오치료, 정적 강화, 토큰경제법, 조형, 시범, 역할연기, 자기교습훈련, 사고중지, 행동계약, 인지적 행동수정 등이 있다.

(5) 적용 및 평가

개인상담, 집단상담, 기타 학습장면에 광범위하게 적용되고 있다. 실험결과에 근거를 둔 접근으로 미비점에 대해서는 계속 연구되면서 새로운 기술이 계발되고 있다. 상담을 과학으로 발전시킨 점과 개개인에 맞는 다양한 구체적인 기술을 강조한 점이 상담이론에 있어 중요한 기여점이 되겠다. 그러나 상담관계에 비해 기술이 지나치게 강조되고 있고 이 접근으로는 근원적인 문제해결이 어렵다는 비판도 있다.

9) 글래서(Glasser)의 현실치료 상담이론

(1) 인간관

인간은 '정체감'을 개발하려는 기본적 욕구가 있다. 그런데 인간은 성공적인 정체감을 개발할 수도 있고, 패배적인 정체감을 개발할 수도 있다. 인간의 성장동기를 중요시하며 결정론적인 입장을 반대하고 자기결정을 강조한다.

(2) 성격이론

인간의 기본적 욕구인 정체감은 자신과 주위 사람들의 관여를 통해 발전한다. 즉, 자신과 주위 사람들이 자신을 사랑하고 가치 있게 여기면 성공적 정체감이 발달하지만, 그렇지 못할 때에는 패배적 정체감이 발달한다. 스스로가 져야 할 책임을 지지 못하는 경우와 인간의 행동과 환경이 현실적 맥락에서 불일치하는 경우에 문제행동이 일어난다.

(3) 상담의 목적과 목표

내담자가 현실적이고 책임질 수 있는 행동을 하고, 성공적인 정체감을 개발하여 궁극적으로 자율성을 갖는다. 내담자가 행동에 대한 가치판단을 할 수 있게 하고, 행동을 바꾸려는 결정을 하는 등 자기결정을 할 수 있게 한다.

(4) 상담의 과정과 기술

상담의 과정은 관여, 책임의 소재 확인, 재학습기술이다. 주로 적극적 · 지시적 방법을 사용하며, 구체적으로 관여단계에서는 온정, 관심표명, 긍정적 존중, 진실성, 자기개방이 있고 책임의 소재확인단계에서는 맞닥뜨림이 있으며, 재학습단계에서는 체계적으로 계획하기, 시범, 교수, 대화, 유머 등이 사용된다.

(5) 적용 및 평가

원래는 소년원과 같은 수용시설에 있는 청소년에게 적용시켰으나, 지금은 일반 학생들의 위기상담 장면에까지 광범위하게 사용되는 것으로 개인상담, 집단상담, 부부상담에 적용된다. 상담기간이 짧고, 의식의 범위에 있는 행동을 다룬다는 기여점이 있으나, 정신질환이란 없다고 주장한 점에 대해, 그리고 상담에 깊이가 없다는 점에 대해 비판이 있기도 하다.

제6장
학교폭력상담 사례

이 장에서는 학교폭력상담 사례를 초등학교, 중학교, 고등학교로 나누어 살펴봄으로써 그 단계별 대처방법과 상담에 도움이 되고자 한다. 더불어 학교폭력상담의 상담경위, 내담자의 호소문제, 가족상황, 상담문제의 경과, 상담목표와 전략, 상담의 회기별 요약, 상담평가 등 학교폭력상담 사례를 알아봄으로써 청소년 학교폭력예방과 상담에 여러 가지 해결책을 제시하고자 한다.

1. 초등학교 학교폭력상담 사례

(1) 내담자의 인적사항

- 내담자명 : 김명수(가명)
- 성별 : 남자
- 나이 : 13세
- 학년 : 초등학교 6학년
- 상담기간 : 2012년 8월 1일~9월 10일(총 6회기)
- 상담장소 : 상담실

(2) 상담 경위

학교 선생님의 소개와 권유로 상담실을 찾게 되었다. 내담자는 사소한 문제로 반 친구들과 싸움이 잦았으며, 가끔 친구들의 물건을 훔쳐가기도 하여 급우들은 내담자와 짝꿍이 되는 것을 싫어하였다.

(3) 내담자의 호소 문제

친구들과 잘 지내고 싶고, 부모님의 이혼 후 부모님의 사랑보다 할머니의 사랑을 받고 자랐다. 나도 공부도 잘하여 할머니에게 잘해드리고 싶다.

(4) 내담자 인생 및 행동 관찰

보통 체격이고, 얼굴에 주근깨가 있고, 표정 변화가 거의 없고, 상담자의 눈을 보고 말하는 것을 어려워하였다.

(5) 내담자 상담 문제의 경과

내담자가 초등학교 1학년 때 부모님이 이혼하여 어머니는 재혼하셨고, 아버지는 아이를 돌보지 않아 그 이후 친할머니가 전적으로 내담자를 돌보았다.

부모님의 이혼 이후 주위의 일탈 형들과 자주 어울리는 편이었고, 가끔씩 학교 옆 가게에서 과자를 훔쳐서 가게 주인에게 들켜 문제를 일으키기도 하였다.

성격이 급하고 내성적이나 욕심이 많아 사소한 일로 같은 반 친구들과 싸움을 자주 하였다. 학업 성취도 면에서 거의 모든 교과 성적이 미흡하나 체육은 내담자가 좋아하는 과목이라 즐겁게 참여하고 있다.

(6) 가족 상황

- 할머니(78세) : 내담자를 사랑과 측은한 마음으로 돌보고 있다. 성격은 온순하고, 친척들이 주는 용돈으로 손주들을 돌보고 있다.
- 아버지(47세) : 자영업자로서 술을 많이 마시고 신세 한탄과 술주정이 심하다. 이혼 후 거의 지방에서 지내고 있다. 서울에 일이 있으면 가끔씩 올라와서 자녀들에게 야단을 친다. 성격이 다혈질이며, 책임감이 부

족하다.

- 어머니(45세) : 이혼 후 재혼하였다. 그 이후 아이들과 전혀 연락을 끊고 산다.
- 여동생(11세) : 초등학교 4학년. 친구들과 비교적 잘 어울린다. 그러나 오빠의 행동 때문에 자신이 피해를 입는다고 생각하고, 할머니를 힘들게 한다고 오빠에게 짜증을 낸다.

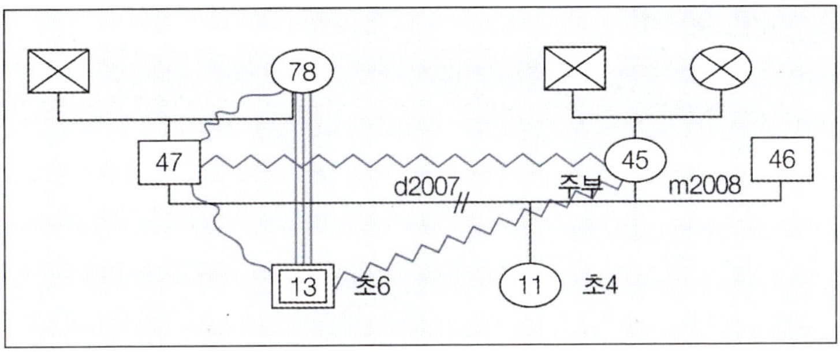

그림 6-1 가계도

(7) 상담의 목표 및 전략

① 상담 목표

- 내담자가 자신의 문제행동을 인지하고 스스로 극복하겠다는 의지를 갖도록 하고, 도벽이나 친구들과의 폭력 문제행동을 치료한다.
- 심리적으로 안정감을 되찾고, 정서적으로 자신감을 갖도록 하여 또래 친구들과 잘 어울려 학교생활을 잘하도록 돕는다.
- 분노 조절을 잘하게 하여 친구들과의 폭력 문제행동을 수정하도록 돕는다.

② 상담 전략

- 내담자는 어린 시절의 발달 단계에서 부모님의 이혼으로 인한 정서적 단절을 겪었다. 상담 초기에 내담자와 정서적 친밀감을 형성한다.
- 정서적으로나 친구관계에서 나타나는 폭력 행동의 분노나 열등감, 패배감 등의 감정에 대해 상담실 안에서 표현하게 하고, 적절한 방식으

로 자신의 감정을 표현하도록 돕는다.

- 내담자의 행동에 나타나는 긍정적인 부분을 적극적으로 칭찬하여 보상함으로써 내담자의 자존감을 높인다.
- 자신의 문제행동에 대한 여러 가지 대안을 마련하여 하나씩 실천해보도록 한다.

(8) 회기별 상담 요약

① 1회기(2012.8.1.)

내담자는 학교에서 사소한 문제로 친구들과 자주 싸우고 폭력을 행사하였다. 가끔씩 친구들의 물건을 훔쳐서 학교에서 문제가 되었다. 부모님은 이혼하고 어머니는 재혼하여 연락을 끊어버렸다. 가정에서 채워주지 못한 사랑을 상담실 안에서 사랑의 마음으로 채워주면 마음의 문을 열 수 있을 것이다. 상담자는 내담자와 상담의 목표를 함께 이야기 나누며 이야기를 수용, 공감해주었다. 내담자와의 상담관계 형성과 상담에 대한 안내를 제공하고 1회기를 종료하였다.

② 2회기(2012.8.9.)

○○을 포함하여 동네 중학교 형들과 어울리다가 싸움이 일어났다. 동네 형들은 친구를 통해 알게 되었는데, 가끔 동네 형들의 담배 심부름도 하게 되었고, 주변의 어울리는 아이들과 화가 나면 가끔씩 싸우기도 한다고 하였다. 상담자는 주변 불량학생들과 내담자를 격리시켜야 할 것으로 생각되어 학교 선생님과 연계하여 불량학생들과의 격리를 위한 조치를 시행하였다. 또한 내담자에게 어떤 때에 화가 나는지 그리고 그때 어떤 행동을 하는지 분노 처리에 대한 방법과 유형을 파악하였다.

③ 3회기(2012.8.16.)

학교생활의 문제점에 대해 이야기를 나누고 교사와의 관계, 친구관계, 학업관계 등을 탐색하였다. 이를 통해 앞으로 학교생활 개선을 위해 함께 노력하자고 약속하면서 상담을 진행하였다. 친구들과의 싸움이 잦고 행동이 거친 이유가 부모님의 이혼과 가정환경으로 인해 주변 사람들과 친구들이 내담자를 함부로 대하여 학교생활 부적응의 원인이 되고 있음을 파악하였다. 따라서 상담자는 내담자가 믿고 기댈 수 있는 모델링(modeling) 역할을 하였다. 특히 부모님의 이혼 당시의 느낌과 그 이후 내담자의 슬픔과 상실감을 수용, 공감해주었다.

④ 4회기(2012.8.23.)

도벽과 싸움은 불량학생 형들을 만나면서 잦아졌다고 하였다. 처음에는 형들을 따라다니다가 이후에는 혼자서 한두 번씩 가게에서 물건을 훔치게 되었고, 나중에는 습관이 되었다고 하였다. 앞으로는 도벽과 싸움을 스스로 자제해보도록 하고, 불량 형들을 따라다니지 않겠다고 한다. 내담자에게 진로에 대해 물으니 앞으로의 꿈은 요리사가 되어 고생하신 할머니를 잘 모시고 싶다고 한다. 내담자의 진로에 대해 스스로 결정을 내릴 수 있도록 진로 정보를 제공하고 상담을 마쳤다.

⑤ 5회기(2012.9.3.)

내담자의 가정환경과 부모님의 이혼, 불량학생들과의 어울림 등이 학교생활의 부적응 원인이었다. 할머니를 상담실로 오시게 하여 손주를 잘 돌보시는 노고에 대해 말씀드렸다. 가족에 대한 말씀에서 며느리는 재혼 후 연락을 끊어버리고, 아버지가 그나마 가끔씩 와서 아이들을 위해 용돈을 주고 가신다고 하였다. 할머니도 손주가 친구들과 싸우지 않고, 도벽도 없이 학교생활을 잘해주기를 바란다고 말씀하셨다. 손주에세 칭찬을 많이 해 주시고, 자신감을 갖도록 격려해주시라고 조언하였다.

⑥ 6회기(2012.9.10.) : 종결상담

학교에서 싸움도 거의 하지 않으며, 공부도 조금씩 한다고 하였다. 내년에 중학교를 가기 위한 준비도 한다고 하였다. 불량학생 형들과 요즈음은 거의 만나지 않으며, 만나도 피해 간다고 한다. 분노 시에도 싸우기보다는 말로써 화난 부분을 표현하면 친구들과 싸움까지 진행되지 않는다고 한다. 상담실에 오면 기분이 좋고 편안하다고 한다. 앞으로 힘들면 언제든지 상담실에 올 수 있다고 이야기하면서 종결에 대한 상담을 마쳤다.

(9) 상담 평가

6회기 상담을 통해 내담자가 자신의 문제행동을 인지하고 도벽이나 친구들과의 폭력행동을 중지하도록 도움을 주었다. 특히 부모님의 이혼으로 인한 열등감, 패배의식 등을 상담을 통해 정서적으로 수용, 공감해주면서 상담하였다.

상담을 종결하게 된 것은 내담자의 변화 의지가 굳건해지고, 더 이상 불량학생 형들과 어울리지 않고, 폭력행동도 줄어들고, 자신감을 스스로 회복해서였다.

2. 중학교 학교폭력상담 사례

(1) 내담자 인적사항

- 내담자명 : 최민수(가명)
- 성별 : 남자
- 나이 : 16세
- 학년 : 중학교 3학년
- 상담기간 : 2013년 3월 7일～4월 20일(총 5회기)
- 상담장소 : 상담실

(2) 상담 경위

학년이 시작되면서 지각도 많이 하고, 수업 태도도 불량하고, 수업시간에 수업 담당 교사가 지적하면 반항적으로 대들고 욕설을 하였다. 또한 친구들과 사소한 일에 크게 흥분하고, 공격적인 언행과 주변의 물건을 던지고, 손으로 친구로 때리는 등 내담자의 문제행동이 두드러졌다. 이러한 행동이 잦아지면서 학교 교사의 소개로 상담실을 찾게 되었다.

(3) 내담자의 호소 문제

집에서는 대화를 나눌 사람이 거의 없고, 학교에서는 친구들이 내담자의 기분을 건드려서 싸움으로 이어진다. 상담을 통해 친구들과 잘 지내고 싶고, 교사와의 관계도 원만했으면 좋겠다. 충동적이고 급한 성격도 바뀌었으면 좋겠다.

(4) 내담자의 인상 및 행동 관찰

말투가 딱딱하고 무뚝뚝하며, 눈과 이마에 강한 분노 표정이 있었다. 머리는 덥수룩하고 반항적 태도를 보였다.

(5) 내담자 상담문제의 경과

부모님은 초등학교 6학년 때 이혼하시고, 아버지의 재혼으로 새엄마 밑에서 생활하고 있다. 아버지는 술을 좋아하시고 폭행이 심하시다. 어머니는 집을 나가 연락을 거의 안하신다. 두 누나는 아버지의 폭행으로 심리적인 불안과 공포가 컸다. 아버지는 요즈음 좀 덜하시지만, 내담자는 아버지의 모습을 보고 자라서 그런지 가끔씩 난폭한 행동을 한다. 중학교 1학년 때 부터 친구들과 PC방에서 시간을 보내며 가끔씩 외박하여 학교를 결석하였다. 아버지에 대한 분노 감정이 크다. 학교생활은 잦은 지각과 결석으로 인해 학업성적 부진, 교우관계 갈등, 주의산만, 폭력행동으로 교사의 지적을 많이 받았다.

(6) 가족 상황

- 아버지(52세) : 중소기업에 다니시고, 어머니와 이혼 후 새어머니와 살고 계신다. 가끔씩 술을 마시고 들어오시면 새엄마와 싸우시고 누나들과 내담자에게 폭언을 한다.
- 새어머니(50세) : 집에서 살림하신다. 아버지와 성격이 맞지 않아서 다투신다. 내담자에게 가끔씩 잔소리를 하시지만 아버지보다는 온순하시다.
- 큰누나(19세) : 고등학교 3학년이고, 성격이 강하고, 가끔씩 아버지에게

대들기도 한다. 내담자에게는 비교적 다정하게 잘해주는 편이다.

- 작은누나(18세) : 고등학교 2학년이고, 아버지에게 폭행을 당해 주눅 들고 불안이 심하다.

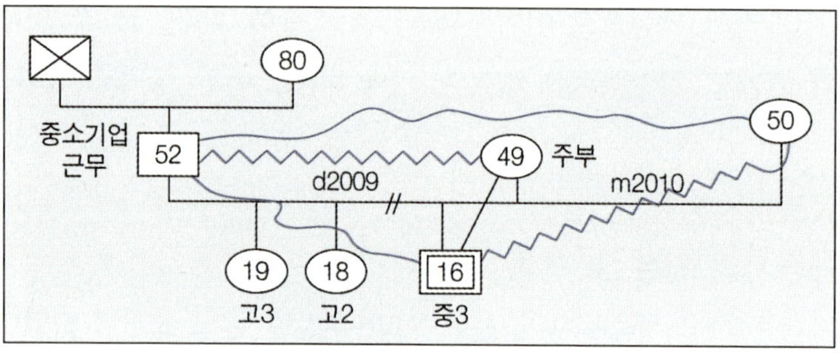

그림 6-2 가계도

(7) 상담의 목표 및 전략

① 상담 목표

- 내담자가 학교생활에서 잘못된 습관으로 인해 지속되는 지각, 결석, 폭언, 폭행 등의 학교 부적응 행동을 개선한다.
- 분노 조절을 할 수 있도록 먼저 분노일지를 쓰게 하고, 적극적인 자기주장 훈련을 시행한다.
- 부모님의 이혼으로 인한 심리적 상처를 수용, 공감해준다.

② 상담 전략

- 아버지에 대한 적개심, 어머니에 대한 버림받은 상처를 정서적으로 공감해준다. 이를 통해 심리적 안정감을 되찾고, 정서적 자신감을 회복하여 또래 친구관계를 원만히 하도록 돕는다.
- 행동주의 상담을 통해 지각, 결석, 폭언, 폭행 등 부적응 행동을 스스로 통제하도록 돕는다. 특히, 폭언, 폭행과 관련하여 매주 분노일지를 작성하여 이야기하도록 돕는다.
- 내담자의 장점과 긍정적인 면을 칭찬하여 내담자의 자존감을 향상시킨다.

- 문제행동에 대한 여러 가지 대안을 탐색하고 실천하도록 한다.

(8) 회기별 요약

① 1회기(2013.3.7.)

상담에 대한 안내를 하고, 상담에 대해 어떻게 생각하는지 물어보았다. 내담자가 학교에 자주 지각하고 결석하는 이유와 아버지, 새어머니, 두 명의 누나에 대해 탐색하였다. 학교에서 친구들과 사소한 일로 크게 흥분하고 싸우게 된다고 하였다. 수업시간에 교사의 지적이 있으면 자신도 반항적으로 대응하게 되고, 그것 때문에 교사에게 더 야단을 맞는다고 하였다.

② 2회기(2013.3.14.)

지난주 다른 반 학생과 싸웠는데, 이유는 친구가 복도에서 비웃었다고 생각되어 때렸다고 한다. 그 당시 상황, 분노의 감정, 분노 행동을 객관적으로 바라볼 수 있도록 분노일지 쓰는 것을 알려주었다. 특히, 내담자가 최근에 화가 날 때 객관적으로 바라볼 수 있도록 도와주고 피해학생에게 사과하도록 도움을 주었다. 담임교사와 연계하여 폭력사건에 대해 학교에서의 처리방침과 협력에 대해 자문을 구하였다.

③ 3회기(2013.3.21.)

지난번 구타 문제로 인해 아버지에게 많이 야단맞았다고 하였다. 그 일로 지난주 하루 학교를 결석하였다. 과거에도 종종 학교에서 문제를 일으키면 늘 아버지는 야단치시고, 때론 때리기도 하셨다고 하였다. 부모님이 초등학교 6학년 때 이혼하시고 어머니가 집을 나가셨다. 아버지의 재혼으로 새엄마가 들어오고, 내담자는 늘 우울하고 외로웠다고 하였다. 새엄마가 비교적 잘해주기는 하셨지만, 늘 마음은 불안하고 힘들었다. 특히, 아버지가 누나들을 때릴 때는 더욱 무섭고 공포스러웠다.

자신도 집에 있으면 불안하여 중 1 때부터 친구들과 어울려 PC방도 다니고, 그때부터 성격이 거칠고 폭력적으로 바뀌었다고 하였다. 내담자의 느낌을 공감해주고 폭력행동을 대신할 여러 가지 대안(예 : 괴롭히거나 때리는 원인을 탐색한다. 때리고 싶은 마음이 들 때 그 자리를 떠난다. 분노일지를 써본다)을 탐색해보도록 한 후 3회기를 종료하였다.

④ 4회기(2013.3.28.)

지난번 상담에서 가정문제와 부모님 이혼 이야기를 이야기한 후 기분이 조금 나아졌다고 하였다. 학교생활에서 전에는 친구들에게 시비를 많이 걸었는데, 요즈음은 시비 거는 것도 조금 줄어들고 수업시간에 자지 않도록 노력도 한다. 책이나 공책을 준비하여 다니고, 숙제도 해보려고 한다고 하였다. 지난번 폭력문제도 친구에게 사과하고 피해자 학부모와 피해자 친구가 용서한다고 하여 잘 마무리되었다. 앞으로는 폭력행동이 나올 때 미리 자신을 잘 관찰해서 그 자리를 피해보도록 하겠다고 하였다.

⑤ 5회기(2013.4.4.) : 종결상담

내담자는 그동안 되는 대로 살았는데 앞으로 고등학교 진학을 위해 좀 더 공부를 잘하고 싶다고 하였다. 앞으로의 꿈은 공무원이 되고 싶다고 하였다. 그동안 학습에 관심이 없었는데 앞으로 미래에 대한 목표도 생각하고, 학교생활의 의미도 조금씩 찾을 수 있도록 노력하겠다고 하였다. 부모님의 이혼으로 상처를 받았지만, 자신은 잘살고 행복한 가정을 만들고 싶다고 하였다. 그렇게 하려면 앞으로 더욱 열심히 공부도 하고, 폭력행동도 줄이고, 친구들과 원만히 잘 지내고 싶다고 하였다. 내담자의 변화모습을 격려, 칭찬해주고 미래를 위해 현재를 충실히 지내도록 지지하고 격려하며 전체 상담을 종결하였다.

(9) 상담 평가

5회기 상담을 통해 아버지에 대한 적개심, 어머니에 대한 버림받은 상처를 수용, 공감해주었다. 학교에서 지각, 결석, 폭행 등의 부적응 행동을 분노일지를 작성하여 스스로 통제하도록 도움을 주고, 여러 가지 대안 행동을 실천하도록 상담을 진행하였다. 특히, 상담 중간에 학교폭력이 발생하여 담임교사와 긴밀히 협조하면서 상담을 진행하였다. 상담을 종결하게 된 것은 내담자가 폭력적인 행동을 조금씩 통제하게 되고, 교우관계에서 시비걸기를 중단하고, 학습 태도가 조금씩 변화하게 되어서다. 특히, 진로의 꿈이 생기면서 자신감을 회복하여 상담을 종결하게 되었다. 그러나 다시 문제가 발생되면 언제든지 상담실에 올 수 있도록 추후 상담 기회도 알려주면서 상담을 종결하였다.

3. 고등학교 학교폭력상담 사례

(1) 내담자의 인적사항

- 내담자명 : 송원석(가명)
- 성별 : 남자
- 나이 : 18세
- 학년 : 고등학교 2학년
- 상담기간 : 2012년 12월 8일~2013년 1월 10일(총 5회기)
- 상담장소 : 상담실

(2) 상담 경위

외동아들로 태어나 성장하였다. 고등학교 2학년이며, 학교에 잘 등교하지 않고, 말썽을 부리고, PC에만 몰입한다. 어머니와는 과도하게 밀착되어 있고, 아버지와는 갈등관계였다. 또래의 학교폭력과 집단 압력을 이기지 못하고 등교를 하지 않아서 어머니의 의뢰로 상담을 오게 되었다.

(3) 내담자의 호소 문제

친구들이 자신에게 뚱뚱하다고 놀리고 귀찮게 한다. 내담자는 친구들 말을 거부하지 못하고, 폭력을 당한다. 상담을 통해 자기주장을 했으면 한다. 자신의 우유부단한 성격을 고치고, PC게임 중독에서 벗어나 학업에 충실했으면 한다.

(4) 내담자 인생 및 행동 관찰

상담자의 눈을 쳐다보지 못하고 상담실 벽면을 쳐다보고 있었다. 어머니와의 가족상담에서는 어깨가 축 늘어져 있고, 어머니의 눈치를 살피고 있었다.

(5) 내담자 상담 문제의 경과

외동아들로 자라나 어려서부터 어머니와 과도하게 밀착되어 있었고, 아버지와는 갈등관계였다. 아버지는 권위적이어서 늘 큰소리로 아이를 꾸짖는 편이었다. 고등학교에 올라가면서 10kg 정도 살이 찌면서 주변 친구들이 내담자를 놀리기도 하고, 때로는 폭력으로 내담자를 힘들게 하였다. 그럴 때마다 내담자는 친구들을 피하여 PC방에 가거나 컴퓨터게임에 빠지기도 하였다.

(6) 가족 상황

- 아버지(49세) : 자영업을 하신다. 권위적이고 무뚝뚝하다. 아들이 잘못된 것은 아내가 아들을 계속 감싸고 양육해서 그렇다고 불만을 이야기하였다.
- 어머니(47세) : 주부이다. 외동아들을 잘 키워보고 싶었는데 잘되지 않았다. 특히, 요즈음 아들이 학교도 안 가려고 하고 PC게임에 빠져 있는 모습을 보면 너무 화가 난다. 그러나 남편이 아들을 야단치면 마음이 아파서 아들을 감싸주기도 한다. 아들에 대한 집착도 있고 늘 마음이 불안하다.

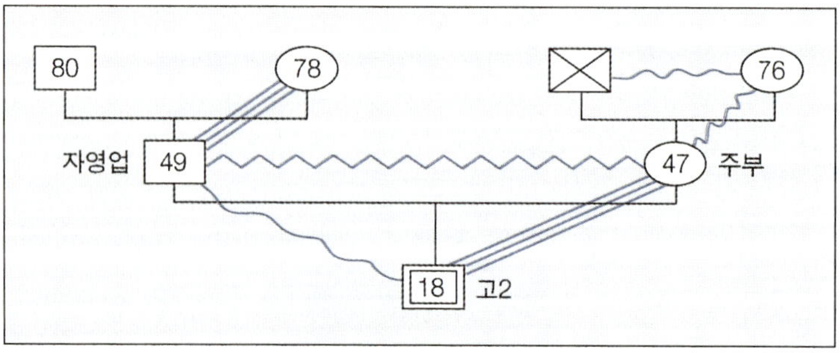

그림 6-3 가계도

(7) 상담의 목표 및 전략

① 상담 목표

- 따돌림 당하는 원인을 제거하기 위해 노력한다.
- 따돌림 당하는 내담자의 자존감을 키워준다.
- 내담자의 부적응 문제에 따른 가족적 요인을 개선한다.
- 친구들에게 놀림을 받을 때 분명히 자기주장을 하도록 도움을 준다.

② 상담 전략

- 아버지에 대한 분노, 어머니의 집착에 대한 짜증을 정서적으로 공감해준다.
- 내담자가 왕따를 당하여 낮은 자존감을 보이므로 상담을 통해 자존감을 키워준다. 적극적 칭찬과 성공 경험을 가질 수 있도록 도와준다.
- 왕따 방지를 위해 구체적으로 문제를 파악하고, 필요한 경우 담임교사와 협력하여 따돌림 현상을 예방하고, 문제 해결 방법을 찾아본다. 내담자 스스로 대처할 수 있는 방법 모색과 자기주장 훈련을 병행한다.

(8) 회기별 요약

① 1회기(2012.12.8.)

가족상담을 진행하였다. 어머니는 아들이 마음이 여리고 의존적이라 친구들이 자꾸 놀린다고 하였다. 아버지는 남자아이가 너무 약하고 자기주장을 못하여 자꾸 친구들의 놀림감이 된다고 하였다. 내담자는 친구들과 잘 지내고 싶지만 마음처럼 되지 않고, 친구들이 자기의 뚱뚱한 모습을 놀릴 때 화가 나지만 참는다고 하였다. 어머니는 외동아들이라 잘 키우고 싶었는데 학교에서 잘 적응하지도 못하고, 자꾸 문제가 일어나고, PC 게임에 빠져 너무 화가 난다고 하였다. 학교 적응을 잘하도록 하는 방법을 모색하고, 상담에서 부모님의 협조가 필요함을 알려드리고 1회 상담을 종료하였다.

② 2회기(2012.12.15.)

내담자가 요즈음 학교에 잘 가지 않고 PC방에 간다고 하였다. 어머니는 아들이 너무 착해서 친구들의 말을 거부하지 못하고 폭력을 당한다고 하였다. 내담자는 뚱뚱하다고 놀림을 받고 힘들 때 어떻게 해야 할지 모른다고 하여 이제는 상담교사나 담임교사, 부모님에게 이야기해주면 즉시 적극적인 조치를 취해주겠다고 내담자를 안심시켰다. 또한 학교에서 친구들이 계속해서 괴롭히면 친구들에게 적극적으로 자기주장을 하도록 알려주었다. 현재의 폭력사건은 담임교사에게 어머님이 전화를 드려 반 친구 중에 내담자를 괴롭히는 친구들을 적극적으로 중재해주기를 요청드렸다. 더불어 어머니에게 아들이 스스로 무언가 할 수 있도록 지지하고 격려해주도록 안내하면서 2회기 상담을 종료하였다.

③ 3회기(2012.12.22.)

어머니는 아들에게 과도하게 밀착되어 있고, 아버지는 지나치게 방임하거나 때론 과격하게 아들의 잘못을 꾸짖는다고 하였다. 이제는 어머니가 아들을 조금 놓아주고, 아버지는 좀 더 부드럽게 아들과의 관계 개선을 안내해 드렸다. 내담자에게는 친구들의 폭언이나 폭행에 대해 다음과 같이 자기주장 훈련을 실시하였다.

- 싫은 표정이나 화난 표정 짓기
- "지금은 내가 기분이 좋지 않아." 하면서 자신의 감정 말하기
- 친구들이 놀릴 때 일단 자리를 피하고 쪽지를 통해 자신의 기분을 전달하기

④ 4회기(2012.1.3.)

내담자가 PC게임에 몰입하지 않고 공부에 집중하는 모습을 보여주어 격려하고 지지하였다. 친구들이 놀릴 때에도 자리를 피하고 쪽지를 통해 자신의 감정 전달하기를 시도하였다. 등교도 잘하고, 친구들도 선생님의 주의를 받고 난 다음부터는 조심하기 시작하였다고 하였다. 아버지도 편안하게 내담자를 대해주고, 어머니도 아들에 대한 집착에서 벗어나면서

내담자가 좀 더 밝은 표정을 보였다. 상담자는 내담자와 가족의 변화를 지지하였다.

⑤ 5회기(2013.1.10.) : 종결상담

요즈음 학교 출석도 잘하고, 친구관계도 비교적 원만하다고 하였다. 아직도 친구들과 거리감이 남아 있지만, 친한 친구 한두 명이 생겨서 그들과 잘 지낸다고 하였다. 학교에서도 집중력이 생겨서 공부를 조금씩 한다고 하였다. 어머니는 아들을 믿고 지나친 간섭을 하지 않고, 아버지도 아들에게 심한 폭언을 하지 않고 자상하게 대해주려고 노력하였다. 상담자가 상담 초기에 목표한 바를 달성하였기 때문에 전체 상담을 종결하였다.

(9) 상담 평가

5회기 상담을 하면서 내담자의 왕따 역동을 극복하도록 자기주장 훈련을 시행하였다. 또한 가족관계의 문제를 해결하기 위해 가족상담을 진행하였고, 어머니와의 밀착관계를 개선하도록 도움을 드리고, 아버지 또한 아들에게 자상한 태도를 통해 부자관계도 많이 개선되었다. 이를 통해 내담자의 자신감도 많이 개선되고, 자기주장도 당당히 하게 되었다. 또한 담임교사와도 연계하여 가해학생에 대한 지도 편달을 부탁드린 것도 내담자의 변화에 큰 도움이 되었던 것 같다. 이러한 변화를 통해 내담자는 PC게임에서 벗어나 공부에 좀 더 집중하고 학교에서 친구관계를 조금씩 개선해나가고 있다.

제7장

학교폭력 예방 및 개입 프로그램

학교폭력이 학생과 교사 그리고 학교 전체에 미치는 악영향은 단지 학교에서의 폭력문제로 인해 학생들에게 상처가 나서 아프며 친구와의 관계에서의 어려움을 겪고, 학교와 교사는 혼란스럽고 힘들다는 차원이 아니라, 한 개인의 삶을 송두리째 망가뜨릴 수 있다는 점에서 매우 세심하고 체계적으로 다루어야 한다. 이러한 의미에서 학교폭력 문제는 개별 프로그램의 개발이나 시행만으로는 해결될 수 없으며, 학생들이 생활하는 학교 전체에서의 총체적인 대처가 필요하다. 따라서 학교폭력을 예방하고 대처하기 위해서는 학교 전체가 학교폭력 문제를 중요하고 심각한 사안으로 인식하고 이를 예방하고 적절히 개입하려고 하려는 의지가 필요하다.

이를 위한 방안으로 학교는 학생들에게 학교폭력은 범죄라는 인식을 심어주는 동시에 바람직한 태도와 행동의 변화를 유도하기 위한 교육이 필요하며, 교사는 학급 내 학교폭력 징후와 이에 따른 신속한 대처능력을 키우는 것이 중요하다. 그뿐만 아니라 학교폭력의 발생에 있어 그 기저에 자리 잡고 있는 가정의 문제를 해결하기 위한 부모교육이 필요하다. 이와 같이 학교는 학교폭력 발생 이전, 즉 예방적 차원에서 학교폭력문제를 해결할 수 있다는 확신을 갖고 학생, 교사, 학부모를 대상으로 한 교육을 실시하여 학교폭력을 줄여가는 것이 시급하다. 이 장에서는 국내 · 외에서 소개된 학교폭력 예방교육 프로그램과 더불어 학교폭력이 발생한 이후의 개입 프로그램을 살펴보고자 한다.

1. 학교에서의 폭력 예방을 위한 프로그램

1) 어울림 학교폭력 예방교육 프로그램

교육부는 2013년 7월 23일 보도자료를 통해 학교폭력을 효과적으로 예방하기 위해서는 학생과 학부모 및 교사를 대상으로 한 학교폭력 예방교육을 실시하여 이를 실천하도록 하는 활동이 강화되어야 한다고 강조하였다. 이에 학교 구성원이 참여하여 학교폭력예방 역량을 강화하고 학교폭력 예방 문화를 조성하기 위해 국가수준의 '어울림 학교폭력 예방교육 프로그램'을 개발하고자 하였으며, 한국교육개발원에 용역을 주어 수준별 · 모듈별 · 학교급별 · 대상별 프로그램을 개발하게 되었다. 특히 역할극, 음악 · 미술활동, 집단상담, 감정코칭 등의 다양한 방법을 통해 학교폭력 인식 및 대처, 공감, 의사소통, 갈등해결, 감정조절, 자기존중감이라는 6개 핵심 역량 증대를 목표로 각각의 역량별로 개발되었다.

(1) 어울림 학교폭력 예방교육 프로그램의 개요

2013년부터 2015년까지 어울림 프로그램을 개발하여 단계적으로 확대 · 보급하고자 계획하였고, 2017년까지 모든 초 · 중 · 고등학교에서 어울림 프로그램의 적용 및 기반을 구축하고자 한다. 어울림 프로그램은 6개 모듈(학교폭력 인식 및 대처, 공감, 의사소통, 갈등해결, 감정조절, 자기존중감)에 따라 학생용, 교사용, 학부모용 3종이 하나의 세트로 구성되어 있다. 그리고 학교 급에 따라 초등 저학년용, 초등 고학년용, 중학생용, 고등학생용 4종으로 나누어져 있으며, 수준별 교육을 실시하고자 기본 프로그램과 심화 프로그램 2종으로 구분된다. 2013년에는 기본 프로그램의 개발이 완성되었고, 2014년에는 심화 프로그램을 개발할 예정이다.

2013년도 2학기부터 학교폭력 인식과 대처 및 공감 능력향상 등을 위해 국가수준의 체험형 예방교육 프로그램을 우선적으로 생활지도특별지원학교 및 희망학교 등 전국 300개 학교 대상으로 프로그램 및 인력지원을 시작하여 점차 교원연수 및 프로그램 보완을 통해 2017년까지 모든 학교에 어울림 프로그램 적용 기반을 구축할 계획이다. 구체적인 어울림 프로그램 개발 내용 및 일정은 <표 7-1>과 같다.

표 7-1 학생용 어울림 프로그램 개발 내용 및 일정

모듈	초등 저학년(1~3학년)		초등 고학년(4~6학년)		중학교		고등학교	
	기본 (4시간)	심화 (6시간)	기본 (4시간)	심화 (6시간)	기본 (4시간)	심화 (6시간)	기본 (4시간)	심화 (6시간)
학교폭력 인식 및 대처	2013년 상반기	2015년	2013년 상반기	2014년	2013년 상반기	2014년	2013년 상반기	2015년
공감	〃	〃	〃	〃	〃	〃	〃	〃
의사소통	〃	〃	〃	〃	〃	〃	〃	〃
갈등해결	2013년 하반기	2015년	2013년 하반기	2014년	2013년 하반기	2014년	2013년 하반기	2015년
자기존중감	〃	〃	〃	〃	〃	〃	〃	〃
감정조절	〃	〃	〃	〃	〃	〃	〃	〃
계	학생용 기본 24종(2013년)→학생용 심화 12종(2014년)→학생용 심화 12종(2015년)							

표 7-2 2013년 상반기 어울림 프로그램

모듈	구분	차시	내용
학교폭력 인식 및 대처	학생용	1	[학교폭력 인식] 장난과 폭력, 다양한 학교폭력에 대한 이해 및 인식
		2	[학교폭력 대처 1] 집단따돌림 등 구체적 사례를 통한 가해학생, 피해학생, 방관학생 경험 및 이해
		3	[학교폭력 대처 2] 사이버폭력 등 구체적 사례를 통한 피해학생, 가해학생, 방관학생 대처방안 이해
		4	[학교문화 조성] 평화로운 학급을 위한 규칙 만들기, 홍보신문 제작 등

모듈	구분	차시	내용
	교사용	1	[학교폭력 인식 개선] 학교폭력 최근 경향성 이해 및 징후 파악
		2	[학교폭력 대처 방안] 구체적인 사례를 통한 학생지도 및 사안처리
	학부모용	1	[학교폭력 인식 개선] 학교폭력 최근 경향성 이해 및 징후 파악, 자녀의 문제행동
		2	[학교폭력 대처 방안] 구체적인 사례를 통한 학부모 대처방안, 징후 파악 후 개입방안
공감	학생용	1	[정서이해] 정서의 다양한 인식 및 표현
		2	[자기이해] 자신의 정서이해 및 표현
		3	[타인이해] 타인의 정서이해 및 표현
		4	[공감연습] 공감기술 훈련
	교사용	1	[공감의 중요성 및 공감 이해] 학생 공감하기, 학교폭력상황에서의 공감
		2	[공감연습] 효과적인 공감기술 연습
	학부모용	1	[공감의 중요성 및 공감 이해] 학생 및 교사 공감하기, 학교폭력상황에서의 공감
		2	[공감연습] 효과적인 공감기술 연습
의사소통	학생용	1	[자신의 의사소통 방식 이해] 자신의 의사소통 방식 파악 및 대인관계 유형의 이해
		2	[경청하기] 적극적인 경청하기 연습
		3	[올바른 의사소통 방법 익히기 1] 나 전달법 등 효과적인 의사소통 방법 익히기
		4	[올바른 의사소통 방법 익히기 2] 비언어적 의사소통방법, 사과하기, 비폭력대화법 익히기 등 효과적인 의사소통 방법 익히기
	교사용	1	[학생과의 의사소통] 학생 이해하기, 학생과의 의사소통 연습
		2	[학부모와의 의사소통] 학부모 이해하기, 실제 사례를 통한 의사소통 연습
	학부모용	1	[자녀와의 의사소통] 자녀 이해하기, 자녀와의 의사소통 연습
		2	[교사와의 의사소통] 교사 이해하기, 실제 사례를 통한 의사소통 연습

※ 내용과 방법은 각 학교 급별 대상의 심리적 특성 등에 따라 차별화하여 개발

출처 : 한국교육개발원(2013). 어울림 학교폭력예방 프로그램 연수안내.

표 7-3 2013년 하반기 어울림 프로그램

모듈	구분	차시	내용
자기 존중감	학생용	1	[자기이해와 타인이해] 자기와 타인에 대한 이해와 존중
		2	[자기수용과 타인수용] 긍정적 자기수용과 타인수용
		3	[긍정적 자기상 형성] 건강한 또래관계 형성을 위한 긍정적 자기상 형성
		4	[자기효능감 형성] 또래관계 및 갈등해결에 대한 긍정적 경험을 통한 자신감 형성
	교사용	1	[자기존중감 이해] 학생의 자기존중감 이해 및 중요성 인식
		2	[자기존중감 향상 방안] 학생의 자기존중감 이해 및 중요성 인식
	학부모용	1	[자기존중감 이해] 자녀의 자기존중감 이해 및 중요성 인식
		2	[자기존중감 향상 방안] 자녀의 자기존중감을 향상시키기 위한 지도방안
감정조절	학생용	1	[감정이해 및 원인탐색] 부정적 감정에 대한 이해 및 원인 탐색
		2	[감정조절 연습] 스트레스, 분노 등을 조절하기 위한 사고의 변화
		3	[감정조절 연습] 충동성, 불안, 우울 등 부정적 감정조절 기법 연습
		4	[감정조절 실전연습] 학교폭력상황에서의 부정적 감정 인식 및 조절 연습
	교사용	1	[감정조절 이해] 학생의 부정적 감정이해 및 감정조절의 중요성 이해
		2	[감정조절 지원 기술 습득] 학생의 부정적 감정조절 기원을 위한 기술 연습
	학부모용	1	[감정조절 이해] 자녀의 부정적 감정이해 및 감정조절의 중요성 이해
		2	[감정조절 지원 기술 습득] 자녀의 부정적 감정조절 기원을 위한 기술 연습
갈등해결	학생용	1	[갈등상황 및 원인 이해] 다양한 문제 상황 인식 및 갈등 원인 파악
		2	[갈등해결 전략 탐색] 다양한 갈등상황 정의 및 상황별 문제해결 전략 찾기
		3	[갈등해결 전략 탐색] 평화적 갈등해결 전략으로서 구체적 방법 익히기

모듈	구분	차시	내용
		4	[또래중재 및 또래조정 실습] 갈등상황 해결을 위한 또래중재 및 또래조정 이해 및 실습
	교사용	1	[학급 내 갈등개입] 학급 내 갈등상황에 대한 교사의 효과적인 개입방법 이해
		2	[교사와 학생 간의 갈등이해] 교사와 학생 간 갈등 대처방법 익히기
	학부모용	1	[자녀와의 갈등이해] 자녀의 갈등상황 및 학부모와 자녀 간 갈등 이해
		2	[자녀의 갈등상황 대처] 자녀의 갈등상황에 대한 대처 방법 익히기

※ 내용과 방법은 각 학교 급별 대상의 심리적 특성 등에 따라 차별화하여 개발
출처 : 한국교육개발원(2013). 어울림 학교폭력예방 프로그램 연수안내.

표 7-4 2013년 하반기 어울림 프로그램개발 전략 예시(중학교 감정조절)

발달특성	학교폭력 유형 및 사례	프로그램 목표 및 내용	구성방법 예시
• 정서조절, 스트레스 조절의 어려움 • 질풍노도의 시기로서 정서가 변덕스러움 • 친구와의 관계에서 발생하는 갈등을 직절히 해결하는 기술이 발달하고 이 과정에서 리더십이 발달함 • 사회인지 기술이 급속도로 발달하며, 사회적 기준에 민감함	• 학교폭력 가해 이유에 대해 중학생 학생들은 장난으로 시작했다는 응답이 높으며, 상대방이 잘못했기 때문이라는 응답도 매우 높음 • 학교폭력이 집단으로 발생하는 비율이 높고, 강제 심부름에 대한 비율도 평균에 비해 높게 나타남 • 집단따돌림, 사이버 휴대전화 폭력 등 정서적 폭력이 다른 학교 급에 비해 높게 나타남(2013년 1차 학교폭력실태조사)	[부정적 정서 조절 및 대처기술 습득] • 주된 스트레스, 내재된 분노, 충동을 인식하고 해소함 • 부정적 정서를 인식하고 그 원인을 탐색하여 조절하는 기술을 향상함 • 부정적인 생각과 정서를 일으키는 상황이나 조건에 대해 인식하고, 이를 합리적으로 해석하는 기술 • 부정적인 정서를 통제하고 조절하는 기술, 행동적 조절기술을 습득하여 다양한 학교폭력 상황에 적용함	• 소그룹활동을 통해 각자가 경험하고 있는 분노와 스트레스의 종류와 원인을 탐색함 • '빈 의자' 기법 등을 통해 내재된 분노나 스트레스의 원인을 파악하여 해소함 • 역할극을 통해 스트레스, 부정적 정서의 원인을 파악하여 합리적으로 해석함

출처 : 한국교육개발원(2013). 어울림 학교폭력예방 프로그램 연수안내.

2) 한국교육개발원(2012)의 집단따돌림 예방 프로그램

한국교육개발원(2012)의 집단따돌림 예방 프로그램은 박종효를 연구책임자로 하여 초등학생 및 중학생의 집단따돌림을 사전에 예방하는 목적을 두고 개발한 프로그램이다. 구체적인 프로그램의 목적은 학급문화와 풍토 변화, 교사와 학생의 집단따돌림 인식 및 예민성 수준 향상, 학급구성원 간의 상호존중과 배려, 공감의식 형성, 집단따돌림 예방을 위한 구체적인 지침과 규칙 제공에 있다. 프로그램의 구성요소에는 아래와 같다.

- 집단따돌림에 대한 인식
- 집단따돌림 가해자, 피해자, 방관자 관점 이해하기
- 집단따돌림의 피해자 공감하기
- 또래 갈등에 대한 이해와 해결
- 가해 · 피해 갈등상황에서 행동규칙
- 집단따돌림 예방을 위한 학급규칙 제정 및 실행

본 프로그램은 초등학교 담임교사와 학급학생 전체, 그리고 중학교에서는 담임교사나 도덕과 교사가 학급학생을 대상으로 운영할 수 있도록 지침을 마련하고 있으며, 총 8회기로 구성되어 있다. 이 프로그램은 집단따돌림에 초점을 맞추어 개별학생보다 학급의 전체적인 분위기와 풍토를 변화시키는 데 주안점을 두고 있다.

표 7-5 집단따돌림 예방 프로그램의 구성

회기 (60분)	제목	목표	주요 활동
1	행복한 교실로의 첫걸음	프로그램의 필요성 및 규칙 이해	• 사전척도 • TV를 통해 본 집단따돌림 • 내가 본 집단따돌림 • 우리의 여행 • 우리의 약속

회기 (60분)	제목	목표	주요 활동
2	얼마나 알고 있을까?	인식점검, 이해 돕기, 경각심 일깨우기	• O, X 단체 퀴즈 • 가로세로 퀴즈 • 결과 예상해보기
3	우리 반 홈페이지에 생긴 일	다른 사람의 입장에서 생각해보고 생각 표현하기	• 사례를 읽고 뇌 활동지 채우기 • 사례의 주인공들에게 댓글 달기 • 토론 및 발표
4	그랬구나, 이제야 알겠다!	따돌림 피해자의 마음을 이해하고, 이를 표현하기	• '나 전달법' 이해하기 • 따돌림 상황을 '나 전달법'으로 표현하기 • 역할극을 통해 따돌림 피해자 의 마음을 이해하고 표현하기
5	절친 노트	다름을 인정함으로써 친구를 존중하고 배려하는 마음 학습하기	• 다른 점 찾기 • 절친이 생겼어요 • 내 절친의 이야기
6	모르는 척	방관자에 대한 감정이해 및 방관적인 태도가 잘못된 것임을 알소 행동지침 학습하기	• 모르는 척 • 아는 척
7	다.친.반	학급회의를 통해 따돌림 방지를 위한 규칙을 정함	• 따돌림의 두 얼굴 • 우리 반을 위한 규칙 정하기 • 같이 약속하기
8	우리의 행복한 교실	사례를 통해 프로그램 회기 정리	• 생각하고 느끼고 행동하기 • 사후척도

3) 청소년폭력예방재단의 학교폭력 예방교육 프로그램

청소년폭력예방재단(이하 청예단)에서는 학교폭력예방을 위해 초등학생 및 중 · 고등학생에게 1회 실시할 수 있는 '내가 바로 지킴이'라는 프로그램을 개발하였다. '내가 바로 지킴이' 프로그램은 학교폭력에 대한 개념 정리, 학교폭력 예방과 대처 방법 제시, 학교폭력 예방을 위한 협동심과 책임감 배양 활동으로 구성된다. 학급 단위 또는 전교생 단위의 프로그램으로서 자료화면을 보여준 후 모둠활동을 통해 학교폭력 개념과 대처 방법을 이해할 수 있도록 하였고, 특히 중 · 고등학생용은 역할극을 통해 피해학생과 가해학생의 입장에서 학교폭력을 이해할 수 있는 활동이 포함되어 있다. 구체적인 프로그램에 대한 자세한 정보는 청예단 www.jikim.net, 청예단 원격연수원 www.ejikim.com에서 확인할 수 있다.

표 7-6 초등학교 저학생용 '내가 바로 지킴이' 프로그램의 구성

진행단계(80분)	프로그램 명	프로그램 내용	목표	비고
열기(10분)	이게 뭐야	• 청예단 및 강사 소개 • 프로그램 내용 및 목표 소개	소개 및 관계형성	
주요 활동 I (30분)	학교폭력 O, X퀴즈	학교폭력에 대한 기본개념을 O, X퀴즈를 통해 익힘	학교폭력의 개념 정리	모둠 활동
	또는			
	학교폭력 베스트 7	학교폭력에 대한 기본 개념을 '학교폭력 베스트7' 게임을 통해 익힘	학교폭력의 개념 정리	모둠 활동
주요 활동 II (30분)	이럴 땐 이렇게 베스트 5	'이럴 땐 이렇게 베스트 5' 게임을 통해 학교폭력 대처방안 모색	학교폭력 예방법과 대처방법 제시	모둠 활동
	또는			
	예방나무 만들기	상황별 학교폭력에 대한 대처방안을 이해한다.	학교폭력 예방법과 대처방법 제시	모둠 활동
닫기(10분)	으랏차차	여럿이 함께 손과 발을 맞대고 바닥에서 일어나는 활동	학교폭력 예방을 위한 협동심과 책임감 배양	전체 활동

표 7-7 초등학교 고학생용 '내가 바로 지킴이' 프로그램의 구성

진행단계(80분)	프로그램 명	프로그램 내용	목표	비고
열기(10분)	이게 뭐야	• 청예단 및 강사소개 • 프로그램 내용 및 목표 소개	소개 및 관계형성	
주요 활동 I	수사대출동	수사대가 되어 스스로 학교폭력의 개념을 고찰	학교폭력의 올바른 이해 및 위험성 제고	모둠 활동

진행단계(80분)	프로그램 명	프로그램 내용	목표	비고
주요 활동 Ⅱ	빙고게임	빙고게임을 통해 학교폭력 예방법 및 대처방법에 대해 익힘	예방법과 대처방법 제시	모둠 활동
	예방나무 만들기	학교폭력 예방법과 대처방안에 대해 이해	예방법과 대처방법 제시	모둠 활동
닫기 (10분)	으랏차차	여럿이 함께 손과 발을 맞대고 바닥으로부터 일어나는 활동	예방을 위한 협동심과 책임감 배양	모둠 활동

표 7-8 청예단 중 · 고등학생용 '내가 바로 지킴이' 프로그램의 구성

진행단계(80분)	프로그램명	프로그램 내용	목표	비고
열기 (10분)	이게 뭐야	• 청예단 및 강사 소개 • 프로그램 내용 및 목표 소개	소개 및 관계형성	
주요 활동 Ⅰ (30분)	무비오케	영상물을 본 뒤 모둠별 모션활동 또는 역할극	학교폭력 상황의 간접경험과 대안행동 모색	모둠 활동
	또는			
	이럴 땐 이렇게 (역할극)	역할극을 통해 피해자, 가해자, 방관자의 입장 되어보기	학교폭력 상황의 간접경험과 대안행동 모색	
	또는			
	학교폭력 예방 가요제	가요제활동을 통해 학교폭력 예방방안에 대해 모색	학교폭력 예방법과 대처방안 모색	
주요 활동 Ⅱ (30분	예방교육 강의 (PPT)	• 학교폭력의 정확한 정의, 위험성, 법적 처벌, 대처방법 등에 대한 정리 • 사례 이야기 또는 동영상 보기	학교폭력의 올바른 이해 및 위험성 제고	전체 강의
닫기 (10분)	으랏차차	여럿이 함께 손과 발을 맞대고 바닥에서 일어나는 활동	예방을 위한 협동심과 책임감 배양	전체 활동

4) 우리아이건강발달회의 친사회 행동기술 프로그램

우리아이건강발달회(이하 우아회)는 2007년 9월 설립한 비영리민간단체로,

학교폭력 현상을 설명하는 중요한 개인의 보호요인인 사회기술을 증진시키기 위해 초등학생과 중학생을 대상으로 이를 가르치는 일을 하고 있다. 우아회에서 사용하고 있는 친사회 행동기술 프로그램은 McGinnis와 Goldstein(1997)이 개발한 'Skillstreaming'을 한현민(2012)이 번역하여 『초등학생의 스킬스트리밍』이라는 책으로 출판되었다. 이 프로그램은 학교 전체 또는 학군 전체의 중재를 표방하고 있으며, 처벌과 배제 중심의 조치의 대안으로 구체적인 친사회적 행동을 학습시키는 동시에 긍정적인 학교 분위기를 형성하는 데 목적이 있다. 친사회 행동기술 프로그램에는 교실에서 살아남기 기술, 친구 만들기 기술, 감정 다루기 기술, 공격성 대신 사용하는 기술, 스트레스 다루기 기술라는 5개의 영역 60개 기술로 구성되어 있다. 특히, 인지행동적 접근을 통해 기술 설명(모델링)-역할극(시연)-피드백(보상)-전이(일반화)의 단계로 교육이 진행되어 학생들이 직접 행동을 학습할 수 있도록 한다. 구체적인 프로그램에 대한 자세한 정보는 우아회(http://cafe.daum.net/ProSociety)에서 확인할 수 있다.

표 7-9 초등학생용 친사회 행동기술 프로그램의 교육과정

[그룹 Ⅰ : 교실에서 살아남기 기술]
1. 경청하기 2. 도움 요청하기 3. 감사하기 4. 수업준비물 챙겨오기 5. 지시 따르기 6. 과제 끝내기 7. 토론에 기여하기 8. 어른 돕기 9. 질문하기 10. 주의산만요인 무시하기 11. 정정하기 12. 할 일 결정하기 13. 목표 설정하기

[그룹 Ⅱ : 친구 만들기 기술]
14. 자기 소개하기 15. 대화 시작하기 16. 대화 마치기 17. 참가하기 18. 게임하기 19. 부탁하기 20. 학급친구 돕기 21. 칭찬하기 22. 칭찬 수용하기 23. 활동 제안하기24. 나누기 25. 사과하기

[그룹 Ⅲ : 감정 다루기 기술]
26. 자기 감정 알기 27. 자기 감정 표현하기 28. 타인 감정 인식하기 29. 타인 감정 이해 보여주기 30. 타인에게 관심 표현하기 31. 분노 다스리기 32. 타인 분노에 대처하기 33. 애정 표현하기 34. 두려움 다스리기 35. 자기 보상하기

[그룹 Ⅳ : 공격성 대신 사용하는 기술]
36. 자기 통제하기 37. 허락 받기 38. 놀림에 반응하기 39. 문제 피하기 40. 싸움 피하기 41. 문제 해결하기 42. 결과 수용하기 43. 비난에 대처하기 44. 협상하기

[그룹 V : 스트레스 다루기 기술]
45. 지루함에 대처하기 46. 문제 원인 결정하기 47. 불평 말하기 48. 불평에 답하기 49. 패배에 대처하기 50. 깨끗이 수용하기 51. 따돌림에 대처하기 52. 난처함에 대처하기 53. 실패에 반응하기 54. 거절 수용하기 55. 거절하기 56. 이완하기 57. 집단압력에 대처하기 58. 남의 물건 갖고 싶을 때 대처하기 59. 의사 결정하기 60. 정직하기

표 7-10 친사회 행동기술 프로그램의 구체적 예시

예 1) 분노 다스리기(skill 31)
1. 일단 멈추고 10까지 세어라.
2. 네가 선택할 수 있는 것을 생각해보라.
   ① 네가 화난 이유를 그 사람에게 말한다.
   ② 지금 당장은 걸어 나가버린다.
   ③ 이완운동을 한다.
3. 네가 최선이라고 선택한 것을 행동하라.

예 2) 문제해결하기(skill 41)
1. 멈추고 “침착해야 해.”라고 말하라.
2. 무엇이 문제인지를 결정하라.
3. 문제를 해결할 수 있는 방법들을 생각해보라.
4. 한 가지 방법을 선택하라.
5. 그대로 실천하라.
6. “어떻게 되었지?”라고 자신에게 물어보라.

5) Olweus의 괴롭힘 예방 프로그램

Olweus가 설계하고 진행해온 괴롭힘 예방 프로그램(Olweus Bullying Prevention Program : OBPP)은 2003년 미국의 폭력예방 및 연구센터에서 조사한 전 세계 학교폭력 예방 프로그램 중에서 효과가 검증된 것으로, 노르웨이를 비롯한 서구 유럽과 미국 등에서 가장 많이 사용되고 있다. OBPP는 학생들 사이의 괴롭힘 문제를 감소시키고, 새로운 괴롭힘 문제의 발생을 예방하며, 학교에서 보다 나은 또래관계를 만들기 위한 목적으로 개발되었다. OBPP는 5~15세 사이의 유치원생, 초등학생, 중학생에게 적용가능하다. 또한 학교 전체의 변화를 충분히 이끌기 위해서는 OBPP는 최소한 3~5년 정도의

기간 동안 꾸준히 진행되어야 함을 권고하고 있으며, 중 · 고등학교에 비해 초등학교에서부터 실시했을 경우 더욱 효과적이다. OBPP의 구성요소와 주요 내용은 아래와 같다(Macklem, 2003).

(1) 학교 차원 구성요소

- 괴롭힘 예방 조정위원회 구성
- 위원회와 구성원들에 대한 교육실시
- 학교 전체에 Olweus 괴롭힘 설문조사 실시
- 구성원들 간의 집단토의 진행
- 괴롭힘에 대한 학교 규칙 마련
- 학교감독체계의 정비 및 제정
- 프로그램 실시를 알리는 학교 차원의 행사 진행
- 학부모 참여 유도

(2) 개인 차원 구성요소

- 학생들의 활동에 대한 감독
- 괴롭힘이 일어나는 장소에 대해 모든 구성원이 감시하고 있음을 강조
- 괴롭힘 관여 학생들과의 회의 진행
- 관여 학생 학부모와의 회의 진행
- 관여 학생에 대한 개별적 개입 진행

(3) 학급 차원 구성요소

- 괴롭힘에 대한 학교 규칙의 게시 및 강조
- 정기적 학급토의 진행
- 학부모와의 회의 진행

(4) 지역사회 차원 구성요소

- 괴롭힘 예방 조정위원회에 지역사회 구성원 포함
- 지역사회 구성원이 학교 프로그램을 도울 수 있도록 파트너십 체계
- 괴롭힘 예방 메시지와 원칙들이 지역사회에서 잘 활용될 수 있도록 전달

표 7-11 OBPP의 주요 내용

- 괴롭힘에 대해 각성시키기
- 학교와 지역사회에서 어른이 적극적으로 관여하기
- 학교회의나 조사활동 혹은 질문지법을 통해 지역사회의 규칙을 가르치고 법적 제제 수단 마련하기
- 지도감독이 소홀하기 쉬운 구조화가 낮은 지역에 대해 어른의 지도감독 증가시키기
- 괴롭힘에 대한 제재조치를 분명히 하고 지속적으로 시행하기
- 괴롭힘에 관한 구체적인 학급 규칙을 정하고 시행하기
- 예방교육에 또래를 괴롭히지 않는 것에 대한 내용을 포함시키기
- 예방교육에 소외되고 괴롭힘 당하는 친구들을 돕는 내용을 포함시키기
- 예방교육에 괴롭힘을 신고하는 규칙과 방법에 대한 내용을 포함시키기
- 교사와 학생들 간의 정기적 학급회의를 통해 괴롭힘 문제를 토론하기

표 7-12 OBPP에서 다루는 세부내용

- 괴롭힘이란 무엇인가?
- 괴롭힘은 어떤 형태로 일어날 수 있는가?
- 괴롭힘 상황에서 학생들이 각기 어떤 역할들을 할 수 있는가?
- 괴롭힘을 당하는 학생들은 어떤 피해를 경험하게 되는가?
- 방관자에게는 어떤 피해가 생기는가?
- 가해학생에 대해서도 우려해야 하는 이유는 무엇인가?
- 괴롭힘에 대해 학교의 규칙들은 무엇인가?
- 자신에게 괴롭힘이 일어난다면 무엇을 해야 하는가?
- 괴롭힘이 일어나는 것을 보았을 때 무엇을 해야 하는가?
- 피해를 당하는 학생을 어떻게 도울 수 있는가?
- 활동에서 자주 소외되는 학생들을 끼워주는 좋은 방법은 무엇인가?
- 괴롭힘을 종용하는 또래압력을 거부할 수 있는 방법은 무엇인가?

OBPP의 구성요소와 주요 내용을 살펴볼 때, 괴롭힘과 같은 학교폭력문제는 개인, 학교, 가정, 지역사회의 긴밀한 연계 속에서 공통된 관심을 갖고, 명확한 규칙을 마련하여 문제를 해결하고자 하는 의식 속에서 체계적이고 지속적인 접근을 해야 긍정적인 결과를 얻을 수 있음을 알 수 있다.

2. 학교폭력 가해학생을 위한 프로그램

학교 안이나 학교 밖에서 학생이 개인적으로나 집단적으로 경험하게 된 신체폭행, 언어폭행, 금품갈취, 위협 및 협박, 괴롭힘, 따돌림, 사이버폭력 등과 같은 유형 · 무형의 폭력행위를 당했거나 행했을 경우, 재발을 방지하기 위해 즉각적으로 피해학생 및 가해학생을 교육해야 한다. 가해학생 훈련에는 폭력에 대한 도덕적 반성을 비롯하여 피해학생의 심정에 공감할 수 있도록 하고, 다른 방식으로 행동할 수 있도록 교육해야 할 것이다.

그런데 학교폭력 가해학생을 위한 프로그램을 적용하기 전에 교사나 학부모는 학교폭력에 대한 시각의 전환이 필요하다. 먼저, 가해와 피해라는 이분법적 사고에서의 방향 전환이 필요하다. 둘째, 징벌 위주에서 치료적 · 예방적 차원으로의 전환이 있어야 한다. 셋째, 학교폭력 발생 시 조치사항에 대한 이해가 필요하다. 학교폭력 가해학생의 경우에는 가해행동을 한 이유를 알아보고, 가해학생의 심리적 특성을 알아보아야 한다. 또한 가해학생 역시 약자라고 이해하고, 폭력행동의 악순환 고리를 차단한다. 마지막으로 폭력 행동에 따르는 법적 · 사회적 책임감을 알려두며, 교육 및 상담을 통한 지도가 이루어져야 한다.

학교폭력 가해학생을 위한 프로그램에는 어떤 것들이 있는지 살펴보기에 앞서 전국학교상담지원센터(2007)에서 개발한 '초 · 중 · 고등학교 학교폭력상담 매뉴얼 개발'에서 설명한 가해학생과 피해학생을 위한 치유 프로그램에는 어떠한 절차와 내용으로 개발되어야 하는지 살펴보고자 한다.

표 7-13 학교폭력 피해학생 · 가해학생 대상 공통 프로그램

프로그램 주제	프로그램 목표
나는 누구인가 (자기이해)	• 자신이 생각하고 느끼는 내적인 면과 외적인 자기의 행동을 일체화시켜간다. • 외부에 관심이 집중되어 자신의 주체를 잃고 살아가는 삶을 자기 본연의 삶으로 되돌리는 연습을 한다.
폭력에 대해 알아봅시다 (폭력에 대한 인식)	• 폭력의 개념을 이해한다. • 신체적 폭력과 언어적 폭력, 따돌림을 이해한다.
Feedback 주고받기 (마무리하기)	• 새로운 나의 각오를 다짐한다. • 상호간에 감사와 애정을 표시함으로써 친근한 인간관계를 체험한다.

표 7-14 학교폭력 피해 · 가해학생의 치유를 위한 프로그램 구안 절차

단계	내용
1단계	학교폭력 피해학생과 가해학생을 위한 치유상담 프로그램 관련 자료수집
2단계	학교폭력 피해학생과 가해학생을 위한 치유상담 프로그램 구성
3단계	학교폭력 피해 · 가해학생을 위한 치유상담 프로그램 자료 개발 계획 수립
4단계	학교폭력 피해학생과 가해학생을 위한 치유상담 프로그램 자료 제작
5단계	학교폭력 피해학생과 가해학생을 위한 치유상담 프로그램 완성
6단계	학교폭력 피해학생과 가해학생을 위한 치유상담 프로그램 적용
7단계	학교폭력 피해학생과 가해학생을 위한 치유상담 프로그램 평가 및 수정
8단계	학교폭력 피해학생과 가해학생을 위한 치유상담 프로그램 매뉴얼 제작

한편, 학교폭력 가해학생을 위한 프로그램은 사회적 관계에 대한 욕구를 인식하도록 돕고 이를 충족시켜줄 수 있어야 한다. 이를 통해 학교생활 중 진정한 소속감을 가질 수 있으며, 자신의 외로움을 극복하고 자신감을 경험할 수 있게 된다. 또한 학교폭력 가해학생을 위한 프로그램에 참여한 학생은 타인에 대한 신체적 · 심리적 · 물리적 피해를 입힌 행동을 하였기 때문에 자신의 '폭력 행동'에 대한 행동수정과 재발방지가 중요한 내용으로 다루어져야 한다. 특히, 학교폭력 가해학생을 위한 프로그램을 지도할 때 가장 중요한 것이 신뢰관계를 형성하는 것으로, 가해학생들에게 필요한 것은 이들 행동에 대한 질책보다는 실수로 수용해주고 보완점을 교육하는 방향으로 진행되어야 한다. 이 절에서 소개한 학교폭력 가해학생을 위한 프로그램은 김혜원(2013)이 소개한 학교폭력 가해자에 대한 우선 개입 프로그램의 내용을 정리하였다.

1) 학교폭력 가해학생에 대한 우선 개입 프로그램

본 프로그램은 초 · 중 · 고등학교 학교폭력 가해청소년을 대상으로 10명 이내의 집단원이 총 6회기(회기당 60~90분) 동안 진행할 수 있도록 제작되었다. 본 프로그램의 목적은 학교폭력 가해청소년들이 자신의 행동을 객관화하고 가해현상과 관련된 자신의 감정을 표출하도록 하는 동시에 가해청소년들이 피해자의 입장에서 그들의 감정을 느껴보는 기회를 갖고 자신의 공격적 행동에 대한 대안행동을 학습함으로써 이후 가해 행동을 줄일 수 있도록 돕고자 하였다.

표 7-15 학교폭력 가해학생에 대한 우선 개입 프로그램

단계	내용	권장시간
1회기	• 오리엔테이션 : 인사하기, 프로그램의 개요 소개 • 구성원 소개 : 구성원 릴레이 소개, 내 짝 소개, 자기소개 중 선택	60분
2회기	• 가해 사실 객관화하기 : 가해경험 체크리스트 작성하기, 경험 나누기 • 정서적 위험성 파악하기 : 공격성, 폭력에 대한 인식하기	90분
3회기	• 감정표출하기 : 빈 의자 기법, 재판관게임, 화난 상황 · 사람 드러내기 • 이완하기 : 근육이완, 명상, 복식호흡	90분
4회기	• 피해학생의 감정 느껴보기 : 학교폭력 영상시청, 현재화 게임, 피해학생의 일기 쓰기	90분
5회기	• 대안행동 찾고 익히기 : 분노조절하기 1, 2/상황에 따른 대안행동 찾기	90분
6회기	• 종결/마무리 : 변화 확인하기	60분

2) 반공격성 훈련 프로그램

본 프로그램은 이유미(2006)가 개발한 것으로, 초등학생 및 중 · 고등학생에게 적용 가능한 총 10회기(총 20시간)로 진행되며, 언어적 및 비언어적 공격성, 표현적 비표현적 공격성, 자신 및 타인 또는 사물에 대한 목적적인 공격성을 다룬다. 본 프로그램은 공격성향이나 갈등으로 야기되는 상황을 인식하고, 개인적이거나 일상생활에서 외부로 표출되는 공격성을 재시각화한다. 또한 언

어적 의사표현을 통한 갈등 해결문화를 개발하고 기술을 연습하도록 하며, 문제행동의 감소를 통한 심리적 · 정서적 안정을 도모하려는 목적으로 개발되었다.

표 7-16 반공격성 훈련 프로그램

단계	회기	목적	내용
도입	1회기	• 참가자 관계형성/인지력 트레이닝	파트너 인터뷰, 나의 커다란 세계
전개	2회기	• 비폭력 신체접촉/자기 자신과의 대결	의자로 향하여/우리 서로를 알아볼까?
	3회기	• 참가자들의 신뢰감 형성/인식의 재구성	믿자 트레이닝/폭력 이미지 분석
	4~5회기	• 오감을 통한 공격성 표현/자기문제 직면/공간적 제약 느끼기	시청각자료/점토표현/뜨거운 자리
	6~7회기	• 갈등 해결기술 강화	나 나갈래/역할극
	8회기	• 학교폭력 피해 · 가해학생 체험	종이동상 만들기/화난 공놀이
정리	9~10회기	• 분노 증오감 해소	분노의 쪽지 태우기/마음의 선물하기

본 프로그램은 목적을 도달하기 위해 다음과 같은 구성요소로 이루어진다.

① 욕구불만적 공격성 이론에 근거하여 신체언어 및 감정지각력을 탐색하고 자신의 욕구를 충족시킬 수 있는 방법을 발견하고 경험함과 동시에 분노를 표현할 수 있는 방법을 알아본다.

② 인지-정서 상호작용이 적절하면 자신이 처한 환경을 이해할 수 있으며, 자신과 타인의 만남을 통해 다양한 감정을 적절한 신체적 언어 또는 감정표현을 할 수 있게 된다.

③ 폭력이미지 분석을 통해 폭력에 대한 이미지를 재구성하여 타인의 시각을 알게 하며, 일상생활 속에서 폭력과 잔인함, 분노를 촉발하는 매스미디어를 인식하고, 자신의 일상생활 가까이 폭력이 존재한다는 점을 인식한다.

3. 학교폭력 피해학생을 위한 프로그램

학교폭력 피해학생의 경우 교사나 학부모는 우선 마음을 안정시킨 후, 신체적 · 정신적 상태를 점검하고, 필요 시 전문의와 상담해야 한다. 피해학생의 부모는 자녀가 폭력의 희생자로 생각하면 참을 수 없는 분노가 일어나는데, 내 자녀도 가해자가 될 수 있음을 생각하며 진정하고, 자녀와 충분히 대화한 후 원하는 사항을 가해학생과 학교 측에 정확히 전달하는 것이 필요하다. 마지막으로 가정, 학교, 정부, 사회적 차원에서의 종합적이고 체계적인 협력체계 구축이 필요하다. 이를 위해 일반적으로 학교폭력 피해학생을 위해서는 자기주장 훈련 및 소속감 훈련을 통해 적절한 자기방어를 할 수 있도록 조력해야 할 것이다. 그리고 앞으로 소개하는 학교폭력 피해학생을 위한 체계적인 교육 및 상담프로그램을 통해 하루 빨리 고통을 치유하여 정상적인 학교생활을 유지할 수 있도록 도와야 한다.

1) '친구야 놀자' 프로그램

본 프로그램은 청예단에서 학교폭력 피해학생 치료 및 대인관계 증진을 위해 개발한 프로그램으로 초등학교 5, 6학년과 중학교 1, 2학년을 대상으로 2박 3일간 캠프형식과 매월 1회씩 5회의 사후 집단상담으로 실시할 수 있도록 제작되었다. 참여자는 2박 3일의 캠프 형식의 경우, 학교폭력으로 인해 친구사귀기를 어려워하는 초등학교 5학년에서 중학교 3학년까지 총 30~40명(1모둠당 학생 수 5~7명, 학년별로 모둠 구성)이 적절하고, 월 1회씩 5회의 사후 집단상담의 경우, 캠프에 참여한 학생 중 참여희망 학생 15~20명이 적절하다. 본 프로그램은 인지, 정서, 행동적 접근을 위해 치료 프로그램 체험을 통한 신체활동, 영화치료, 심리극, 집단상담, 영상 제작 활동 등 상담 프로그램과 체험 활동을 접목하여 인지, 정서, 행동의 변화를 목표로 한다. 특히 심리극과 집단상담을 통해 나의 친구관계 패턴과 갈등의 원인을 이해하고 새로운 대안 방법을 모색할 수 있다. 또한 학교폭력이라는 무겁고 개방하기 어려운 주제를 청소년들에게 익숙한 '미디어'라는 매체를 활용하여 '심리극'을 통해 표현할 수 있도록 함으로써 다음을 목적으로 한다.

① 학교폭력 피해학생들이 자신의 경험을 개방하도록 한다.
② 학교폭력 피해상황과 그 상황에서의 자신의 사고, 행동양식을 재연하면서 느꼈던 감정을 표현하도록 한다.
③ 학교폭력 피해 원인을 이해한다.
④ 새로운 해결 방안을 적극적으로 모색하고, 구체적인 행동을 습득한다.
⑤ 프로그램 중 친구 사귀는 경험을 통해 대인관계 능력을 증진시킨다.

표 7-17 2박 3일 캠프 프로그램 일정표

요일	시간	프로그램(소요시간)	활동 구분 및 내용
첫째 날 22일 (월)	11:00~11:30	개회식 및 오리엔테이션(30분)	체험교사 발표 및 모둠이름과 구호 만들기
	11:30~13:00	체험을 통한 관계형성 프로그램 I (90분)	오리엔티어링(실외활동) / 시상식
	13:00~14:00	점심식사-모둠별/선택 게임	
	14:00~15:30	놀이를 통한 자기소개 / 마니또 정하기(90분)	모둠별 집단상담
	15:30~17:30	콜라주로 만들어보는 나의 친구들(120분)	모둠별 집단상담
	17:30~18:30	체험을 통한 관계형성 프로그램 II (60분)	게임(실내 활동) / 시상식
	18:30~19:30	저녁식사-모둠별	
	19:30~22:00	소등	세면 및 취침 준비
	22:00~22:30	교사회의	
둘째 날 23일 (화)	8:00~8:30	기상 및 아침체조	
	8:30~9:30	아침식사 및 세면	
	9:30~12:00	나의 학교폭력 피해 경험에 대한 집단상담 및 촬영 콘티 작성(150분)	모둠별 집단상담 / 기획회의 / 시나리오 콘티 짜기
	12:00~13:00	점심식사 / 선택 게임	

요일	시간	프로그램(소요시간)	활동 구분 및 내용
	13:00~15:00	영상 작품 만들기 Ⅰ(120분)	촬영
	15:00~16:00	체험을 통한 관계형성 프로그램 Ⅲ(60분)	게임 / 간식
	16:00~18:00	영상 작품 만들기 Ⅱ(120분)	촬영
	18:00~19:00	저녁식사/선택 게임	
	19:00~20:00	촬영경험 및 쪽지 나누기(60분)	모둠별 집단상담
	20:00~21:00	가편집 활동(60분)	모둠별 편집활동
	21:00~22:00	체험을 통한 관계형성 프로그램 Ⅳ(60분)	전체 활동
	22:00~23:00	체험을 통한 관계형성 프로그램 Ⅳ(60분)	모둠별 불꽃놀이 / 간식
	23:00~23:30	소등	세면 및 취침준비
	23:30~	교사회의	
셋째 날 26일 (수)	8:00~8:30	기상 및 아침체조	
	8:30~9:30	아침식사 및 세면	
	9:30~10:30	영상 피드백 활동(60분)	모둠별 집단상담
	10:30~12:00	마니또 발표 및 롤링페이퍼 활동(90분)	모둠별 집단상담
	12:00~13:00	점심식사 / 선택 게임	
	13:00~14:30	이동(90분)	서울시립청소년정보문화센터로 이동
	14:30~15:30	발표회 및 수료식(60분)	관장님 말씀 / 발표회 및 수료식(전체 활동)
	15:30~16:00	학생 : 사후 질문지 작성 학부모 : 면담(30분)	상담교사 및 학부모님 면담 / 사후질문지

표 7-18 월 1회 사후 집단상담 프로그램 일정표

	사후 집단 1	사후 집단 2	사후 집단 3	사후 집단 4	사후 집단 5
프로그램 내용	관계형성 집단상담 (별명 부르기) 역할극을 통한 상황 대처연습 부모면담	관계형성 집단상담 (놀림) 역할극을 통한 상황 대처연습 부모면담	관계형성 집단상담 (따돌림) 역할극을 통한 상황 대처연습 부모면담	관계형성 집단상담 (악의적 소문) 역할극을 통한 상황 대처연습 부모면담	관계형성 집단상담 (심리극) 부모면담

본 프로그램은 2박 3일의 캠프를 통해 집중적인 상담 개입이 가능하며, 한 달에 1회씩 총 5회의 후속 상담을 통해 구체적인 대인관계기술과 사회기술을 반복적으로 학습하여 적극적인 개입이 가능하다. 또한 실제 학교생활에서 겪는 친구관계 문제를 다룰 수 있는 기회가 주어지며, 캠프에 참석한 학생들 간에 실제 친구를 만나 사귀는 경험을 할 수 있다. 무엇보다 상담자의 적극적인 지지는 자아존중감을 높여주며, 친구들과 함께 영화를 제작하는 과정을 통해 즐거움과 성취감을 동시에 경험할 수 있게 한다.

2) 학교폭력 피해학생 치유 프로그램

본 프로그램은 교육과학기술부(2008)에서 개발한 것으로 초등학생 및 중학생의 학교폭력 피해학생을 대상으로 진행할 수 있다. 기본 프로그램은 6회기, 심화 프로그램은 8회기로 회기당 최소 90분의 시간이 소요되며, 'Debriefing Model'과 복합외상증후군을 다루며, 심리적 치유를 위한 통합 모형으로 구성되어 있다. 집단개입방식을 활용하지만, 개별적 도움이 필요한 학생들의 독특한 특성을 고려하여 교사가 지도할 수 있는 구체적인 방법들을 제시한다. 특히 상담에 대한 전문적인 능력이 부족한 일반 교사들도 프로그램을 운영할 수 있도록 집단 내 역동을 최소화시킨 활동 중심 방식을 채택하고 있다.

표 7-19 학교폭력 피해학생 치유 프로그램

구분	목적	세부목표	세부 회기 내용
기본 프로그램	학교폭력 피해 후유증 치유	• 정서각성 및 조절 기능 회복 • 세상에 대한 신뢰감 회복 • 긍정적 자아상 회복 • 사회적 효능감 증진 • 정서적 안정 및 자신감 회복	1회기 : 자기소개 및 오리엔테이션 2회기 : 폭력경험의 재구성 3회기 : 감정 쏟아 붓기 4회기 : 어우러지기 5회기 : 나 세우기 6회기 : 마음 털기

구분	목적	세부목표	세부 회기 내용
심화 프로그램	사회적 역량 증진	• 스트레스 대처능력 증진	1회기 : 스트레스야! 넌 뭐니?
			2회기 : 스트레스 줄이기
			3회기 : 스트레스 문제해결하기
			4회기 : 외부 도움 받기
		• 대인관계 능력의 증진	1회기 : 두 개의 귀, 하나의 입
			2회기 : 미안하지만 곤란한데
			3회기 : 고래도 춤추게 하는 칭찬
			4회기 : 나의 갈등해결 방식은?

제8장
학교폭력대책자치위원회의 이해

과거에는 학교폭력사건이 발생한 경우 대부분 선도위원회 등을 통해 가해학생에 대한 선도 및 교육조치들을 취해왔으며, 중재위원회 등을 통해 학교폭력사건의 중재 역할을 담당해왔다. 하지만 선도위원회나 중재위원회 등과 같은 교내 기구들은 법에 근거를 둔 기구가 아니어서 그 구성 및 운영이 학교의 재량에 맡겨져 있었다. 법적 기구가 아닌 학교 재량에 맡겨진 기구에서 학교폭력사건을 처리하는 상황에서는 각종 분쟁이 끊이지 않았다(김종운, 2013). 결국 이를 해결하고자 학교폭력의 예방 및 대책에 관련된 사항을 심의하는 학교폭력대책자치위원회를 신설(「학교폭력예방 및 대책에 관한 법률」 제12조)하였다. 이 장에서는 학교폭력대책자치위원회의 기능과 구성, 조사 및 진행과정, 자치위원회에서 취해야 할 피해, 가해학생의 조치에 대해 구체적으로 알아보고자 한다.

1. 학교폭력대책자치위원회의 기능과 구성

「학교폭력예방 및 대책에 관한 법률」에 규정된 학교폭력이 발생한 경우 사안이 경미한 경우라도 원칙적으로 모든 학교폭력은 학교 내 전담기구에 신고하고 학교폭력대책자치위원회를 통해 해결해야 한다.

1) 학교폭력대책자치위원회의 기능

학교폭력대책자치위원회(이하 "자치위원회"라 한다)는 「학교폭력예방 및 대책에 관한 법률」 제12조, 제13조에 의거, 자치위원회를 설치하고 법에서 정한 자치위원회의 여러 원칙을 준수해야 한다. 자치위원회의 주된 기능은 학교폭력이 발생하지 않도록 사전에 예방하고 학교폭력이 발생한 경우 피해학생과 가해학생에 대한 신속한 조치를 취하며, 학교폭력의 예방 및 대책에 관련된 사항을 심의하는 것이다.

자치위원회에서 심의해야 하는 사항은 다음과 같다.

① 학교폭력의 예방 및 대책 수립을 위한 학교체제 구축
② 피해학생의 보호
③ 가해학생에 대한 선도 및 징계
④ 피해학생과 가해학생 간의 분쟁조정
⑤ 그 밖에 대통령으로 정하는 사항

그 밖에 자치위원회는 해당 지역에서 발생한 학교폭력에 대해 학교장 및 관할 경찰서장에게 관련 자료를 요청할 수 있다[신설 2012.3.21].

2) 자치위원회의 구성

자치위원회는 위원장 1인을 포함하여 5인 이상 10인 이하의 위원으로 구성하도록 되어 있다(「학교폭력예방 및 대책에 관한 법률」 제13조제1항).

(1) 자치위원회 위원 위촉

대통령령으로 정하는 바에 따라 전체 위원의 과반수를 학부모 전체회의에서

직접 선출된 학부모대표로 위촉해야 한다. 다만 학부모 전체회의에서 학부모대표를 선출하기 곤란한 사유가 있는 경우에는 학급별 대표로 구성된 학부모대표회의에서 선출된 학부모 대표로 위촉할 수 있다.

또한 자치위원회 구성에 있어 대통령령으로 정하는 사유가 있는 경우(제12조제1항)에는 교육장의 보고를 거쳐 둘 이상의 학교가 공동으로 자치위원회를 구성할 수 있다[개정 2012.1.26.]. 이때 대통령령으로 정하는 사유가 있는 경우란 학교폭력 피해학생과 가해학생이 각각 다른 학교에 재학 중인 경우를 말한다.

학교폭력대책자치위원 위촉장 양식은 <표 8-1>과 같다.

표 8-1 학교폭력대책자치위원 위촉장

위 촉 장
성명 :
주소 :
위촉기간 : 20 년 월 일 ~ 20 년 월 일
위 사람을 학교폭력예방 및 대책에 관한 법률 제13조에 의한 규정에 의하여 ○○학교의 학교폭력대책자치위원회 위원(또는 위원장)으로 위촉합니다.
년 월 일
○ ○ 학 교 장(직인)

※ 출처 : 「학교폭력예방 및 대책에 관한 법률」(제13조제1항)

(2) 자치위원회 위원

「학교폭력예방 및 대책에 관한 법률」 제13조제1항에 따른 자치위원회의 구성 · 운영에 의하면, 자치위원회의 위원은 다음에 해당하는 사람 중에서 해당 학교의 장이 임명하거나 위촉한다. 자치위원회 위원 자격은 <표 8-2>와 같다.

표 8-2 자치위원회 위원 자격

1. 해당 학교의 교감
2. 해당 학교의 교사 중 학생생활지도 경력이 있는 교사 : 생활지도부장, 학생부장, 윤리부장, 진로상담부장 등 학생생활지도 경력이 있는 자로서 5년 이상의 경력을 가진 교사
3. 해당 학교운영위원회의 학부모 대표 : 피해, 가해학생들 간에 중립적인 입장을 취할 수 있는 학교운영위원회 학부모 대표 2명 정도
4. 판사, 검사, 변호사 : 무료법률구조공단(132) 및 지역변호사와의 연계
5. 해당 학교를 관할하는 경찰서 소속 경찰공무원 : 해당지역 경찰청 여성 청소년 연계, 지구대, 배움터지킴이 연계
6. 의사 자격이 있는 사람 : 학부모 및 졸업자 중 의료전문가 초빙, 농촌의 경우 인근보건소 의사 위촉 추진
7. 그 밖에 학교폭력 예방 및 청소년보호에 대한 지식과 경험이 풍부한 사람 : 학교폭력 SOS지원단, 청소년상담센터, 진로상담센터, 청소년관련복지기관 등의 청소년전문 인력 등을 연계

*** 외부 인사 참여의 필요성**

1. 자치위원회나 분쟁 조정 시, 법률, 의료 전문가가 참여하면 해당자들의 결과 수용이 쉽다.
2. 외부인사가 관계하는 기관과의 유기적인 협력관계를 맺을 수 있다.
3. 자치위원회의 투명성을 제고할 수 있다.

위촉 시 학교폭력대책자치위원회 위원 위촉동의서를 받아두면 더욱 좋다. 위촉동의서에는 성명, 생년월일, 소속, 직급, 주소, 휴대전화, E-mail 등을 적으며, 위촉 기간 등을 적고, 구분 난에는 학부모위원, 외부 전문가위원, 교사위원 등으로 기재한다.

본문 내용에는 "상기 본인은 ○○학교의 학교폭력대책자치위원회 위원 위촉에 동의하며, 위원으로서의 위무를 성실히 수행하겠습니다."라고 한 후 연월일과 성명(사인)을 할 수 있도록 한다. 동의서를 제출함으로 더욱 사명감을 갖게 된다.

(3) 자치위원회 위원장

자치위원회 위원장은 위원 중에서 호선(互選)하며, 위원장이 부득이한 사유로 직무를 수행할 수 없을 때에는 위원장이 미리 지정하는 위원이 그 직무를 대행한다. 자치위원회 위원의 임기는 2년으로 한다. 다만, 자치위원회 위원의 사임 등으로 새로 위촉되는 위원의 임기는 전임위원 임기의 남은 기간으로 한다.

단, 학교장은 학교폭력 예방 및 청소년 보호에 관한 지식과 경험을 가지고 있을지라도 자치위원장이 될 수 없다. 「학교폭력예방 및 대책에 관한 법률」에서 학교장을 자치위원회에서 제외한 목적은 자치위원회와 학교의 장을 엄격하게 분리하기 위한 것이므로 학교의 장은 어떠한 경우에도 자치위원회 위원이나 위원장이 될 수 없고, 따라서 자치위원이 학교의 장을 수임인으로 하여 자치위원회에서 심의하거나 의결하도록 권한을 위임하는 것도 금지된다.

(4) 자치위원회의 구성원 역할

① 위원장

가. 필요하다고 판단될 때 교장에게 위원회 소집을 요청할 수 있다.

나. 회의를 주재한다.

다. 간사 1인을 지명할 수 있다.

② 위원

가. 회의 안건을 심의한다.

나. 분쟁조정에 참여한다.

③ 간사

교직원으로서 회의록 작성 및 자치위원회 사무를 처리한다.

2. 자치위원회의 운영

1) 자치위원회 회의

자치위원회는 분기별 1회 이상 회의를 개최하고 자치위원회의 위원장은 필요하다고 인정하는 다음의 경우에 회의를 소집해야 한다(「학교폭력예방 및 대책에 관한 법률」 제13조제2항).[신설 3013.3.21.] 자치위원회 회의 소집 요건은 <표 8-3>과 같다.

표 8-3 자치위원회 회의 소집 요건

1. 자치위원회 재적위원 4분의 1 이상이 요청하는 경우
2. 학교의 장이 요청하는 경우
3. 피해학생 또는 그 보호자가 요청하는 경우
4. 학교폭력이 발생한 사실을 신고 받거나 보고받은 경우
5. 가해학생이 협박 또는 보복한 사실을 신고 받거나 보고받은 경우
6. 그 밖에 위원장이 필요하다고 인정하는 경우

※ 참고 : 「학교폭력예방 및 대책에 관한 법률」(제13조제2항)

자치위원회의 회의는 재적위원 과반수의 출석으로 개의하고, 출석위원 과반수의 찬성으로 의결한다. 자치위원회 위원장은 해당 학교의 교직원 중에서 자치위원원회의 사무를 처리할 간사 1명을 지명한다.

자치위원회의 회의에 출석한 위원에게는 예산의 범위에서 수당과 여비를 지급할 수 있다. 다만 공무원인 위원이 그 소관 업무와 직접적으로 관련하여 회의에 출석한 경우에는 그러하지 아니하다.

또한 자치위원회 위원장은 회의 일시를 정할 때 일과 후, 주말 등 위원들이 참석하기 편리한 시간으로 정해야 한다.

자치위원회는 회의의 일시, 장소, 출석위원, 토의내용 및 의결사항 등이 기록된 회의록을 작성 · 보존해야 한다(보존기간 10년). 자치위원회 회의록 양식은 <표 8-4>와 같다.

표 8-4 학교폭력자치위원회 회의록

제회 ○○학교 학교폭력대책자치위원회 회의록
1. 일 자 : 년 월 일 요일 시 분 2. 장 소: 3. 위원정수 : 명 4. 참석위원 : 명 5. 불참위원 : 명
* 회순 1. 개회 2. 국민의례 3. 위원장 말씀 4. 안건발의 5. 안건심의 6. 기타협의 7. 폐회
* 의사일정 1. 2.
* 회의 내용(발언 순서에 따라 기재) 1. 2.
* 확 인 위원장 : ○ ○ ○ (인) 위원 : ○ ○ ○ (인) 위원 : ○ ○ ○ (인) 위원 : ○ ○ ○ (인) 위원 : ○ ○ ○ (인)

2) 위원의 자격 상실 및 사임과 결원

자치위원회 위원은 개인적인 사정으로 위원직을 계속 수행하기 어려운 경우 본인의 의사에 따라 자유롭게 사임할 수 있다. 사임의 의사를 위원장에게 서면 또는 구두로 표명함으로써 곧바로 위원직에서 탈퇴할 수 있다.

또한 자치위원으로 위촉된 후 <표 8-5>와 같은 사유가 발생한 경우에는 해당 위원의 위원자격이 상실된다. 위원의 자격 상실의 경우 추가로 위원을 위촉하는 등의 조치가 필요하다.

표 8-5 위원 자격 상실 사유

1. 교사인 위원이 전근, 퇴직 등으로 인하여 당해 학교에 소속하지 않게 된 경우
2. 경찰공무원인 위원이 전근, 퇴직 등으로 인하여 당해 학교를 관할하는 경찰서에 소속하지 않게 된 경우
3. 학부모 위원이 자녀의 졸업 및 전학, 퇴학 등을 이유로 운영위원 자격을 상실하는 경우
4. 각 학교의 자치위원회 규정에 명시된 위원자격 상실 요건에 해당하는 경우의 사유가 발생한 경우

3) 자치위원의 결원 충원

자치위원의 자격 상실 혹은 사임으로 인해 자치위원회에 결원이 생긴 경우 위원장은 자치위원회 운영에 지장이 없도록 신속하게 새로운 보궐위원을 위촉해야 한다. 다만 결원이 생겼더라도 「학교폭력예방 및 대책에 관한 법률」과 그에 따른 해당 학교의 자치위원회 규정이 정해놓은 최소 위원 수에 미달하지 아니하고 위원의 임기가 얼마 남지 않은 시점이라면 굳이 보궐위원을 위촉하지 않아도 무방하다.

3. 자치위원회의 조사 및 진행과정

1) 자치위원회의 조사

학교폭력 사안처리는 사안의 피해자 또는 목격자 등이 그 사실을 학교나 경찰 등 관계 기관에 신고함으로써 시작된다. 자치위원회의 조사 시 구성원은 각자의 역할을 성실히 수행해야 한다.

학교장의 역할은 학교폭력 사안 조사 내용을 수시로 보고받고 확인하여 사

안을 이해하고, 학생, 교원 등의 적극적인 협조를 유도하여 원활하게 조사가 이루어질 수 있도록 하며, 위원장은 학교폭력 책임교사와 함께 진행과정 및 문제점을 점검하여 방향을 제시하고, 담임교사는 사건 초기에 조사를 실시한다. 원칙적으로 학교폭력에 대한 조사 및 조치는 자치위원회의 권한이므로 담임교사의 역할은 제한적이다. 그럼에도 피해학생이나 가해학생을 잘 아는 담임교사가 1차적으로 개입하는 것은 학교폭력 사안의 악화를 막는 지름길이다. 또한 전담기구 소속 교사인 책임교사는 피해 · 가해학생의 담임교사 및 전문상담교사 등의 협조를 얻어 사안의 진상을 조사하고 증인 및 물증을 확보하여 조사된 내용을 자치위원회에 보고한다. 상담교사는 책임교사의 요청이 있을 시 심리검사 및 상담을 실시하여 학생에 대한 소견을 밝힌다.

(1) 학교폭력의 신고

「학교폭력예방 및 대책에 관한 법률」 제20조1항, 제3항은 학교폭력과 그 예비 음모에 대해서도 신고하도록 규정하고 있다. 즉, 제1항에는 "학교폭력 현장을 보거나 그 사실을 알게 된 사람은 학교 등 관계기관에 이를 즉시 신고하여야 한다." 그리고 제3항에는 "누구라도 학교폭력의 예비, 음모 등을 알게 된 자는 이를 학교장 또는 자치위원회에 고발할 수 있다. 다만, 교원이 이를 알게 되었을 경우에는 학교장에게 보고하여야 한다."고 규정되어 있다. 이러한 학교폭력 신고 의무 위반에 대해 처벌규정은 없으므로 일반인이 신고를 하지 않았더라도 처벌을 받지는 않는다. 그러나 교원의 경우에는 다른 법률에 의해 처벌이나 징계를 받을 수 있다.

(2) 자치위원회 사건조사

학교폭력사건의 처리과정에 있어서 초기단계에서 중요한 것은 사건의 진실을 밝히는 일이다. 학교폭력사건의 정확한 진실이 밝혀져야만 피해 · 가해학생에 대한 적절한 조치나 공정한 중재를 할 수 있다.

학교폭력 사안에 대한 조사책임은 원칙적으로 자치위원회에 있지만, 직접적인 조사는 자치위원회의 지시를 받아 학교폭력전담기구의 학교폭력 책임교사가 담당한다. 학교폭력 책임교사는 피해 · 가해학생의 담임교사 및 전문상담교사 등의 협조를 얻어 사건의 진상을 조사하고, 증인 및 물증을 확보하며, 조사된 내용에 대한 보고서를 작성하여 자치위원회에 보고하고 필요한 지시를 받는다. 학교폭력 책임교사가 학교폭력사건에 대해 조사한 후 보고할 학교폭력 사안 조사보고서의 양식은 <표 8-6>과 같다.

표 8-6 학교폭력 사안 조사보고서(양식)

<table>
<tr><th colspan="5">학교폭력 사안 조사보고서</th></tr>
<tr><td>사건발생 일시</td><td colspan="4"></td></tr>
<tr><td>학교폭력의 유형</td><td colspan="4"></td></tr>
<tr><td rowspan="4">1. 가해학생 신상</td><td>성 명</td><td></td><td>생년월일</td><td></td></tr>
<tr><td>가 족
사 항</td><td colspan="3"></td></tr>
<tr><td>학년/반</td><td></td><td>연락처</td><td></td></tr>
<tr><td>주소</td><td colspan="3"></td></tr>
<tr><td rowspan="4">2. 피해학생 신상</td><td>성 명</td><td></td><td>생년월일</td><td></td></tr>
<tr><td>가 족
사 항</td><td colspan="3"></td></tr>
<tr><td>학년/반</td><td></td><td>연락처</td><td></td></tr>
<tr><td>주소</td><td colspan="3"></td></tr>
<tr><td>3. 피해학생 주장</td><td colspan="4">1. 사건의 발단
2. 사고 과정
3. 사고 결과
4. 요구 사항</td></tr>
<tr><td colspan="2">4. 가해학생 주장</td><td colspan="3"></td></tr>
<tr><td colspan="2">5. 피해학생 보호자의 주장</td><td colspan="3"></td></tr>
<tr><td colspan="2">6. 가해학생 보호자의 주장</td><td colspan="3"></td></tr>
<tr><td colspan="2">7. 참고인(목격자)의 의견</td><td colspan="3"></td></tr>
<tr><td colspan="2">8. 책임교사 의견</td><td colspan="3"></td></tr>
<tr><td colspan="2">9. 전문상담교사 의견</td><td colspan="3"></td></tr>
<tr><td colspan="2">10. 특기사항</td><td colspan="3"></td></tr>
<tr><td colspan="2">11. 문제점 진단</td><td colspan="3"></td></tr>
</table>

2) 자치위원회의 진행과정

자치위원회는 위원회를 개최하여 피해 · 가해학생 및 보호자에게 의견 진술의 기회를 부여하고, 조치 의결 후 학교장에게 피해 · 가해학생 조치를 요청한다. 학교폭력사건의 처리절차를 단계별로 설명하면 다음과 같다(교육과학기술부, 2012).

(1) 학교폭력사건 발생단계

사건현장 목격, 117신고센터 통보, 신고 등을 통해 사건발생을 인지한 교사, 학생, 학부모 등은 학교폭력전담기구(책임교사 등)에 신고한다.

근거규정은 「학교폭력예방 및 대책에 관한 법률」(이하 "학폭법"이라 한다) 제20조제1항에 의한다.

(2) 신고 접수 및 보고단계

학교폭력전담기구는 신고 된 사안을 신고대장에 반드시 기록하고, 학교장, 담임교사에게 보고한 후 피해 · 가해학생 학부모에게 통지한다. 또한 사안이 중대한 경우, 학교장 및 자치위원장에게 즉시 보고한다(「학폭법」 제20조제2항, 제3항).

(3) 학교폭력 피해 · 가해학생 조치단계

① 피해학생과 가해학생 즉시 격리

② 신고, 고발한 학생도 피해학생의 수준에서 가해학생으로부터 보복행위를 당하지 않도록 조치한다.

- 학교폭력 피해학생

  「아동, 청소년의 성보호에 관한 법률」에 따라 성폭행에 대해서는 반드시 수사기관에 신고하고, 성폭력 전문상담기관 및 병원을 정하여 정신적 · 신체적 피해를 치유하기 위한 조치를 실시한다.

- 학교폭력 가해학생

  2인 이상의 학생이 고의적 · 지속적으로 폭력을 행사하는 등에 해당하는 사안의 경우 학교장은 가해학생에 대해 출석정지하고, 가해학생의 선도가 긴급한 경우, 가해학생에 대한 조치를 취한 후 자치위원회에 즉시 보고하여 추인한다(「학폭법」 제17조, 제14조제7항 / 「학폭법 시행령」 제21조).

(4) 사안조사 착수단계

자치위원회가 소집되면 우선적으로 당해 사항에 관한 조사에 착수해야 한다. 학교폭력사건의 정확한 진실이 밝혀져야만 피해 · 가해학생에 대한 적절한 조치나 공정한 중재를 할 수 있다.

책임교사는 사건조사 결과를 보고한다. 피해자 측도 사건을 진술하고 피해자 측의 입장에서 요구사항을 말하도록 한다. 위원회에서 궁금한 사항을 피해자 측에 질문한다. 피해자 측에서 답변하고 퇴장한다. 가해자 측도 사건을 진술하고 가해자 측의 입장을 말하도록 한다. 위원회에서 가해자 측에 질문한다. 가해자 측도 답변하고 퇴장한다.

(5) 학부모 면담 단계

피해학생 학부모를 면담할 때는 확인된 사실을 부모가 정확하게 알고 있는지 혹은 오해가 있는지 등에 대해 파악한다. 조사한 사실에 대한 추가 의견이나 자료 여부에 대해 확인하고 학부모의 학교에 대한 요구사항이 있는지 질문한다. 피해학생 측이 가해학생 측을 직접 만났을 경우에는 흥분한 상태에서 갈등이 심화되거나 다른 문제가 생길 수 있으므로 주의한다. 또한 조사결과에 대해 부모에게 정확하게 알리고, 향후 처리절차 등에 대해 통보한다.

(6) 자치위원회의 심의단계

자치위원회의 조사가 종료되면 지금까지의 조사 결과를 토대로 피해학생 및 가해학생에 대한 조치를 심의. 의결하여 학교의 장이 이것을 이행하도록 요청한다. 또한 학교폭력사건과 관련하여 분쟁의 당사자가 조정을 신청한 경우에는 분쟁조정을 위한 심의도 진행한다. 경우에 따라 피해 · 가해학생에 대한 조치의 심의와 분쟁조정 관련 심의가 동일한 기회에 진행될 수도 있다. 다만 이 경우에 피해학생에 대한 조치, 가해학생에 대한 조치, 분쟁조정 관련 심의는 각각 별도의 안건으로 다루어져야 한다.

학교폭력 사안의 심의, 의결은 위원장이 단독으로 결정하는 것이 아니라 출석한 자치위원들이 한다. 그러므로 위원장이 아닌 출석위원 과반수가 실제로 출석한 후 심의하는 것이 법의 취지와 법 적용의 객관성을 확보할 수 있다. 외부위원에 대한 위임장의 인정 부분은 자치위원회 개의의 융통성을 부여한 것이지 위임장이 학교폭력 사안의 심의, 의결 권한까지 인정한 것은 아니라고 볼 수 있다.

(7) 처리방향 결정단계

전담기구의 심의결과를 바탕으로 자치위원회 개최를 요구한다(「학폭법」 제13조 /「학폭법 시행령」 제17조).

(8) 자치위원회 개최 및 조치단계

가해학생 및 보호자에게 의견진술의 기회를 부여하는 등 적절한 절차를 거쳐야 하며, 자치위원회를 개최하여 피해 · 가해학생에 대한 조치를 결정한다(「학폭법」 제16조, 제17조).

(9) 결정통보 및 재심 안내단계

자치위원회의 결정을 가해자와 피해자 및 그 보호자에게 통보하며 통보시 재심을 받을 수 있는 방법을 동시에 안내한다(「학폭법」 제16조, 제17조, 제17조의 2항).

(10) 실행 및 사후 관리단계

학교장은 자치위원회의 조치 요청이 있는 경우 14일 이내에 해당 조치를 해야 한다. 가해학생과 그 보호자가 조치를 거부하거나 회피하는 경우 관련 법령에 따라 징계 또는 재조치를 실시한다.

또한 교육감에게 조치 및 그 결과를 보고하고 ① 피해학생이 안정적인 학교생활을 할 수 있을 때까지 심리치료, 재활치료, 생활지도 등을 실시하고, ②

피해학생 소속 학급에 필요 시 학생 전체를 대상으로 학교폭력 예방교육을 실시한다(「학폭법」 제17조, 제19조).

4. 자치위원회의 피해 · 가해학생의 조치

1) 피해학생에 대한 조치

자치위원회는 피해학생의 보호를 위해 필요하다고 인정하는 때에는 피해학생에 대해 다음 각 호의 어느 하나에 해당하는 조치를 할 것을 학교의 장에게 요청할 수 있다. 다만, 학교의 장은 피해학생의 보호를 위해 긴급하다고 인정하거나 피해학생이 긴급보호의 요청을 하는 경우에는 자치위원회의 요청 전에 제1호, 제2호 및 제6호의 조치를 할 수 있다. 이 경우 자치위원회에 즉시 보고하여야 한다(「학폭법」 제16조제1항)[개정 2012.3.21.].

참고로 「학폭법」 제16조제1항에 대한 각 호를 열거하면 다음과 같다.

제1호 심리상담 및 조언
제2호 일시 보호
제3호 치료 및 치료를 위한 요양
제4호 학급 교체
제5호 삭제
제6호 그 밖에 피해학생의 보호를 위하여 필요한 조치

(1) 자치위원회는 제1항에 따른 조치를 요청하기 전에 피해학생 및 그 보호자에게 의견진술의 기회를 부여하는 등 적정한 절차를 거쳐야 한다. 제1항에 따른 요청이 있는 때에는 학교의 장은 피해학생의 보호자의 동의를 받아 7일 이내에 해당 조치를 하여야 하고 이를 자치위원회에 보고하여야 한다.

(2) 심리상담 및 일시보호가 필요한 학생에 대하여 학교의 장이 인정하는 경우 그 조치에 필요한 결석을 출석일수에 산입할 수 있고, 성적 등을 평가함에 있어서 학생에게 불이익을 주지 아니하도록 노력하여야 한다. [개정 2012.3.21.]

(3) 피해학생이 전문단체나 전문가로부터 상담이나 치료를 받는 비용은 가해학생의 보호자가 부담하여야 한다. 다만, 피해학생의 신속한 치료를 위하여 학교의 장 또는 피해학생의 보호자가 원하는 경우에는 「학교안전사고 예방 및 보상에 관한 법률」 제15조에 따른 학교안전공제회 또는 시 · 도 교육청이 부담하고 이에 대한 구상권을 행사할 수 있다.[개정 2012.3.21.]

(4) 학교의 장 또는 피해학생의 보호자는 필요한 경우 「학교안전사고 예방 및 보상에 관한 법률」 제34조의 공제급여를 학교안전공제회에 직접 청구할 수 있다.[개정 2012.3.21.]

(5) 피해학생 및 보호자의 재심청구
자치위원회 또는 학교의 장이 제16조제1항에 따라 내린 조치에 대하여 이의가 있는 피해학생 또는 그 보호자는 그 조치를 받은 날부터 15일 이내, 그 조치가 있음을 안 날부터 10일 이내에 지역위원회에 재심을 청구할 수 있으며, 제17조제1항에 따라 내린 조치 "성적평가 및 학습권 보장"에 대하여 이의가 있는 경우에는 제18조제3항에 따른 시 · 도 학생징계조정위원회에 재심을 청구할 수 있다.[개정 2012.3.21.]

피해학생에 대한 조치절차는 다음 <표 8-7>과 같다.

표 8-7 피해학생에 대한 조치절차

피해학생에 대한 조치절차	
1. 자치위원회의 조사 및 심의	• 피해학생 및 보호자에게 의견 진술의 기회 부여 • 의견을 경청, 최대한 반영하도록 노력
2. 결과 통보	• 심리상담 및 조언 • 일시보호 • 치료 및 치료를 위한 요양 • 학교(학급) 교체 • 그 밖에 피해학생의 보호를 위하여 필요한 조치
3. 학교장의 조치	• 피해학생의 보호자 동의 필요 • 7일 이내 이행 • 조치사항을 자치위원회에 보고
4. 피해학생 및 보호자의 이행	보호조치 및 선도 조치에 이의가 있을 경우 재심 청구

2) 가해학생에 대한 조치

자치위원회는 피해학생의 보호와 가해학생의 선도·교육을 위해 필요하다고 인정하는 때에는 가해학생에 대해 일정한 조치를 취할 것을 학교의 장에게 요청해야 하며, 자치위원회가 가해학생에 대한 조치를 심의함에 있어서는 가해학생과 보호자에게 의견 진술의 기회를 부여하는 등 적정한 절차를 거쳐야 한다(「학폭법」 제17조제5항).

가해학생에 대한 조치절차는 다음 <표 8-8>과 같다.

표 8-8 가해학생에 대한 조치절차

가해학생에 대한 조치절차	
1. 자치위원회의 조사 및 심의	• 폭력의 심각성, 지속성, 고의성 • 가해학생의 반성 정도, 선도 가능성 • 피해학생 및 보호자와의 화해 정도 • 피해학생이 장애학생인지 확인 • 가해학생 및 보호자의 의견 진술 기회 부여

2. 결과 통보	• 서면사과 • 접촉, 협박, 보복의 금지 • 교내 봉사 • 사회봉사 • 특별교육 또는 심리치료 • 출석정지 • 학급 교체 • 전학 • 퇴학처분
3. 학교장의 조치	• 가해학생 및 보호자에게 통보 • 14일 이내 이행
4. 가해학생 및 보호자의 이행	해당 조치를 거부 또는 기피 시 징계 및 다른 조치 부과

(1) 가해학생에 대한 조치 내용

가해학생에 대한 징계를 「학폭법」에서는 다양한 조치와 그 처리절차로 규정하고 있다. 법에서 정하고 있는 가해학생의 선도 및 교육조치로는 9종류가 있다. 가해학생의 선도 및 교육에 필요하다면 여러 개의 조치를 동시에 부과하는 것도 가능하다(「학폭법」 제17조제1항).

자치위원회가 학교의 장에게 가해학생에 대한 조치를 요청할 때 그 이유가 피해학생이나 신고 · 고발학생에 대한 협박 또는 보복행위일 경유에는 각 호의 조치를 병과하거나 조치 내용을 가중할 수 있다. 제2호부터 제4호까지, 제6호부터 제8호까지의 처분을 받은 가해학생은 교육감이 정한 기관에서 특별교육을 이수하거나 심리치료를 받아야 하며, 그 기간은 자치위원회에서 정한다. 가해학생이 규징에 따른 조치를 받은 경우 이와 관련된 결석은 학교의 장이 인정하는 때에는 이를 출석일수에 산입할 수 있다.[개정 2012.3.21.]

(2) 가해학생에 대한 과태료

가해학생이 특별교육을 이수할 경우 보호자도 함께 교육을 받도록 의무화하고, 이를 위반 시 300만 원 이하의 과태료를 부과한다(「학폭법」 제22조제2항).[신설2012.3.21.]

가해학생의 조치에 관한 내용은 주로 (「학폭법」 제17조제1항)에 들어있으므로 제1항의 각 호 내용을 자세히 알기 위해 <표 8-9>를 제시한다.

표 8-9 가해학생에 대한 조치와 내용

조 치		내 용
서면사과	제1호	가해학생이 피해학생에게 서면으로 폭력행위에 대해 사과를 하도록 함으로써 서로 화해하도록 하는 조치
피해학생 및 신고학생에 대한 접촉, 협박, 보복 금지	제2호	피해학생에 대한 가해학생의 접근을 막아 더 이상의 폭력이나 보복을 방지하기 위한 조치. 특히 학교폭력이 알려짐으로 인한 보복행위 금지도 규정함
학교에서의 봉사	제3호	봉사방법 및 기간은 자치위원회의 심의를 거쳐 학교장이 결정함. 예를 들어 교내 환경미화 작업, 교사들의 업무보조, 교재 · 교구정비, 교내 도서관에서의 도서정비 등
사회봉사	제4호	봉사방법 및 기간은 자치위원회의 심의를 거쳐 학교장이 정함. 예를 들어, 지역 행정기관에서의 봉사(환경미화, 교통안내, 거리질서유지), 공공기관에서의 봉사(우편물 분류, 도서관 업무보조 등), 사회복지지관(노인정, 장애시설, 사회복지관 등)에서의 봉사 등
학내 · 외 전문가에 의한 특별교육 또는 심리치료	제5호	교내 · 외 전문가에 의한 특별교육을 이수하거나 또는 심리치료를 받도록 하는 조치. 이 경우 교내 특별교육과정을 이용할 수도 있고, 교육청의 대안교육지원센터나 전문심리치료기관에 위탁하는 경우도 가능
출석정지	제6호	가해학생에게 학교에 출석하지 못하게 함으로써 반성의 기회를 주고, 일시적으로 피해학생과 격리시킴으로써 피해학생을 보호하기 위한 조치. 출석 정지된 학생은 결석한 것으로 처리되어 출석사항에서 불이익을 받음
학급 교체	제7호	가해학생을 피해학생으로부터 격리시키고 피해학생에 대해 더 이상의 폭력행위를 하지 못하도록 하기 위하여 동일 학교 내의 다른 학급으로 소속을 옮기는 조치
전학	제8호	가해학생을 피해학생으로부터 격리시키고 피해학생에 대해 더 이상의 폭력행위를 하지 못하도록 하기 위하여 다른 학교로 소속을 옮기도록 하는 조치
퇴학처분	제9호	학생의 신분을 강제로 상실시키는 조치. 단, 의무교육과정에서는 적용이 불가능하므로 고등학생에 대해서만 가능

※ 출처 : 교육과학기술부 가해학생에 대한 조치와 내용(2011)

(3) 가해학생 및 보호자의 재심청구

자치위원회 또는 학교의 장이 내린 조치에 대해 이의가 있는 피해학생 또는 그 보호자는 그 조치를 받은 날부터 15일 이내, 그 조치가 있음을 안 날부터 10일 이내에 지역위원회에 재심을 청구할 수 있다(제17조의2).[신설 2012.3.21.] 지역위원회가 재심청구를 받은 때에는 30일 이내에 이를 심사 · 결정하여 청구인에게 통보해야 한다. 제3항의 결정에 이의가 있는 청구인은 그 통보를 받은 날부터 60일 이내에 행정심판을 제기할 수 있다.

(4) 가해학생에 대한 학교생활기록부 기재

학교폭력사건이 발생할 경우 자치위원회는 자치위원회의를 열어 가해학생에 대한 서면사과에서 퇴학에 이르는 9단계의 조치사항을 결정하고 해당 조치를 시행한다. 이와 함께 교육과학기술부의 학교생활기록 작성 및 관리지침에 의거, 조치사항을 학교생활기록부의 학적, 출결, 행동특성 및 종합의견란에 입력한다. 학교폭력 가해학생 조치사항은 시행된 후 즉시 기재요령에 따라 학교생활기록부에 입력해야 한다. 학교폭력대책자치위원회가 「학폭법」 제17조제2항에 따라 가해학생에게 제17조제1항 각 호의 조치를 병과 한 경우, 그 병과 된 조치사항 모두 학교생활기록부의 해당 영역에 입력해야 한다.

학교생활기록부의 행동특성으로 기록된 「학폭법」 제17조의 조치사항(제1호, 제2호, 제3호, 제7호)은 경미한 사항으로 해당 학생의 졸업과 동시에 삭제하나(2012년 2월 졸업생부터 적용), 그 외의 사항은 초 · 중등학생은 2년, 고등학생은 5년이 경과한 후 삭제된다.

(5) 가해학생의 전학

가해학생에 대한 전학 조치로는 제20조에 의거, 초등학교 · 중학교 · 고등학교의 장은 자치위원회가 가해학생에 대한 전학 조치를 요청하는 경우에는 초등학교 · 중학교의 장은 교육장에게, 고등학교의 장은 교육감에게 해당 학생이 전학할 학교의 배정을 지체 없이 요청해야 한다.

교육감 또는 교육장은 가해학생이 전학할 학교를 배정할 때 피해학생의 보호에 충분한 거리 등을 고려해야 하며, 관할구역 외의 학교를 배정하려는 경우에는 해당 교육감 또는 교육장에게 이를 통보해야 한다.

교육감 또는 교육장은 전학 조치된 가해학생과 피해학생이 상급학교에 진학할 때에는 각각 다른 학교를 배정해야 한다. 이 경우 피해학생이 입학할 학교를 우선적으로 배정한다.

(6) 결과 보고서

학교의 장은 교육감에게 학교폭력이 발생한 사실 및 제16조, 제16조의2, 제17조, 제17조의2 및 제18조에 따른 조치 및 그 결과를 보고하고, 관계 기관과 협력하여 교내 학교폭력의 예방 및 대책에 힘을 써야 한다.[개정 2012.3.21.]

학 교 폭 력 대 책 자 치 위 원 회 결 과 보 고 서

<table>
<tr><td rowspan="2">학교명</td><td rowspan="2"></td><td rowspan="2">학교장</td><td>성명</td><td></td><td rowspan="2">책임
교사</td><td>성명</td><td></td></tr>
<tr><td>(H.P)</td><td></td><td>(H.P)</td><td></td></tr>
<tr><td>1. 사 안 명</td><td colspan="7"></td></tr>
<tr><td>2. 발생 일시</td><td colspan="3"></td><td colspan="2">유선보고 일시</td><td colspan="2"></td></tr>
<tr><td rowspan="2">3. 관 련 자</td><td colspan="7">가해자 :</td></tr>
<tr><td colspan="7">피해자 :</td></tr>
<tr><td rowspan="6">4. 사안내용</td><td>누가/
누구
에게</td><td colspan="6"></td></tr>
<tr><td>언 제</td><td colspan="6"></td></tr>
<tr><td>어디서</td><td colspan="6"></td></tr>
<tr><td>무엇을/
어떻게</td><td colspan="6"></td></tr>
<tr><td>왜</td><td colspan="6"></td></tr>
<tr><td colspan="7">언론보도 :</td></tr>
<tr><td rowspan="2">5. 학생상태</td><td colspan="7">피해자 :</td></tr>
<tr><td colspan="7">가해자 :</td></tr>
<tr><td>6. 학교조치
내용</td><td colspan="7"></td></tr>
<tr><td>7. 지역교육청
조치내용</td><td colspan="7"></td></tr>
<tr><td>8. 분쟁유무
및 내용</td><td colspan="7"></td></tr>
<tr><td>9. 자치위원회
조치결과</td><td colspan="7">개최일 :
참석자 :
조치결과 :</td></tr>
</table>

제9장

학교폭력에 관한 법률적 이해

학교폭력의 피해가 심각한 경우, 학교에서의 징계만으로 사건이 해결되지 않고 반드시 법적인 절차에 의해 처벌을 받게 된다. 이러한 법적 처리절차에 대한 교사의 이해도가 떨어져 가해자가 어떤 법을 위반하여 어떻게 수사가 진행되는지, 또한 어떠한 과정을 거쳐 어떠한 처벌을 받는지 모르는 경우가 있다(김다현 등, 2013).

따라서 이 장에서는 학교폭력과 관련하여 학교에서의 처리절차를 비롯하여 형사사건의 처리절차, 민사사건의 처리절차 등에 대해 살펴보기로 한다.

1. 학교폭력사건의 처리절차

1) 학교에서의 처리절차

단계	처리 내용	비고
폭력 사건 발생 인지	• 사건현장 목격, 117신고센터 통보, 신고 등을 통해 사건 발생을 인지한 교사, 학생, 학부모 등은 학교폭력전담기구(책임교사 등)에 신고	
	⬇	

신고 접수 및 학교장 보고	• 학교폭력전담기구는 신고 된 사안을 대장에 반드시 기록하고, 학교장, 담임교사에게 보고하고, 가해·피해학생 부모에게 통지 • 사안이 중대한 경우, 학교장 및 자치위원장에게 즉시 보고	학교폭력 전담기구
	⬇	
즉시 조치	• 피해학생과 가해학생 즉시 격리 - 신고·고발한 학생도 피해학생 수준에서 가해학생으로부터 보복행위를 당하지 않도록 조치 • 피해학생 - 「아동·청소년의 성보호법에 관한 법률」에 따라 성폭행에 대해서는 반드시 수사기관에 신고하고, 성폭력 전문상담기관 및 병원을 지정하여 정신적·신체적 피해 치유 - 피해학생의 신체적·정신적 피해를 치유하기 위한 조치 실시 • 가해학생 - 2인 이상의 학생이 고의적·지속적으로 폭력을 행사하는 경우 등에 해당하는 사안이라면 학교장은 가해학생에 대해 출석정지 - 가해학생의 선도가 긴급한 경우, 「학교폭력예방 및 대책에 관한 법률」 제17조제4항에 따라 학교장은 가해학생에 대한 조치를 취한 후, 자치위원회에 즉시 보고하여 추인	학교장 학교폭력 전담기구 담임교사
	⬇	
사안조사	• 학교폭력전담기구에서 구체적인 사안조사 실시 - 가해·피해학생 면담, 주변 학생 조사, 설문조사, 객관적인 입증자료 수집 등 - 가해·피해학생 심층상담 - 조사한 결과를 바탕으로 가해자와 피해자 확정 - 성폭력의 경우 비밀유지에 유의	학교폭력 전담기구 담임교사
	⬇	
가해·피해학생 부모 면담	조사결과에 대해 부모에게 알리고, 향후 처리절차 등에 대해 통보	학교폭력 전담기구 담임교사
	⬇	
처리방향 심의	자치위원회 또는 징계위원회 회부 여부 결정	학교폭력 전담기구

	⬇	
처리방향 결정	전담기구의 심의 결과를 바탕으로 자치위원회 개최 요구	학교장
	⬇	
자치위원회 개최 및 조치	• 자치위원회를 개최하여 가해 · 피해학생에 대한 조치 결정 • 가해학생 및 보호자에게 의견진술의 기회를 부여하는 등 적절한 절차를 거쳐야 함	자치위원회
	⬇	
결정 통보 및 재심 안내	• 자치위원회의 결정을 가해자와 피해자 및 그 보호자에게 통보 • 통보 시 재심을 받을 수 있는 방법 안내	학교장

자료출처 : 법무부 · 교육과학기술부(2012), 학교폭력에 대한 교사의 역할.

2) 학교폭력관련 형사사건의 처리절차[1)]

학교폭력의 가해학생이 학교폭력법에 따라 학교장의 징계를 받았다고 해서 모든 제재절차가 끝난 것은 아니고 형사법상 처벌을 받게 되는 경우가 있다. 왜냐하면 학교폭력법은 단순히 학교폭력의 피해학생과 가해학생에 대해 학교에서 자율적으로 조치를 취하도록 한 법이지 다른 법적 책임을 면해주는 것이 아니기 때문이다. 학교폭력의 가해학생이 형사법상 처벌을 받게 되는 경우의 처리절차를 도식화하면 [그림 9-1]과 같다.

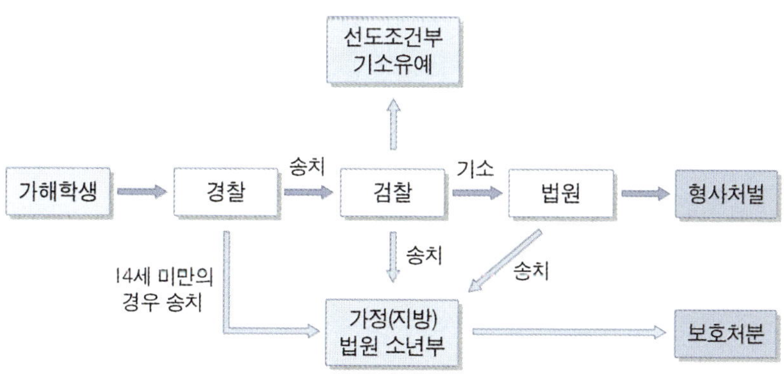

그림 9-1 학교폭력 관련 형사사건 처리절차

1) 법무부 지식사이트(2008), 학교폭력 유형에 다른 법적 대처 방안

(1) 학교폭력의 발생

학교폭력의 가해학생의 형사적인 처리절차는 먼저 피해학생이나 그 부모가 형사고소를 하거나 학교폭력사건의 현장을 보거나 들은 사람이 경찰 등 관계 기관에 신고함으로써 학교폭력사건에 대한 법적인 절차가 개시된다.

(2) 경찰서 소년계 조사

학교폭력사건 역시 일반 사건과 동일하게 경찰에서 검사의 지휘를 받아 일차적으로 수사한 다음 검찰에 송치하게 된다. 학교폭력사건은 통상적으로 경찰서 소년계에서 수사가 이루어진다.

만일 사건이 경미하거나 처벌의 필요성이 크지 않은 경우라면 경찰은 '훈방' 조치를 하고 검사는 '선도조건부 기소유예'를 하게 된다.

(3) 검사의 처분 및 재판

학교폭력사건 역시 일반 사건과 마찬가지로 최종적으로 검사에 의해 기소 여부가 결정된다. 사안이 비교적 경미한 경우 기소유예 또는 선도조건부 기소유예나 벌금형과 같은 경미한 처분을 받게 된다. 만일 수사과정에서 합의가 이루어진 경우에는 폭행죄와 같은 이른바 반의사불벌죄의 경우에는 공소권이 없기 때문에 일종의 불기소처분인 '공소권 없음'의 처분을 받게 된다. 하지만 사안이 비교적 중한 경우에는 대개 소년부 송치결정이 내려지고 향후 소년부 판사의 결정에 따라 각종 보호처분이 내려지게 되며, 사안이 지극히 중대한 경우에는 가해학생은 바로 기소되고 정식재판에 의해 형사처벌을 받게 된다.

그리고 형법은 만 14세가 되지 않은 경우에는 형사미성년자로서 처벌을 하지 못하도록 규정하고 있으므로 초등학생이나 중학교 저학년의 경우는 형사처벌이 되지 않는다. 다만, 가해학생이 형사미성년자이라고 하더라도 만 10세 이상인 경우에는 이른바 촉법소년으로서 보호처분을 받을 수 있다. 그러나 가해학생이 10세 미만인 경우에는 어떠한 처분도 할 수 없다. 보호처분에 관해서는 제11장에서 자세히 설명하도록 하겠다.

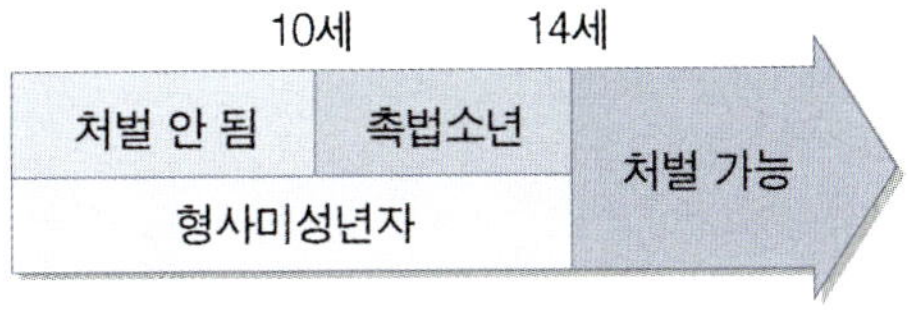

Tip

경찰의 훈방처분

훈방처분이란 범죄 사실이 경미하기 때문에 보호자에게 인계하는 것을 말한다. 사법기관에서 특별한 조치 없이 보호자에게 인계하는 것으로, 사법절차상의 처분으로 볼 수 없다.

검찰의 불기소처분

불기소란 범죄에 대한 혐의가 없거나, 범죄의 혐의가 인정되더라도 친고죄에 있어서 고소가 없거나, 반의사불벌죄에 있어서 처벌을 희망하지 않는 의사표시가 있을 때 또는 공소시효가 지난 경우 등에는 기소를 하지 않고 불기소처분을 하게 된다.

검찰의 기소유예

기소유예란 범죄행위에 대해 혐의가 인정되고 소송조건도 충족되었으나 행위자의 연령, 성행, 지능과 환경, 범행의 동기, 수단과 결과, 범행 후의 정황 등을 참작하여 공소를 제기하지 않는 것을 말한다. 학교폭력의 경우 학교폭력에 대한 범죄성은 인정되지만 여러 가지 사정을 참작하여 기소를 유예한다는 의미이다. 기소유예는 학교폭력 자체에 대한 혐의가 부정되는 것은 아니다. 기소유예는 검사의 의사결정을 내용으로 하는 검사의 처분이다. 따라서 검사는 언제든지 기소유예를 취소하고 공소를 제기할 수 있다. 기소유예처분은 형사절차상의 처분이다.

선도조건부 기소유예

일정 기간 선도위원의 선도를 받을 것을 조건으로 기소를 미뤘다가 선도기간이 지난 후에는 기소를 하지 않는 것이다. 즉, 재판을 받을 필요도 없이 검사가 부모나 범죄예방위원 선도 등 제3자가 잘 보호하고 훈육하는 조건하에 기소유예로 풀어주는 것을 말한다.

반의사불벌죄

- 피해학생의 의사에 관계없이 공소를 제기할 수 있으나, 피해학생의 명시한 의사에 반하여 처벌할 수 없는 범죄를 말한다.
- 폭행, 협박, 명예훼손, 과실치상 등이 반의사불벌죄에 해당한다.
- 그러나 단체 또는 다중의 위력을 보이거나 위험한 물건을 이용한 폭행 및 협박, 중과실치사상은 반의사불벌죄가 아니다.

공소권 없음

'공소권 없음'이란 검사가 기소하지 않고 사건을 종결하는 것이다. 불기소결정에는 '혐의 없음', '기소유예', '기소중지' 등 여러 가지가 있지만 '공소권 없음' 결정은 특정한 사유에 해당되는 경우 기소할 권한 자체가 없어서 불기소하는 것이다. 예를 들면, 경미한 교통사고 시 종합보험에 가입되어 있으면 교통사고처리특례법이 규정하는 11가지 처벌사유에 해당되지 않는다. '공소권 없음' 결정이 되면 형사상으로는 처벌받지는 않지만 민사상 손해배상 여부는 별개의 문제이다.

친고죄

- 고소권자가 고소를 해야만 공소를 제기할 수 있는 범죄를 말한다.
- 강간죄, 준강간죄, 강제추행, 준강제추행, 모욕죄 등이 친고죄에 해당한다.
- 그러나 만 19세 미만(만 19세에 도달하는 해의 1월 1일을 맞이한 자는 제외)의 자에 대한 강간, 강제추행 등은 친고죄가 아니다. 누구든지 아동 · 청소년대상 성범죄의 발생 사실을 알게 된 때에는 수사기관에 신고할 수 있고, 초 · 중등학교의 장과 그 종사자는 즉시 수사기관에 신고해야 한다.

3) 학교폭력관련 민사사건의 처리절차[2)]

학교폭력사고가 발생하면 이로 인해 피해를 입은 학생을 어떻게 보상을 할 것인가 하는 실질적인 문제, 즉 치료비(병원비), 위자료 등의 손해배상 문제가 발생하게 된다. 민사소송과 형사고소에 의한 처벌은 별개이기 때문에 형사처

2) 법무부 지식사이트(2008), 학교폭력 유형에 다른 법적 대처 방안

벌을 받더라도 치료비 등의 손해배상을 받기 위해 민사소송을 하는 경우가 적지 않다. 민사사건의 경우는 무엇보다도 피해학생에 대한 충분하고도 신속한 보상이 최우선이다. 그러한 방법으로서 아래와 같이 크게 3가지로 나누어 생각할 수 있다.

(1) 자체해결(합의)

자체해결이란 우선 피해자가 그 손해를 스스로 감당하는 경우, 가해자 측이 일정 금원을 지급하고 서로 화해하는 경우, 관련 교원들이 일정금원을 모금하여 처리하는 경우, 교직원과 학생들이 모금을 하여 보상함으로써 해결하는 경우 등과 같이 사고 당사자 간에 자체적으로 해결하는 방법이다. 이러한 방법은 사고로 인한 피해가 아주 경미한 경우 매우 효과적이고 손쉽게 분쟁이 해결될 수 있으나, 반면 피해가 큰 경우에는 오히려 더 큰 불화를 초래할 수 있다.

일반적으로 이러한 해결은 비공식적으로 처리되고 있어서 법적으로 명확하게 처리되지 아니한 채 여운을 남기게 되고, 이로 인해 사건 당사자들은 상당기간 심리적 불안상태에 처하게 되며, 피해자 측에서는 사고로 인한 예상치 못한 후유증 등으로 경제적 · 정신적 부담이 가중될 때에는 다시 학교나 교원 등을 상대로 소송을 제기하는 경우가 생길 수 있다. 결국 이러한 자체적 해결 방법은 임시적이고 미봉적인 처리 방법이라 할 수 있다.

(2) 사단법인 학교안전공제회에 의한 보상

학교안전공제회는 학교안전사고 예방 및 보상에 관한 법률 및 그 시행령에 의하여 학교교육활동 중의 사고로 인하여 학생이 부상을 당하거나 사망한 경우에 이를 보상하여 학생과 교직원 및 학교를 보호하고 안정된 교육 분위기를 조성하기 위해 1991년 3월 교육부로부터 설립허가를 받은 공익적 상호부조 성격의 비영리 사단법인이다. 학교안전공제회는 학교의 교육활동 중의 학생사고에 대해 요양급여, 사망위로금 등을 지급하는 공제사업을 하는 등 학생사고로부터 학교와 교원 및 학생을 보호하는 데 많은 기여를 하고 있다.

(3) 소송에 의한 손해배상(민사절차)

민사절차는 피해자가 가해자에게 치료비 등 손해배상을 요구하기 위해 형사절차와는 별도로 소송을 제기하면서 시작된다. 민사소송을 통해 피해학생은 가해학생을 대상으로 병원비 등의 금전적인 피해뿐만 아니라 정신적인 피해에 대한 손해배상도 요구할 수 있다.

민사절차가 시작되면 각 당사자 측은 변호인을 선임하여 자신의 소송행위를 대신할 수 있다. 민사절차에서는 형사절차와는 달리 국선변호제도가 없다. 따라서 가해자 측과 피해자 측은 본인의 비용으로 변호인을 선임한다. 변호인을 선임할 경제적 능력이 없는 경우에는 개인이 소송 당사자가 되어 소송을 진행한다. 개인의 경우 법적 지식이 부족하기 때문에 무료법률사무소 혹은 법률구조공단으로부터 소송서류의 작성 및 소송절차의 진행에 대한 도움을 받을 수 있다.

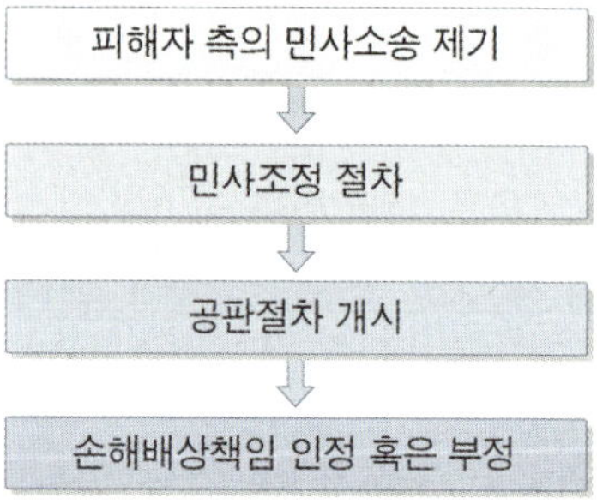

그림 9-2 학교폭력 관련 민사사건의 처리절차

2. 학교폭력사고에 대한 법적 책임[3)]

학교폭력사고로 인한 법적인 책임은 형사책임과 민사책임으로 나누어진다. 형사책임은 우리가 흔히 "징역 몇 년, 벌금 얼마" 이런 말들을 하듯이 어떤 죄를 지었을 때 형사제재(형벌 : 징역, 금고, 벌금 등 / 보호처분 : 보호관찰 등)

3) 법무부 지식사이트(2008), 학교폭력 유형에 다른 법적 대처 방안

의 형식으로 지는 책임을 뜻한다. 이에 비해 민사책임은 결국 금전으로 손해배상을 하는 책임으로서, 예컨대 서로 계약의 관계에 있다면 계약에 따른 손해배상책임을, 계약관계가 아닌 타인들이라면 불법행위에 따른 손해배상책임을 부담하는 것을 말한다.

1) 형사적 책임

학교폭력에 대한 형사법적 책임은 학생들의 폭력행사가 일정한 요건을 갖추게 되는 경우 그것은 도덕적 · 교육적 문제에 그치지 않고 범죄로 다루어진다는 것을 뜻한다. 여기서 처벌되어야 할 학생들의 폭력행사는 '불법하게 타인에 대해 유형력을 행사하는 행위'이다.

학교폭력에서의 '폭력'은 형법상 폭행과 유사한 개념으로 볼 수 있는데, '폭행'은 "사람의 신체에 대한 일체의 불법적인 유형력의 행사"를 말한다. 여기에서 '신체에 대한'이라는 의미는 신체에 접촉하는 것뿐만 아니라 신체에 영향을 주는 모든 것을 의미하다. 따라서 반드시 어떤 상해의 결과를 초래하는 경우에만 폭행죄가 성립하는 것이 아니고 불법적인 유형력의 행사가 있으면 성립하게 된다. 즉, 어떤 불법적인 유형력의 행사가 있었느냐 없었느냐 하는 것이지 그것이 초래한 결과가 어떤 것인가를 중시하는 것은 아니다.

예를 들면 불법하게 머리털을 자르는 행위, 사람 앞에 돌을 던지는 행위, 가까운 곳에서 북을 쳐서 정신을 차릴 수 없게 하는 행위, 손으로 사람을 떠밀어서 그렇게 높지 않은 곳이지만 사람이 놀라서 떨어지게 하는 행위, 사람의 손을 세차게 잡아당기는 행위, 칼을 휘두르는 행위 등은 폭행에 해당한다. 반드시 육체상의 고통이 있어야 하는 것도 아니기에 폭언을 여러 차례 반복하는 것도 형법상 폭행죄가 성립될 수 있다. 형법상 폭행죄는 2년 이하의 징역이나 500만 원 이하의 벌금을 내도록 되어 있다. 폭행에서 더 나아가 상해를 가한 경우에는 상해죄로서 7년 이하의 징역과 1천만 원 이하의 벌금이 부과된다.

이처럼 학교폭력사고 중에서 형법상의 폭행 및 상해에 해당하는 요건을 갖춘 행위는 범죄를 구성하며 그에 따른 처벌을 받게 된다. 다만 형법에서는 만

14세가 되지 않은 경우에는 책임성이 없다 하여 처벌하지 못하게 규정하고 있기 때문에 초등학생이나 중학교 저학년의 경우는 죄를 저질러도 처벌하지 못한다. 다만, 만 10세 이상 14세 미만인 경우에는 징역 등의 형사처벌은 하지 못하더라도 보호처분 등의 조치는 가능하다. 만 19세 미만의 소년은 대개 가정법원 소년부 또는 지방법원 소년부에서 심리하여 보호관찰을 받게 되지만, 그 행위가 중하면 소년원에 보내지게 된다. 물론 학교폭력에 대해 형사처벌이 내려지지 않는다고 하더라도 후술하는 민사상 손해배상은 별도로 인정될 수 있다.

2) 민사적 책임

학교폭력사고와 관련하여 흔히 치료비 등의 손해배상을 요구하기 위해 형사소송과는 별도로 민사소송을 제기한다. 민사소송을 통해 피해학생은 가해학생을 대상으로 병원비 등의 금전적 피해뿐 아니라 정신적인 피해에 대한 손해배상을 요구할 수 있기 때문이다.

앞에서 다룬 형사적인 책임은 가해학생에 대해서만 책임을 묻는 것이었지만 민사책임은 사안에 따라 가해학생뿐만 아니라 가해학생의 부모, 교사, 학교설치경영자(국 · 공립학교의 경우는 국가 또는 지방자치단체)도 부담할 수 있다. 민법의 관련규정은 다음과 같다.

Tip

민법

제750조 [불법행위의 내용] 고의 또는 과실로 인한 위법행위로타인에게 손해를 가한 자는 그 손해를 배상할 책임이 있다.

제751조 [재산이외의 손해의 배상]

① 타인의 신체, 자유 또는 명예를 해하거나 기타 정신상 고통을 가한 자는 재산 이외의 손해에 대하여도 배상할 책임이 있다.

② 법원은 전항의 손해배상을 정기금채무로 지급할 것을 명할 수 있고 그 이행을 확보하기 위하여 상당한 담보의 제공을 명할 수 있다.

제755조 [책임무능력자의 감독자의 책임]

① 전 2조의 규정에 의하여 무능력자에게 책임 없는 경우에는 이를 감독할 법정의무가 있는 자가 그 무능력자의 제3자에게 가한 손해를 배상할 책임이 있다. 그러나 감독의무를 해태하지 아니한 때에는 그러하지 아니하다.

② 감독의무자에 갈음하여 무능력자를 감독하는 자도 전항의 책임이 있다.

최근에는 학교폭력의 유형 중 사이버폭력으로 인해 개인의 정보나 명예가 인터넷을 통해 순식간에 심하게 훼손되기도 한다. 이러한 경우는 금전적 보상도 중요하지만 무엇보다도 피해학생의 명예를 회복시키거나 정보를 보호해주는 것이 더 중요하다. 이와 같은 경우를 대비해서 민법 제764조에서는 명예훼손에 대한 특칙을 두고 있는데, 피해학생은 명예훼손에 따른 손해배상과 함께 명예회복에 적당한 처분을 요구할 수 있다. 가령 학교폭력을 통해 본인의 명예가 훼손되었다면 가해학생이 피해학생에 대한 폭행사실과 사과문을 학교게시판에 게시하게 하거나, 본인이 구타당하는 사진이나 동영상을 삭제해줄 것을 요구하는 등 피해학생의 명예를 회복할 수 있는 조치를 적극적으로 요구할 수 있다.

Tip

민법

제764조 [명예훼손의 경우의 특칙]

타인의 명예를 훼손한 자에 대하여는 법원은 피해자의 청구에 의하여 손해배상에 갈음하거나 손해배상과 함께 명예회복에 적당한 처분을 명할 수 있다.

아래에서는 학교폭력사고와 관련한 민사사건의 손해배상 책임을 그 주체별로 나누어 구체적으로 살펴보기로 하겠다.

(1) 가해학생 및 학부모(가해학생 감독의무자)의 책임

① 가해학생 책임

학교폭력으로 다른 학생에게 손해를 입힌 경우 가해학생은 "고의 또는 과실로 인한 위법행위로 타인에게 손해를 가한 자"로서 민법 제750조의 규정에 의거하여 그 손해를 배상할 책임을 지게 된다. 판례는 책임무능력자의 연령기준에 대해 명확한 기준을 제시하고 있지는 않지만, 대체로 만 12세 미만인 경우는 민법 제753조의 규정에 의거하여 "그 행위의 책임을 변식할 지능이 없는 때"에 해당되는 것으로 보아 손해배상책임을 부담시키지 않는 반면에 만 14세 이상의 미성년자에겐 대체로 책임능력을 인정하고 있다.

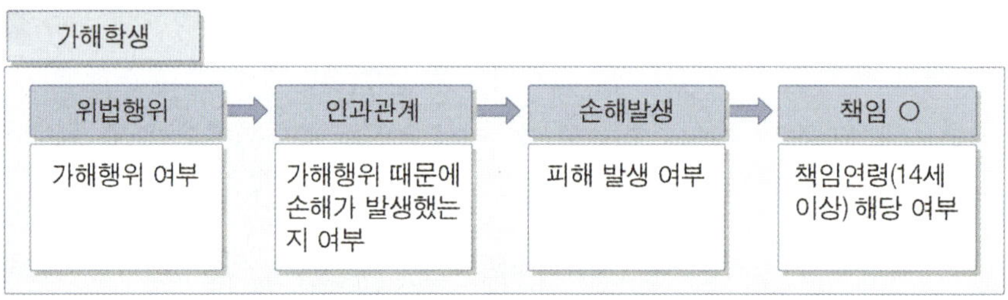

그림 9-3 가해학생 책임 여부

12세 미만 가해학생 : 손해배상책임 없다.
14세 이상 가해학생 : 손해배상책임 있다.

② 학부모(가해학생 감독의무자)의 책임

불법행위책임의 법리에 의하면, 미성년이라고 할지라도 가해행위를 실행한 본인이 그 책임을 지는 것이 원칙이나 만 12세 미만인 경우에는 그 가해자가 책임을 지지 아니하고, 미성년인 가해학생에게 책임능력이 인정된다고 하더라도 경제적 능력이 없는 경우가 태반이다. 그리하여 민법은 제755조제1항에서 책임무능력자의 가해행위에 대해서는 그 부모 등 보호자가 책임을 지도록 하고 있다. 나아가 가해자가 책임능력이 있는 미성년자인 경우에도 실제로 그 친권자가 일반적 지도 · 교양의무를 다하지 못한 것이 사고발생의 한 원인이 되었다고 하여 친권자에게 불법행위자로서의 손해배상책임을 지우고 있다.

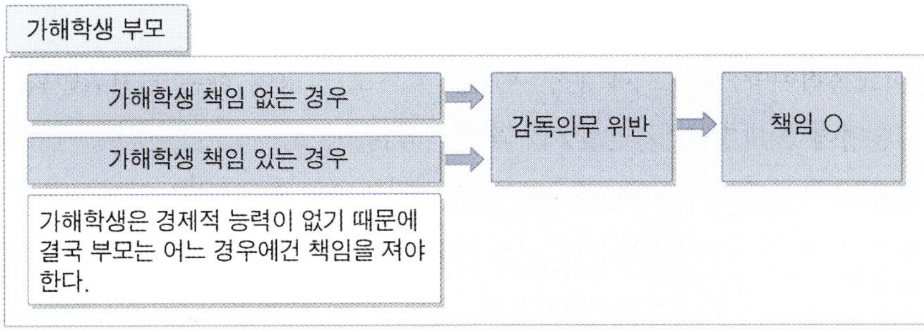

그림 9-4 가해학생 부모 책임 여부

(2) 교사 및 학교(설치경영자)의 책임

오늘날 교육환경의 변화로 인해 교사나 학교, 정확히는 학교설치경영자인 국가 및 지방자치단체 또는 학교법인도 민사책임으로부터 자유로울 수 없다. 그에 따라 교사나 학교도 소송으로부터 자신들을 보호하기 위해서는 비단 수업활동 중에 국한하지 않고 수업시간 이전이나 수업시간 이후에도 학교폭력사고가 발생할 수 있는 잠재적인 가능성을 배제하여 사고발생을 예방해야 한다. 특히 교사와 학교는 자신들이 학생에 대해 기울여야 할 보호감독의무의 범위가 어디까지인지, 또 그 감독의무를 게을리 했을 때 법적책임을 부담하는지, 그 범위는 어디까지인지에 대해 각별한 관심을 가져야 한다.

일반적으로 말하면, 학교관계자(교장이나 교사)는 학생을 보호 · 감독할 의무를 지며 그러한 보호 · 감독의무는 학생들을 친권자 등 법정감독의무자를 대신하여 보호 · 감독하는 의무로서 학교 내에서의 모든 생활관계에 미치는 것이 아니라 학교에서의 교육활동 및 이와 밀접불가분의 관계에 있는 생활관계에 한정된다. 판례는 교사의 보호 · 감독의무의 법적 근거를 교육법에서 찾고 있으나 교육기본법, 초 · 중등교육법 등 교육관계법령에는 그에 관한 직접적인 규정은 없고, 초 · 중등교육법 제20조에서 학생을 교육하는 것을 교장, 교감, 교사의 임무로 규정하고 있을 뿐이다. 이러한 의무는 교육의 본질 내지 정신에 따른 교사의 직무에서 당연히 생기는 것이라고 보아야 할 것이다.

① 교사의 책임근거

교사나 교장 등 학교의 교원이 학생사고에 대해 지게 되는 책임은 책임능력이 없는 만 10세 미만의 학생들을 친권자 등 법정감독의무자를 대신하여 감독하는 대리감독자로서의 책임과 교원이 자신의 고의나 과실로 인해 학생에게 피해를 입힌 경우, 또는 학생이 다른 학생이나 제3자로부터 피해를 당한 것이 교원의 과실과 경합하여 발생한 경우 지게 되는 책임, 즉 일반불법행위자로서의 책임으로 나누어볼 수 있다.

가. 책임무능력자에 대한 대리감독자로서의 책임

민법 제755조제2항에 의거하여 교원은 감독의무자에 갈음하여 손해를 배상할 책임이 있다. 다만 이 규정에 의한 대리감독자로서 교원의 책임은 친권자인 부모가 지는 책임보다 그 범위가 좁다. 즉, 가해학생에게 책임능력이 없는 경우 친권자의 감독책임은 미성년자의 생활 전반에 미치는 반면에, 대리감독자인 교사의 감독의무는 학교에서의 교육활동 및 이와 밀접 불가분한 생활관계에 한정하여 미치게 된다. 만약 친권자의 감독의무와 교사의 감독의무가 중첩적으로 성립하는 생활관계에서 책임무능력자가 가해행위를 한 경우에 있어서는 친권자와 교사의 책임이 병존할 수 있게 된다. 특히 학교에서의 교육활동과 밀접한 관련성, 사고 발생의 예측가능성과 사고 예방의 기대 가능성 등이 존재할 때에만 교원이 그 지도 · 감독의 책임을 부담한다.

Tip

민법

제755조 [책임무능력자의 감독자의 책임]

① 전 2조의 규정에 의하여 무능력자에게 책임 없는 경우에는 이를 감독할 법정의무 있는 자가 그 무능력자의 제3자에게 가한 손해를 배상할 책임이 있다. 그러나 감독의무를 해태하지 아니한 때에는 그러하지 아니하다.

② 감독의무자에 갈음하여 무능력자를 감독하는 자도 전항의 책임이 있다.

나. 불법행위자로서의 책임

교사가 직무상 의무를 성실히 수행하던 중에 발생한 사고이거나 지도 · 감독의 범위 밖에서 아주 우연히 돌발적으로 발생한 사고에 대해서는 그 책임을 지지 않지만, 그렇지 않은 경우엔 교사 개인이 일반 불법행위자로서 민법 제750조에 의한 불법행위책임을 진다.

교사의 개인 책임은 사립학교의 교사와 국 · 공립학교 교사 사이에 차이가 있어 이를 나누어서 살펴볼 필요가 있다. 사립학교 교사는 학교폭력사고와 관련하여 고의는 물론이고, 과실이 있는 경우 중과실인지 경과실인지를 불문하고 민사상 손해배상책임을 진다. 이 점이 국가배상법상 중과실인 경우에만 책임을 지는 국 · 공립학교 교사와 차이가 있다.

표 9-1 사립 및 국 · 공립학교 교사의 책임 여부

책임 여부	사립학교 교사	국 · 공립학교 교사
고의	○	○
중과실	○	○
경과실	○	×

종래 손해배상소송에 있어서는 자력능력이 확실한 학교설치자를 상대로 제소하는 경우가 대부분이고 교사 개인책임을 묻는 경우가 그리 많지 않아서 크게 문제되지 않았으나, 장차 교사 개인을 상대로 하는 소송이 증가할 경우 사립학교 교사의 지위는 국 · 공립학교의 교사에 비해 불안한 지위에 있게 되어 형평성의 문제가 대두될 수 있을 것으로 생각된다.

국 · 공립학교의 교사 역시 학교설치자인 국가 또는 지방자치단체 외에도 교사 개인의 고의 또는 중과실이 있는 경우에는 국가배상법상의 손해배상책임을 진다. 이 경우 교사의 중과실이라 함은 교사에게 통상 요구되는 정도의 상당한 주의를 하지 않더라도 약간의 주의만 한다면 손쉽게 위법, 유해한 결과를 예견할 수 있는 경우임에도 만연히 이를 간과함과 같은 거의 고의에 가까운 현저한 주의를 결여한 상태를 의미한다. 그에 따라 국 · 공립학교의 교사가 책임을 지는 경우는 사실상 대폭 제한되는 결과가 된다.

국 · 공립학교 교사 책임범위 — 고의 · 중과실
사립학교 교사 책임범위 — 고의 · 중과실 · 경과실

② 학교(설치경영자)의 책임근거

가. 재학계약에 의한 채무불이행책임

학교, 정확히는 학교설치경영자(국가 및 지방자치단체 또는 학교법인)와 학생 또는 그 친권자의 관계는 학교재학계약이라는 일종의 계약관계로 파악될 수 있다. 학교재학계약이라 함은 학교와 학생 또는 학교와 학생의 교육을 위탁하는 친권자 등 법정의무 있는 보호자 사이에 체결되는 교육위탁계약을 말하는 것으로, 학교와 교사는 부모를 대신하여 규칙과 규정에 따라 교육의무를 실시하여야 함은 물론 성실의무로써 학생을 보호 감독할 의무를 부담한다. 이와 같은 학교재학계약은 우리 민법상 위임계약으로서의 성질을 지니는 것으로 학교는 수임자로서 선량한 관리자로서의 주의의무를 다하여야 한다(민법 제781조). 다만 교사가 교육적 동기로 행한 행위로부터 돌발적인 사고가 발생한 경우 그것은 교육소송의 대상이 되지 않는다.

학교는 최소한 학생이 안전하게 학업에 열중할 수 있는 여건을 갖추어야 하고, 이를 방해하는 제반 요소를 제거하여야 할 의무(안전배려의무)와 함께 교육을 실시할 의무를 부담한다. 따라서 이러한 의무를 이행하지 않았거나 이행할 수 없게 된 경우 재학계약의 당사자(학생 또는 학부모 등이 될 것이다)는 그와 같은 계약관계에 기초하여 민법 제390조의 채무불이행에 따른 손해배상을 청구할 수 있다. 즉, 학교가 부담하는 피해학생에 대한 안전배려의무를 계약상의 의무로 파악하고 학교폭력으로 인한 사고는 교육에 있어서 학생의 생명, 신체상의 안전에 관하여 배려할 의무를 게을리 한 데 대한 채무불이행책임을 물어 손해배상을 청구할 수 있다.

이처럼 학교와 학생 간의 재학계약으로 이해하는 서구사회와는 달리, 온정주의적 관점에서 교육문제를 생각하는 우리나라의 경우 많은 학부모들은 학교폭력을 학교에서 일어나는 돌발적인 사건 또는 사고로 여기는 경향이 짙다. 우리나라 판례 역시 학교폭력사고에 있어 사립학교나 국 · 공립학교를 불문하고 안전배려의무를 설정하고 그 위반 시 채무불이행책임을 인정한 사례는 거의 없다.

그러나 재학계약이 인정될 수 있는 사립학교에 있어서 교육을 실시하는 등의 기본적인 의무 이외에 부수적으로 학교설치자의 학생에 대한 안전배려의무 위반에 따른 채무불이행책임을 물을 수 있는 것은 물론이고, 국 · 공립학교에 대하여도 학교폭력을 예방 · 근절하기 위한 국가 및 지방자치단체의 주의의무를 규정하고 있는 학교폭력법 제4조를 근거로 채무불이행에 대한 손해배상청구가 가능하다고 볼 여지가 충분히 있다.

나. 불법행위책임

학교폭력과 관련하여 학교, 좀 더 정확하게 말하면 학교설치경영자(국가 및 지방자치단체 또는 학교법인)의 책임을 불법행위책임으로 물을 경우, 학교의 교육환경정비에 대한 안전배려의무(위험방지의무) 위반으로 인한 불법행위책임(민법 제750조), 교사의 불법행위에 대한 사용자로서의 손해배상책임(민법 제756조)과 학교시설의 설치 · 관리상의 하자로 인한 공작물 점유 · 소유자의 책임(민법 제758조), 그리고 국 · 공립학교인 경우 국가배상법상 책임이 문제될 수 있다.

그중에서도 학교(설치운영자)의 책임과 관련하여 주로 문제되는 것은 교사의 불법행위에 대한 사용자로서의 손해배상책임이다. 사립학교의 설치 · 경영자는 교사를 선임하여 그 지휘 · 감독 하에 두고 자신의 교육사업에 종사시키므로 교사의 사용자로서의 지위에 있다. 따라서 학교의 설치 · 경영자는 사용자로서 피고용자인 교사가 사무를 집행함에 있어서 의무(학생의 보호감독의무)를 위반하여 불법행위를 저지른 경우에 '사용자 책임'을 지게 된다. 물론 그 전제로서 학생의 보호 · 지도 · 감독을 한 담당교사에게 학생에 대한 보호감독의무에 대한 고의 · 과실이 인정되어 일반 불법행위책임(사립학교의 교원인 경우) 내지 국가배상법상(국 · 공립학교의 교원인 경우) 책임이 성립되어야 한다. 이 경우 사립학교의 설치 · 경영자는 피고용자(담당교원)의 선임과정이나 그 사무 감독에 있어 상당한 주의를 한 때나 상당한 주의를 하였음에도 손해가 발생한 때에는 그 배상책임을 면할 수 있다(민법 제756조 단서). 다만 실무상 피해자를 보다 두텁게 보호하기 위하여 판례는 사용자의 면책을 거의 인정하지 않고 있다.

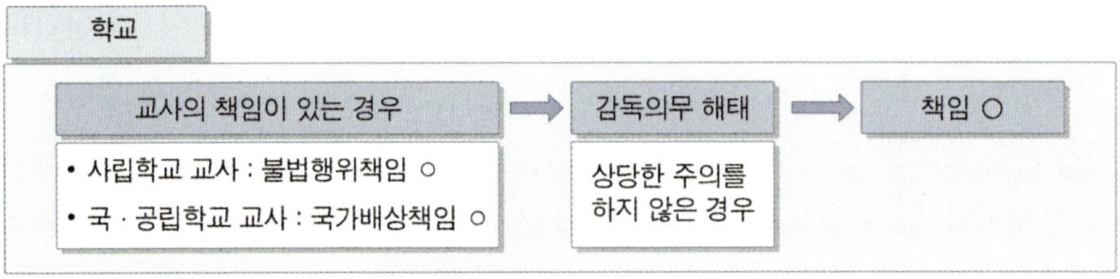

그림 9-5 학교 책임 여부

Tip

민법

제756조 [사용자의 배상책임]

① 타인을 사용하여 어느 사무에 종사하게 한 자는 피용자가 그 사무집행에 관하여 제3자에게 가한 손해를 배상할 책임이 있다. 그러나 사용자가 피용자의 선임 및 그 사무감독에 상당한 주의를 한 때 또는 상당한 주의를 하여도 손해가 있을 경우에는 그러하지 아니하다.

② 사용자에 갈음하여 그 사무를 감독한 자도 전항의 책임이 있다.

③ 전 2항의 경우에 사용자 또는 감독자는 피용자에 대하여 구상권을 행사할 수 있다.

③ 교사 및 학교(설치경영자)의 책임요건

위에서 살펴본 각 책임근거를 토대로 할 때, 학교폭력사고와 관련한 민사사건에 있어서 학교와 교사는 미성년자의 부모와 달리 미성년자의 생활전반에 관하여 일반적 · 일상적 감독 · 주의 의무가 있는 것이 아니라 학교에서의 교육활동과 밀접 불가분의 관계에 있는 생활관계에서만 학생에 대한 감독의무를 부담한다. 이 경우에도 사고발생의 구체적 위험이 있어 사고를 예견하고 교육감독을 통해 사고를 방지할 수 있다는 기대 가능성이 존재할 때에만 손해배상책임을 부담한다. 따라서 교사의 학생사고에 대한 책임의 범위는 부모의 책임 범위보다는 매우 좁다고 할 수 있다.

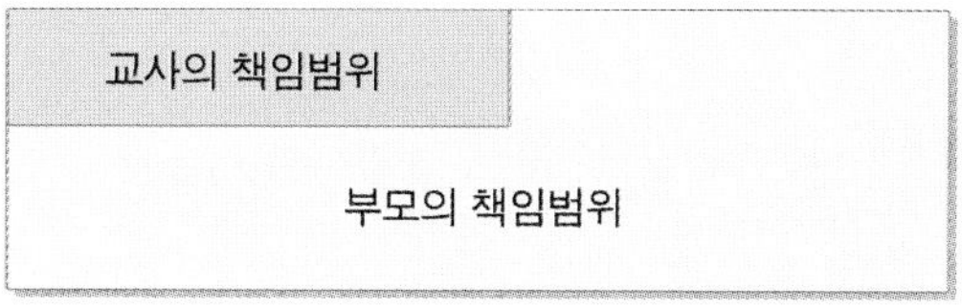

그렇다면 사고발생의 구체적 위험이 있어 사고를 예견하고 교육 감독을 통해 사고를 방지할 수 있다는 기대 가능성이 존재할 때는 어떤 경우인가? 예를 들어보자. 만약 짝끼리 서로 사이가 좋지 않아 늘 다툰다는 것을 교사가 알고 있었고, 또 자리를 바꾸어줄 것을 요청하였는데 이에 교사가 특별한 조치를 취하지 않고 있던 중 휴식시간에 서로 다투다가 사고를 일으켰다면 이런 경우에는 교사에게 책임이 있다고 볼 가능성이 높다고 할 수 있다. 교사는 학생들의 평소의 생활태도와 다른 교우와의 친소관계 등을 잘 파악하여 그에 따른 적절한 조치를 해야 한다. 또한 교사는 교육활동과 직접 관련된 시간에는 반드시 출석하여 학생들을 지도해야 하고, 그러한 경우에도 구체적인 상황에서 사고발생의 가능성을 판단하여 세심한 주의를 기울일 직무상 의무가 부여되어 있다. 특히 사리분별 능력이 미약한 초등학생, 중학교 1, 2학년생을 지도하는 경우에는 그들의 신체적 · 정신적 발달단계에 따른 행동양식을 세심히 고려하여 교육할 필요가 있을 것이다.

아직까지 우리나라 법원은 학생들 간의 폭력사고는 특별한 사정이 없는 한 대개의 사고발생이 예견이 불가능한 우발적이고 돌발적인 사고라고 보아 교사의 책임을 부정하는 경향이 있다. 이에 비추어보면 그 요건을 상당히 엄격하게 해석하고 있는 것으로 보이지만, 학교폭력에 대한 예측이 가능한 경우에 대해서는 교사들이 미리 예방교육 및 예방상담 등의 조치를 충분히 하여 법적인 책임을 지지 않도록 만전을 기할 필요가 있다.

제10장

학교폭력에 관한 보호처분

학교폭력이 일어났을 때 가능한 한 학교 차원에서 교육적 노력으로 해결하는 것이 좋지만 학생폭력의 피해가 심각한 경우, 학교에서의 징계만으로 사건이 해결되지 않고 법적인 절차에 의하여 처벌을 받게 된다. 이때 가해학생 대부분 보호처분을 받게 된다.

그러나 보호처분에 대한 교사의 이해도가 떨어져 가해학생이 어떻게 보호처분이 진행되는지, 또한 어떠한 과정을 거쳐 어떠한 보호처분을 받는지, 보호처분 기관에서 어떤 교육을 받는지 모르는 경우가 있다. 교사들은 가해학생 지도 및 보호자 상담 등을 위하여 보호처분에 대해 충분히 인지하고 있어야 한다.

따라서 이 장에서는 학교폭력과 관련하여 보호처분의 개념, 보호처분의 대상 및 보호처분 기관 등에 대해 살펴보기로 한다.

1. 소년보호처분의 개념

소년보호처분은 만 10세 이상에서 만 19세 미만의 비행소년의 경우, 통상적인 형법, 형사소송법 대신 소년법에 따라 소년부 판사가 재비행을 방지하고 소년의 건전한 성장을 돕기 위해 소년의 환경을 조정하거나 교화하기 위해 내리는 처분이다.

Tip

제1조(목적) 소년법은 반사회성(反社會性)이 있는 소년의 환경 조정과 품행 교정(矯正)을 위한 보호처분 등의 필요한 조치를 하고, 형사처분에 관한 특별조치를 함으로써 소년이 건전하게 성장하도록 돕는 것을 목적으로 한다.

소년법은 비행소년에 대해 형사처분이 상당하지 않을 때 비로소 보호처분 절차를 취하는 형사정책적 보호의 일면을 지니고 있으나 기조는 국친사상에 의해 국가는 미성숙 상태에 있는 소년을 건전하게 육성해야 할 책임을 지고 있으므로(아동복지법 제3조) 소년이 범죄를 저질렀다 하더라도 처벌보다는 국가가 보호자의 입장에서 지도 · 원호하고 교육적 시혜를 베풀어 건전하게 사회에 잘 적응할 수 있도록 보호 · 육성해야 한다는 것이다. 따라서 보호처분이 '소년의 보호'를 위한 '보호주의 사상'과 '소년의 건전 육성'을 위한 '복지주의 사상'을 공유하고 있음을 천명하고 있다.

이와 같은 보호주의 이념은 소년이 성인에 비해 정신기제의 발달이 미숙하고 책임능력이 결여되어 있기 때문에 보호를 요하는 소년에 대해서는 국가가 자진하여 그 보호자가 되어야 한다는 국친사상을 바탕으로 하고 있다. 곧 소년법의 기본정신은 보호 목적으로 국가가 후견기능의 수행에 있으며, 이는 소년심판의 대상과 심리절차로 뚜렷이 뒷받침하고 있다.

우리나라 소년법은 사법적 형사처분에 기원을 둔 독일 등 대륙형 소년법 체계를 갖고 있는 국가들이 소년심판의 대상을 범죄소년으로 한정하고 있는 것과는 달리 복지적 후견기능을 중시하는 영국 · 미국형 소년법 체계에서와 같이 범죄소년뿐만 아니라 촉법소년과 우범소년도 그 대상으로 하고 있다. 소년보호 사건의 심리에 있어서도 소년이 어떤 범죄를 범했느냐의 여부를 결정한다기보다는 소년이 국가의 특별한 보호를 요하는 조건들을 가지고 있는지의 여부가 중시되며, 심리절차가 비송사건 형식을 취하고 비공개로 심리하며 결정으로써 종결을 짓게 하는 등 형사소송법상의 제 원칙을 크게 생략한 비형사적인 국친절차를 취하고 있다.

1) 보호처분의 대상

아래 중에서 어느 하나에 해당하는 소년은 보호처분의 대상이 된다.

① 범죄소년(犯罪少年) : 죄를 범한 14세 이상 19세 미만인 소년으로 형벌법령에 저촉되는 행위를 한 소년(즉, 죄를 범한 소년)

② 촉법소년(觸法少年) : 10세 이상 14세 미만인 소년으로 형벌법령에 저촉되는 행위를 한 소년

③ 우범소년(虞犯少年) : 10세 이상 19세 미만의 소년으로서, 소년의 성격이나 환경에 비추어 장래에 형벌법령에 저촉되는 행위를 할 우려가 있는 소년

2) 보호처분과 형사처분의 차이

표 10-1 보호처분과 형사처분의 차이

구분	보호처분	형사처분
적용법률	소년법, 보호소년 등의 처우에 관한 법률	형의 집행 및 수용자의 처우에 관한 법률
처 분 청	가정법원 소년부 또는 지방법원 소년부	형사법원
처분 대상	벌금 이하의 형에 해당하는 범죄이거나 보호처분에 해당하는 사유가 있다고 인정할 때	형벌법령 위반자
시설	• 소년원 10개, 소년분류심사원 1개 • 국가가 소년의 보호자가 되어 이들의 잘못된 성격과 행동을 교정하기 위하여 교육훈련을 하는 복지성격의 특수교육 · 보호시설	• 소년교도소 1개 • 자유형을 집행하며 교정처우를 하는 행형시설
수용 대상	• 비행소년 - 14세 이상 19세 미만의 범죄소년 - 형벌법령에 저촉되는 행위를 한 10세 이상 14세 미만의 촉법소년 - 형벌법령에 저촉되는 행위를 할 우려가 있는 10세 이상 19세 미만의 우범소년	• 범죄소년 - 14세 이상 20세 미만의 죄를 범한 소년
수용 기간	• 교육훈련기관(소년원 · 소년분류심사원) - 선고에 의한 수용기간이 없음 - 교정의 난이도에 따라 소년원에서 수용 기간 결정	• 집행기간(소년교도소) - 선고에 의한 자유형

구분	보호처분	형사처분
사회 복귀	• 퇴원 : 교정목적을 달성하였다고 인정할 때 • 임시퇴원 : 교육훈련 성적이 양호하거나 사후 지도가필요하다고 인정할 때	• 석방 : 형기 종료 시 • 가석방 : 행형성적이 양호한자에 대한 시혜
신분제한	• 전과기록 없음 - 보호처분은 소년의 장래 신상에 어떠한 영향도 미치지 않음	• 전과기록 남음

2. 보호사건의 처리절차

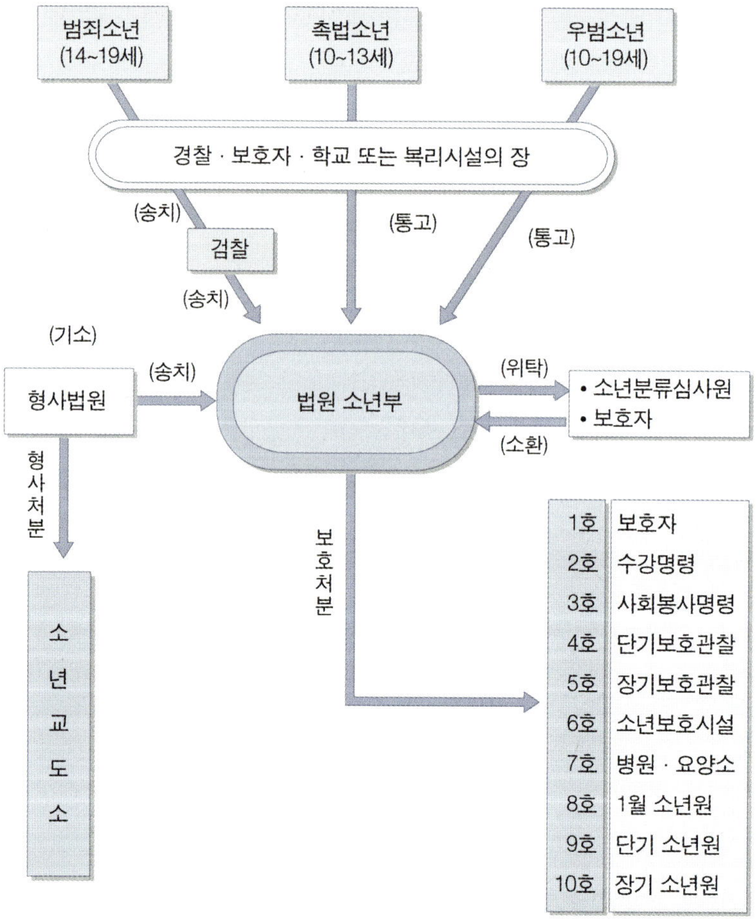

그림 10-1 소년보호사건 처리절차

그림 10-2 보호처분과 형사처분의 연령별 차이

자료출처 : 법무부 · 교육과학기술부(2012), 학교폭력에 대한 교사의 역할.

가정법원 소년부(또는 지방법원 소년부)에서는 경찰서장, 검사, 형사법원, 보호관찰소에서 보내온 소년보호사건에 대해 처리한다. 소년부에 사건이 송치되면 소년부 판사가 보호처분 여부를 결정하게 된다. 이에 대한 소년 심리 절차에 대해 구체적으로 언급하면 아래와 같다.

1) 송치

경찰서장, 검사, 법원 등이 사건, 기록 등을 다른 사법기관에 보내는 것을 송치라고 한다. 소년보호사건은 소년법원(가정법원 또는 지방법원 소년부)이 경찰서장, 검사, 형사법원, 보호관찰소장으로부터 송치 받음으로써 보호사건이 시작된다.

(1) 경찰서장의 송치

경찰이 학교폭력사건을 인지하면 피해자와 가해자에 대한 조사를 시작한다. 경찰은 사건을 조사하여 가해학생의 연령이 만 10세 미만이거나 피해정도가 경미하거나 상호 원만히 합의를 하였을 때 또는 피해자가 처벌을 원하지 않을 시 훈방 등을 통해 사건을 종결하기도 한다.

그러나 보호처분이 가능한 촉법소년 또는 우범소년에 해당하는 소년이 있을 때 경찰서장은 검찰에 송치하지 아니하고 직접 관할 법원 소년부에 송치한다.

(2) 통고

통고는 범죄소년, 촉법소년, 우범소년을 발견한 보호자 또는 학교 · 사회복리시설 · 보호관찰소의 장이 경찰, 검찰 등 수사기관을 거치지 않고 직접 사건을 관할 법원 소년부에 접수시키는 절차이다(소년법 제4조제3항).

통고제도는 소년 문제의 초기 단계에서 간편하고 신속하게 보호자 및 학교의 감독과 교육, 법원의 적절한 개입을 통해 소년 문제를 해결할 수 있는 제도이다.

통고제도에 의할 경우 소년에게 수사기관의 수사를 받게 하는 부담을 주지 않고, 또한 범죄경력조회나 수사자료표에 기재되는 등의 불이익을 입지 않을 수 있어 향후 범죄자로 낙인찍히는 것을 방지할 수 있다.

통고를 할 경우 심리학, 교육학, 사회복지학, 아동복지학 등을 전공한 전문 소년조사관에 의해 온화한 분위기에서 조사를 받고, 전문가의 도움이 필요한 경우 법원에서 마련한 전문가 진단이나 심리상담조사제도, 화해권고위원 제도 등을 이용할 수 있다.

통고는 서면으로 할 수도 있고, 말로도 할 수 있다(소년심판규칙 제6조제1항). 말로 통고를 하는 때에는 가정법원 소년부에 출석하여 법원사무관 등에게 확인하면 되고, 확인 시 법원사무관 등이 그 내용을 조서에 적는다. 서면으로 통고할 때는 법원의 통고서 양식에 의해 작성, 제출하면 된다.

통고를 할 때 소년과 보호자의 성명, 소년의 생년월일, 주소, 통고자의 성명, 통고하게 된 사유 등을 밝혀야 한다(소년심판규칙 제6조제2항). 통고의 경우에는 통고받은 소년부 판사가 이를 심리할 필요가 있다고 인정할 때에 비로소 소년보호사건으로 수리하게 된다.

학교장이 학생사건의 통고 시 유의할 점은 당해 학교에 다녔더라도 이미 퇴학한 학생은 통고할 수 없고, 휴학 중인 학생에 대해서는 통고할 수 있다.

(3) 검사의 송치

학교폭력사건이 검찰에 송치되면 소년담당 검사는 기소(공소제기) 여부를 결정한다. 우리나라는 검사에 의한 기소독점주의를 채택하고 있어 재판에 회부 여부를 검사가 결정하는 것이다.

친고죄 또는 반의사불벌죄에 해당하는 사안인 경우 피해학생이 고소를 취하하거나 처벌을 원하지 않으면 가해학생을 처벌할 수 없으므로 불기소처분으로 수사를 종료한다. 단, 상습적이거나 흉기 등 위험한 물건을 휴대하거나 2인 이상이 가해한 특수 폭행, 협박 및 19세 미만의 자(만 19세에 도달하는 해의 1월 1일을 맞이한 자는 제외)에 대한 강간, 강제추행 등은 종료될 수 없다.

사안 조사 후 검사는 불기소, 기소유예, 조건부 기소유예, 형사기소 혹은 소년법원 송치처분을 결정한다.

즉, 검사는 소년에 대한 형사사건을 수사한 결과 보호처분에 해당되는 사유가 있다고 판단된 경우에는 사건을 관할 법원 소년부에 송치한다.

Tip

기소(공소제기)

기소는 공소의 제기를 말한다. 공소란 검사가 피의자를 재판에 회부하는 것을 말한다. 즉, 검사가 피의자에게 죄가 있다고 판단하여 법원에 재판을 신청하는 것이 공소제기 또는 기소인 것이다. 피의자는 죄를 범하였다고 의심받고 있는 사람이다. 기소가 되면 피의자는 피고인이 된다. 민사에서는 '기소'란 말을 사용하지 않는다. 그냥 '소의 제기'라고 한다. 형사절차에서만 '기소'라는 말을 사용한다. 반면 '원고'는 형사절차에서는 사용되지 않는 말이다. 공소권행사의 적정을 보장할 수 있다는 점에 있다.

Tip

기소독점주의

'기소독점주의'란 공소를 제기하는 권한을 검사에게만 부여하는 주의이다. 즉, 범죄를 기소하여 소추하는 권한을 국가기관인 검사만이 갖고 있는 것을 말한다(형소법 제246조).

독점주의의 장점은 공공의 이익을 대표하는 검사가 범죄 · 범인에 대한 피해자의 감정 · 사회적 경향 등에 좌우되지 않고, 오히려 이러한 제반사정을 종합적으로 고려하여 기소 · 불기소의 여부를 결정할 수 있기 때문에 객관적인 입장에서 통일적 기준에 의하여 공평하게 공소권을 행사할 수 있어 공소권행사의 적정을 보장할 수 있다는 점에 있다.

(4) 법원의 송치

법원은 만 14세 이상의 가해학생에 대해 금고 이상의 형에 해당하는 범죄사실이 발견된 경우 그 동기와 죄질이 형사처분을 할 필요가 있다고 인정되는 경우에는 법원에서 형사재판을 통해 처벌받게 된다.

그러나 법원은 조사 또는 심리한 결과 보호처분에 해당할 사유가 있다고 판단되는 경우 소년법원으로 송치하여 소년보호사건으로 처리한다.

학교폭력의 유형이 친고죄 또는 반의사불벌죄에 해당되는 경우에 제1심 판결선고 전까지 피해학생이 고소를 취하하거나 처벌을 원하지 않으면 가해학생을 처벌할 수 없으므로 재판을 공소기각으로 종결한다. 단, 상습적이거나 흉기 등 위험한 물건을 휴대하거나 2인 이상이 가해한 특수 폭행, 협박 및 19세 미만의 자(만19세에 도달하는 해의 1월 1일을 맞이한 자는 제외)에 대한 강간, 강제추행은 제외된다.

2) 조사관(또는 분류심사관)의 조사

소년사건이 소년법원에 송치되면 소년부 판사는 소년부 소속의 조사관으로 하여금 사건의 내용과 대상 소년 및 보호자, 참고인 등에 관한 조사를 행하도록 명령한다.

조사관은 이러한 제방법을 사용하여 소년 · 보호자 · 참고인의 성행, 경력, 가정상황 등을 조사한 후 그 결과를 법원소년부에 송부한다.

이 조사 기간 중 법무부 소년분류심사원에 위탁될 수 있으며, 그 기간은 1개월이고 필요한 경우 2개월까지 연장할 수 있다.

소년분류심사원에는 교육학 · 심리학 · 사회복지학 · 정신의학 등 전문가에 의하여 대상소년의 가정 · 학교 · 사회환경을 조사하고, 지능 · 성격 · 적성 등 심리적 측면과 문제행동을 객관적 · 과학적으로 분석 및 처우지침을 제시하여 소년부 판사의 심리자료를 제공한다.

3) 임시조치

소년부 판사는 사건을 조사 또는 심리하는 데에 필요하다고 인정하면 소년의 감호에 관한 결정으로 다음 각 호의 어느 하나에 해당하는 조치를 할 수 있다.

① 보호자, 소년을 보호할 수 있는 적당한 자 또는 시설에 위탁
② 병원이나 그 밖의 요양소에 위탁
③ 소년분류심사원에 위탁. 다만, 소년분류심사원이 없는 지역은 소년분류심사 업무를 대행하는 소년원에 위탁한다.

위의 ①, ②번의 위탁기간은 3개월을, 소년분류심사원의 위탁기간은 1개월을 초과하지 못한다. 다만, 특별히 계속 임시 조치할 필요가 있을 때에는 한 번에 한하여 결정으로써 연장할 수 있다.

소년부 판사는 위와 같은 임시조치를 언제든지 결정으로써 취소하거나 변경할 수 있다(소년법 제18조, 임시조치).

4) 판사에 의한 심리와 처분의 결정

이상과 같은 방식에 의한 조사보고서를 받으면 소년부 판사는 먼저 소년에 관한 심리의 개시 여부를 결정한다.

이때 사건의 경미성 등을 이유로 심리불개시의 결정을 행하면 사건은 그로써 종결되고, 위탁된 소년은 자유롭게 된다.

그리고 심리개시의 결정을 행하면 심리기일을 지정하여 본인, 보호자, 보조인에게 통지하게 되는데, 이때 본인의 보호자 소환은 생략될 수 있다.

Tip

심리개시 여부 결정

① 심리불개시의 결정
소년부판사는 송치서 또는 통고서와 조사관의 조사보고서 등에 따라 사건의 심리를 개시할 수 없거나 개시할 필요가 없다고 인정하면 심리를 개시하지 아니한다는 '심리불개시 결정'을 한다(소년법 제19조제1항).

② 심리개시의 결정
소년부판사는 송치서와 조사관의 조사보고에 따라 사건을 심리할 필요가 있다고 인정하면 심리개시 결정을 한다. 이때 개시 결정은 사건 본인과 보호자에게 알려야 한다. 이 경우 심리개시 사유의 요지와 보조인을 선임할 수 있다는 취지를 아울러 알려야 한다(소년법 제20조제1항).

심리의 방식은 친절하고 온화한 것이 기대되며 비공개로 진행된다. 심리 중 보호자, 보조인, 조사관은 의견을 진술할 수 있으며 필요한 경우 판사는 본인의 퇴석을 명할 수 있다. 그리고 필요한 경우 증인을 소환 · 심문할 수 있으며 감정 등을 의뢰할 수 있으나, 형사소송법상의 증인심문 · 감정 등에 관한 규정은 보호사건의 성질에 위반되지 않는 한도 내에서 준용된다.

이와 같은 방식으로 심리를 진행시킨 결과, 어떠한 보호처분의 결정도 필요로 하지 않는다고 판단되는 경우에는 소년부판사는 불처분 결정으로 사건을 종결시킬 수 있다. 이때 위탁시설에 구금되었던 소년은 바로 석방된다. 그리고 보호처분의 필요가 있다고 인정되는 경우에는 소년법에 규정되어 있는 보호처분의 방법에 따라 보호처분 내용이 결정된다.

Tip

심리 결정

① 불처분 결정
보호처분을 할 수 없거나 할 필요가 없다고 인정하는 경우 아무런 처분을 하지 않기로 하는 결정으로 사건이 종결된다.

② 소년보호처분 결정

보호처분을 할 필요가 있다고 인정하는 경우에 하는 결정이다. 열 가지 보호처분 중에서 선택을 하는데, 그중에서 몇 가지 보호처분을 함께 묶어서 할 수도 있다.

대상소년, 보호자, 보조인 또는 그 법정대리인은 보호처분 결정이 있는 날로부터 7일 이내에 관할 고등법원 또는 지방법원 본원 합의부에 항고할 수 있으며(소년법 제43조), 고등법원의 결정에 대하여는 법령위반이 있는 경우에 한해 대법원에 재항고가 가능하다. 역시 이 재항고도 7일 이내에 하여야 한다.

5) 보호처분의 종류

보호처분이란 소년부판사가 비행소년에 대한 사건을 심리한 결과 소년의 교화·개선과 보호를 위해 소년의 환경을 조정하거나 성행을 교정할 것이 요구되어 소년의 처분이 필요하다고 인정될 때 결정으로 다음 처분을 하는 것을 말한다.

이러한 보호처분은 그 소년의 장래의 신상에 어떠한 영향도 미치지 아니한다.

(1호) 보호자 또는 보호자를 대신하여 소년을 보호할 수 있는 자에게 감호위탁(6개월, 6개월의 범위 내에서 1회 연장 가능)

(2호) 수강명령 : 비행소년의 성행교정을 목적으로 일정한 시간동안 강의나 교육을 받도록 하는 것(12세 이상의 경우에만 부과할 수 있음. 100시간 미만)

(3호) 사회봉사명령 : 사회에 소년의 노동력을 무보수로 제공하면서 성행을 교정하는 것(14세 이상의 경우에만 부과할 수 있음, 200시간 미만)

(4호) 보호관찰관의 단기 보호관찰(1년)

(5호) 보호관찰관의 장기 보호관찰(2년. 단, 1년의 범위 내에서 1회 연장 가능)

(6호) 「아동복지법」에 따른 아동복지시설이나 그 밖의 소년보호시설에 감호

위탁(6개월, 최대 6개월 연장 가능)

(7호) 병원, 요양소 또는 「보호소년 등의 처우에 관한 법률」에 따른 소년의료보호시설에 위탁(현재 대전소년원에서 치료 및 교육 받음)

(8호) 1개월 이내의 소년원 송치 : 1개월 이내에 소년원에 수용되어 교육을 받는 것. 현재 남자의 경우 대전소년원, 여자의 경우 청주소년원에서 교육을 받음

(9호) 단기 소년원 송치(6개월 미만) : 소년의 성행이 사회 내에서 교정되기 어렵다고 판단될 경우 6개월 미만의 기간 동안 소년원에서 교정교육을 받음

(10호) 장기 소년원 송치(2년 미만) : 2년 미만의 기간 동안 소년원에 수용되어 교정교육을 받는 것으로, 보호처분 중 가장 엄한 처분임

3. 비행소년의 처우방법

비행청소년의 처우방법에는 시설 내 처우와 사회 내 처우가 있다. 일반적으로 시설 내 처우 방법은 소년분류심사원, 소년원 등에 수용되어 처우를 받게 하는 것을 말하고, 사회 내 처우 방법은 보호관찰 등을 통해 비행소년을 처우하는 것을 말한다. 이에 대해 구체적으로 살펴보자.

1) 시설 내 처우

(1) 소년분류심사원

① 임무

- 소년분류심사원은 법원으로부터 위탁된 소년을 수용 · 보호하고 그 자질을 분류 심사하여 법원의 조사 · 심리자료로 제공한다.
- 소년원, 보호관찰소 등에 교정처우지침을 제공하고, 보호자에게 사후지도에 필요한 사항을 권고한다.

- 가정, 학교, 소년보호단체 등에서 의뢰한 소년의 자질을 분류심사하여 지도 자료로 제공한다.

② 수용

법원 소년부의 결정서에 의하여 수용되며, 위탁기간은 1개월을 초과하지 못한다. 다만, 특별히 계속 조치할 필요가 있을 때에는 1회에 한하여 법원 소년부의 결정으로 연장이 가능하다.

③ 소년분류심사의 의의 및 목적

소년분류심사란 대상소년의 요보호성을 심리학 · 교육학 · 사회학 · 사회복지학 · 범죄학 등의 전문지식과 기술을 활용하여 보호소년의 신체적 · 심리적 · 환경적 측면 등을 조사 · 측정, 평가 진단하여 그 문제점을 정확하게 규명하고 그에 따른 처우의 지침을 작성하는 것을 말한다.

분류심사의 목적은 이런 분류심사의 결과를 바탕으로 문제 또는 비행원인을 규명하고 그에 대한 처우, 치료 및 교정방침을 수립함과 동시에 소년법원(가정법원 소년부 또는 지방법원 소년부지원)의 조사 및 심리에 필요한 자료를 제공하고 소년원의 교정교육에 지도지침이 되게 한다. 그 외에도 검찰청, 소년경찰, 보호관찰소, 학교 등 소년관계기관뿐만 아니라 일반 가정에서도 자녀지도에 활용할 수 있다.

또한 소년분류심사원이 없는 지역은 소년원(부산 · 대구 · 광주 · 전주대전 · 춘천 · 제주소년원)에서 그 업무를 대행하고 있다.

④ 소년분류심사의 종류

소년분류심사의 종류에는 대상소년 및 실시방법에 따라 다음과 같이 구분한다.

가. 분류심사 대상자에 따른 분류

- 수용분류심사

  소년법 제18조제1항제3호에 의하여 법원소년부 판사의 결정으로 소년분류심사원에 위탁된 소년을 분류심사하는 것을 말한다.

• 외래분류심사 및 청소년 심리검사

보호소년 등의 처우에 관한 법률 제26조 및 동법 시행령 제54조에 의하여 가정, 학교, 소년보호단체 등에서 의뢰하는 대상자를 분류심사하여 필요한 자료를 제공하는 방법이다. 특히 가정이나 학교에서 정상 또는 문제청소년의 지능, 적성, 성격 등의 파악과 자녀지도에 대한 참고와 조언을 구하고자 분류심사 및 청소년 심리검사를 의뢰하면 언제든지 실시해주고 있다.

• 상담조사

소년보호 등의 처우에 관한 법률 시행령 제52조에 의하여 상담조사는 법원 소년부판사가 상담조사를 의뢰한 소년을 대상으로 비행예방 및 인성교육을 실시하고, 보호처분결정에 필요한 조사를 실시하여 소년 처우에 관한 의견을 제시한다. 이는 3일에서 5일간 주간에만 출석하여 조사와 교육을 실시하므로 분류심사의 한 유형이지만 시설 내 처우라고 할 수 없다.

나. 분류심사 방법에 따른 분류

• 일반분류심사

전체 소년을 1차 대상으로 하되 그중 문제 또는 비행원인이 비교적 간단한 소년을 면접조사와 신체의학적 진찰, 표준화 심리검사, 자료조회, 자기기록, 행동관찰, 보호자 상담 결과를 종합하여 요보호성 여부를 판정하는 분류심사를 말한다.

• 특수분류심사

일반분류심사를 한 결과 문제 또는 비행원인이 중대하고 복잡한 소년에게 개별심리검사와 정신의학적 진단, 자료조회, 현지조사 등을 추가시켜 실시하는 분류심사로서 이는 보다 더 세심한 환경조사와 심리검사를 정밀하게 실시하여 진단하는 분류심사를 말한다.

⑤ 소년분류심사의 영역

소년분류심사 영역이라 함은 분류심사 대상자의 어느 측면에서 어떻게 분류심사할 것인가를 말하는 것으로 대상자를 종합적이고 역동적으로 이해(측정, 진단)해야 하기 때문에 대상자의 신체적 · 심리적 · 환경적(가정, 학교, 지역사회 등) · 행동관찰적인 측면 등을 분류심사 영역으로 하며, 이를 구체적으로 살펴보면 다음과 같다.

가. 비행 개요 및 신상관계

비행을 하게 된 경위와 원인, 비행내용, 과거 비행력, 인적사항 및 각종 신상에 대한 조사를 하게 된다.

나. 신체적 측면

대상자의 신체 발육상황, 건강상태, 신체 각 기관의 이상 여부 및 신체특징 조사, 기능의 우열 등을 진단한다. 또는 신체적 결함이 비행에 어떠한 영향을 미쳤는지도 조사한다.

다. 심리적 측면

지능을 중심으로 한 능력관계, 성격이상과 특징, 행동장애, 정신질환의 유무 및 정도와 적응 등을 주로 측정하는 것으로 각종 심리검사를 통해 심층적으로 진단하며 분류심사의 핵심적 영역이다.

라. 환경적 측면

환경적 측면은 모태로부터 현재까지 소년의 모든 물리적 · 자연적 · 문화적 환경을 포함하여 말하는 것이나 주로 가정환경, 학교관계 및 지역사회 환경을 범죄사회학, 사회병리와 사회정신의학적 입장에서 다룬다.

마. 행동관찰적인 측면

언어적 방법인 상담과 함께 비언어적 방법인 행동관찰을 통해 대상자의 성격 및 행농과의 상호관계, 적응상태 등을 진단하는 것으로 자연스러운 일상생활 장면의 관찰인 비조작적 행동관찰과 인위적 조정을 통한 관찰법인 조작적 행동관찰 등으로 분류한다.

⑥ 소년분류심사의 방법

가. 신체검사 및 진찰법

이 방법은 일반 병원에서 환자를 진찰하는 것과 같이 분류심사대상자의 신체 질병유무 및 정도, 신체 각 기관의 이상 및 우열을 해당 전문의가 진단하는 방법이다.

나. 심리검사법

인간행동에 관한 진단 및 예견은 사람과 사람 사이에 그리고 동일한 사람 안에서도 능력이나 특성에 차이가 있다. 즉, 개인 간의 차이(inter-individual difference)와 개인 내에서의 차이(intra-individual difference)가 있어 이것을 기초로 하여 장래행동이 결정되기 때문에 심리검사를 통해 그 차이를 밝혀내는 것이다. 분류심사에 있어서 심리검사는 조사나 행동관찰, 면접 등으로부터 얻어지지 않는 것 또는 그것을 뒷받침 하는 인간이해의 실마리를 얻는 수단으로서 대상자의 능력에 맞는 처우를 위한 기초자료로서 사용된다.

특히 지능을 중심으로 한 능력관계, 성격이상과 특징, 정신병 등 정신질환의 유무 및 정도와 적응 · 욕구 등 정신장애를 주로 측정하는데 있다.

- 지능측정을 위해서는 웩슬러식 지능검사(KEDI-WISC, K-WISC Ⅲ, K-WAIS), 토막 짜기 지능검사(KOHS), 일반지능검사, 종합능력진단검사 등을 실시한다.
- 성격진단을 위해서는 다면적 인성검사(MMPI-Ⅱ, A), 로르샤하(RORSCHACH)검사, 성격유형검사(MBTI), 그림검사(HTP), 특수인성검사 등을 실시한다.
- 욕구 및 동기 측정을 위해서는 주제통각검사(TAT), 문장완성검사(SCT), 욕구진단검사 등을 실시한다.
- 정신질환을 진단하기 위해서는 로르샤하(RORSCHACH)검사, 형태지각검사(BGT), 뇌파검사(EEG) 등을 실시한다.
- 적성을 측정하기 위해서는 일반적성검사, 기구검사, 종합능력진단검사 등을 실시한다.

다. 상담 및 현지조사법

분류심사대상자의 가족력, 가족 간의 심리적인 역동관계, 현재의 문제점, 생육 및 성장환경, 개인력 등을 면대면의 관계에서 밝혀내고 면접으로 밝혀지지 않거나 불충분한 것은 대상소년의 가정, 학교, 취업처 등 생활환경을 전화나 서면 또는 분류심사 담당자가 직접 현지에 출장 조사하는 방법이다.

라. 정신의학적 진단법

정신의학적 진단은 개인의 행복, 만족, 능력 또는 사회적응을 방해하는 정신장애의 근원과 그것이 발전해 나온 과정을 밝혀내는 데 있으므로 개인의 발달사, 특수한 심리적 양상과 생활 제반에 관한 모든 정보나 지식을 얻어 분류심사 대상자와의 면접, 심리검사결과 및 행동관찰을 통해 중대한 문제점이 보이면 정신과 전문의가 직접 진찰, 진단하여 분류심사하는 것을 말한다.

마. 행동관찰법

분류심사 대상자의 일상생활 관찰을 통해 신병의 보전, 심신의 안전을 도모하고 나아가 생생한 구체적 행동을 기록하여 분류심사에 기초자료를 제공하는 방법으로 수용생활 중에는 행동관찰 담당자가, 심리검사 시에는 검사실시자가, 면접 시에는 면접자가 관찰결과를 기록하여 분류심사 과정에 참고하도록 한다.

⑦ 소년분류심사의 과정

소년소분류심사의 과정은 [그림 10-3]과 같다.

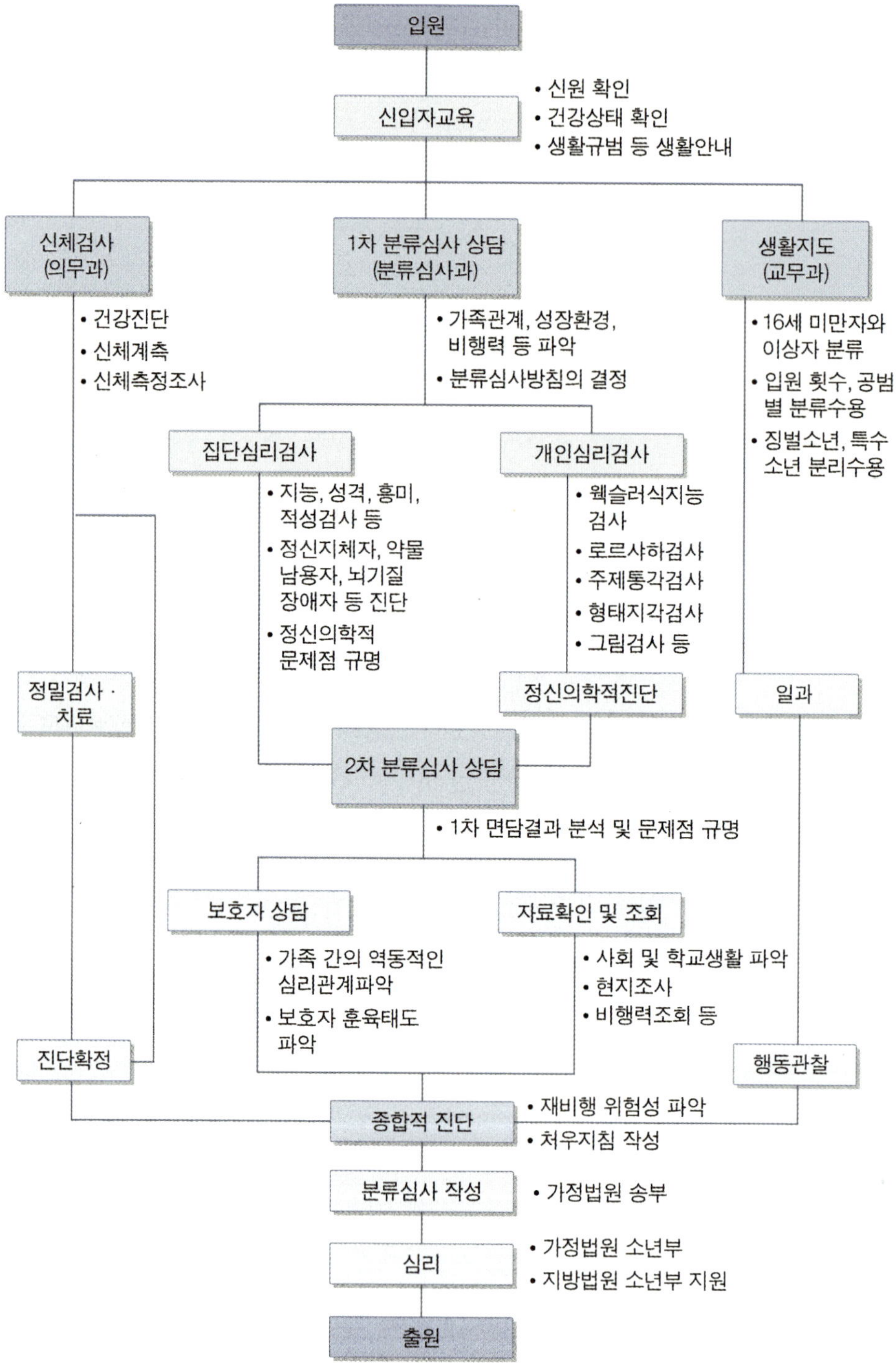

그림 10-3 분류심사의 과정

(2) 소년원

① 임무

우리나라 소년원은 소년법 제32조제1항제7호부터 제10호까지의 규정에 따라 가정법원 소년부 또는 지방법원 소년부로부터 송치된 소년을 수용하여 규율 있는 생활 속에서 교과교육, 직업능력개발훈련, 의료 · 재활교육, 인성교육 등 교정교육을 하는 것을 임무로 한다.

현재 우리나라에는 10개의 소년원이 있다. 의료 · 재활전문기관인 대전소년원을 제외한 9개 소년원의 교육은 교과교육 중심, 인성교육 중심, 직업능력개발훈련 중심 교육과정 중 1개 내지 2개 이상을 운영하고 있다. 각 소년원별 교육과정을 정리한 내용은 <표 10-2>로 제시하였다.

표 10-2 소년원별 보호대상 및 교육과정

기관(학교명)	설립일	대상	교육과정
서울소년원 (고봉중 · 고등학교)	'42.4.20.	9호 10호	• 중 · 고등학교 교과교육, 컴퓨터, 검정고시 • 직업능력개발훈련 • 보호자교육
부산소년원 (오륜정보산업학교)	'47.1.18.	10호	• 직업능력개발훈련, 컴퓨터, 검정고시 • 보호자교육
대구소년원 (읍내정보통신학교)	'45.11.21.	9호 10호	• 인성교육, 컴퓨터, 검정고시 • 직업능력개발훈련 • 보호자교육
광주소년원 (고룡정보산업학교)	'46.11.7.	9호 10호	• 직업능력개발훈련, 컴퓨터, 검정고시 • 보호자교육
전주소년원 (송천정보통신학교)	'67.3.25.	9호 10호	• 중학교 교과교육, 컴퓨터, 검정고시 • 직업능력개발훈련 • 보호자교육
대전소년원 (대산학교/대산의원)	'98.7.1.	7호 8호 9호 10호	• 의료 · 재활교육, 컴퓨터, 검정고시 • 8호처분자 교육(남) • 보호자교육
청주소년원 (미평여자학교)	'09.7.1.	8호 9호	• 인성교육, 컴퓨터, 검정고시 • 8호처분자 교육(여) • 보호자교육

기관(학교명)	설립일	대상	교육과정
안양소년원 (정심여자정보산업학교)	'46.10.1.	9호 10호	• 중학교 교과교육, 컴퓨터, 검정고시 • 직업능력개발훈련 • 보호자교육
춘천소년원 (신촌정보통신학교)	'63.9.9.	9호 10호	• 인성교육, 컴퓨터, 검정고시 • 직업능력개발훈련 • 보호자교육
제주소년원 (한길정보통신학교)	'87.11.9.	8호 9호 10호	• 인성교육, 컴퓨터, 검정고시 • 8호처분자(제주지역, 남) 교육 • 보호자교육

※ 10호 처분자는 12세 이상 소년
※ 소년원은 학교명을 복수 명칭으로 사용

② 수용

보호소년의 수용은 법원 소년부의 결정서에 의하며, 법원 소년부는 비행소년의 송치처분 결정 시 보호주의 원칙상 절대적 부정기형의 선고와 같은 형태를 취하고 있다.

보호소년의 수용기간은 7호 처분은 6개월, 8호 1개월 이내, 9호 6개월 미만, 10호 처분은 24개월 미만이다.

③ 교정교육

가. 교육단계

소년원에서의 교육은 입원에서 퇴원에 이르기까지 입원자교육, 기본교육, 사회복귀교육의 3단계로 구분하여 실시하고 있다. 입원자교육은 10일 동안 생활안내, 개별처우계획 · 학교지정 등 처우심사를 실시하고, 기본교육은 직업능력개발훈련, 교과교육, 의료 · 재활교육, 인성교육 중에서 대상소년에 적합한 교육을 실시한다. 그리고 사회복귀교육은 10일 동안 진로상담, 사회적응지도, 취업알선 등을 지도한다.

나. 교과교육

초 · 중등교육법이 정한 유자격교사가 초 · 중등학교 교육과정 수업을 하고 있다. 이는 일반학교 재학 중 소년원에 입원한 소년 등 학업연계가 가능한 소년에 대해 입학 또는 전 · 편입학 등의 기회를 부여하여 진로장애를 제거한다.

그리고 초 · 중등교육법 시행령 제76조에서 정한 특성화중학교를 운용하여 컴퓨터, 인성교육 등을 실시하고 있다. 또한 각급학교 학령초과자는 검정고시에 응시하여 학력을 취득하게 하고 있다. 이는 학업을 중도에서 포기한 보호소년에게 일반학교와 동일한 교육을 실시함으로써 학업좌절로 인한 재비행의 악순환을 방지하기 위한 것이다.

다. 직업능력개발훈련

소년원의 직업훈련은 보호소년의 근로정신을 함양하고, 건전한 직업관의 확립과 직업인이 갖추어야 할 지식과 기능을 습득하게 하여 경제적으로 자립할 수 있는 기반을 마련하는 한편, 산업사회의 적응능력을 함양하게 함으로써 재비행을 방지하는 데 목적이 있다.

직업능력개발훈련의 교육과정은 제과제빵, 사진 영상, 측량, 미용, 피부미용, 텔레마케팅, 헤어디자인, 자동차정비, 자동차용접, 건설기계운전, 한식조리, 골프매니지먼트 등의 교육을 받고 자격증을 취득한다.

라. 인성교육

소년원의 인성교육은 집단상담, 집단지도, 체험교육, 사회봉사활동을 실시한다. 집단상담은 감수성훈련, 강 · 절도 및 성교육 프로그램, 분노조절, 또래상담, 미술치료, 진로탐색, 세상열기 프로그램을 실시하고, 집단지도는 생활예절, 성교육, 약물교육, 법교육, 학교폭력예방교육, 인터넷중독 예방교육, 교통안전교육을 실시하며, 체험교육은 IT경진대회, 기능경기대회, 국도순례, 야영훈련, 스키캠프, 문화답사, 사제체육대회, 문화예술공연, 스포츠경기 등을 체험한다. 또한 사회봉사활동은 소외계층 및 장애인 시설 위문, 농촌일손 돕기, 이웃사랑 정보화교육, 자동차 서비스 등이다.

마. 의료 · 재활교육

의료 · 재활교육은 약물중독, 정신 및 발달장애 학생을 집중 수용하여 치료 · 재활교육을 통한 교육현장에 복귀 및 사회적응능력을 배양한다. 즉, 약물남용 예방교육, 음악치료, 작업치료, 연극치료, 미술치료 등을 실시하며, 대상소년의 증세에 따라 치료, 투약을 병행한다.

바. 퇴원 및 임시퇴원

- 퇴원

퇴원은 보호소년이 22세에 도달할 때, 수용 상한기간(8호-1개월, 9호-6개월, 10호-24개월)에 도달할 때, 그리고 교정성적이 양호하며 교정의 목적을 이루었다고 인정되어 보호관찰심사위원회의 심사 및 법무부장관의 허가를 받을 때 중에서 하나에 해당되면 퇴원한다.

- 임시퇴원

임시퇴원은 보호소년이 교정성적이 양호하다고 인정될 때 소년원장이 보호소년처우심사위원회의 심사를 거쳐 보호관찰심사위원회 임시퇴원을 신청한다. 임시퇴원자는 6개월 내지 2년간 보호관찰 지도를 받는다.

또한 임시퇴원자는 보호관찰 기간 중 준수사항을 위반하면 임시퇴원이 취소되어 소년원에 재수용 된다.

2) 사회 내 처우

(1) 청소년비행예방센터

① 임무

청소년비행예방센터는 법원 · 검찰청 · 학교 등에서 의뢰한 위기청소년에 대한 대인교육 및 보호자교육을 실시한다. 즉, 청소년비행예방센터는 지역사회 위기청소년들에게 문제유형별 전문교육, 인성교육, 체험활동 등을 통해 건전한 성장을 돕는 법무부 소속기관이다.

한편 청소년비행예방센터는 「소년원 등의 명칭 복수사용에 관한 지침」(법무부훈령 제914호, 2013.11.21. 개정)에 의거하여 청소년꿈키움센터로서의 교육 활동과 비행예방기능을 적절하게 수행하기 위해 대외적인 명칭으로서 '청소년꿈키움센터' 또는 '솔로몬로파크' 등의 명칭을 사용하고 있다.

표 10-3 청소년비행예방센터 현황

<table>
<tr><th>기관명칭
(대외명칭)</th><th>교육과정</th><th>관할지역</th></tr>
<tr><td>안산청소년비행예방센터
(안산청소년꿈키움센터)</td><td>① 대안교육
② 프로그램 연구 개발
③ 보호자교육
④ 청소년심리상담
⑤ 비행예방을 위한 법교육
⑥ 일일체험
⑦ 가족솔루션캠프 등</td><td>경기</td></tr>
<tr><td>대전청소년비행예방센터
(솔로몬로파크)</td><td>법 교육, 프로그램 개발, 법 체험관 운영, 자원봉사자전문교육, 교사 직무연수</td><td>전국</td></tr>
<tr><td>광주청소년비행예방센터
(광주청소년꿈키움센터)</td><td rowspan="2">① 대안교육
② 상담조사
③ 보호자교육
④ 청소년심리상담
⑤ 비행예방을 위한 법교육
⑥ 일일체험 등</td><td>광주</td></tr>
<tr><td>창원청소년비행예방센터
(창원청소년꿈키움센터)</td><td>경남</td></tr>
<tr><td>부산청소년비행예방센터
(부산청소년꿈키움센터)</td><td rowspan="6">① 대안교육
② 상담조사
③ 보호자교육
④ 청소년심리상담
⑤ 비행예방을 위한 법교육
⑥ 일일체험
⑦ 가족솔루션캠프 등</td><td>부산, 울산</td></tr>
<tr><td>청주청소년비행예방센터
(청주청소년꿈키움센터)</td><td>충북</td></tr>
<tr><td>서울남부청소년비행예방센터
(서울남부청소년꿈키움센터)</td><td>서울 남부,
동부, 서부</td></tr>
<tr><td>서울북부청소년비행예방센터
(서울북부청소년꿈키움센터)</td><td>서울 북부,
의정부, 고양</td></tr>
<tr><td>인천청소년비행예방센터
(인천청소년꿈키움센터)</td><td>인천, 부천,
김포, 강화</td></tr>
<tr><td>대구청소년비행예방센터
(대구청소년꿈키움센터)</td><td>대구, 경북</td></tr>
<tr><td>전주청소년비행예방센터
(전주청소년꿈키움센터)</td><td rowspan="3">① 대안교육
② 상담조사
③ 보호자교육
④ 청소년심리상담
⑤ 비행예방을 위한 법교육
⑥ 일일체험 등</td><td>전북</td></tr>
<tr><td>순천청소년비행예방센터
(순천청소년꿈키움센터)</td><td>전남</td></tr>
<tr><td>춘천청소년비행예방센터
(춘천청소년꿈키움센터)</td><td>강원</td></tr>
</table>

출처 : 범죄예방정책국 소년과(2014.8). 학교폭력근절을 위한 관계부처 간담회.

② 주요 기능[1)]

가. 대안교육

청소년비행예방센터에서 운영하고 있는 대안교육은 보호소년 등의 처우에 관한 법률 제42조의2에 의한 것으로 초 · 중등교육법 제60조의 3에서 의미하는 대안교육과는 다르다. 비행예방센터의 대안교육은 위기 · 비행 초기 청소년 비행예방 및 재범방지를 목적으로 법무부 자체에서 개발한 비행유형별 전문교육과 체험활동 중심의 인성교육을 의미한다.

대안교육은 학교나 교육청으로부터 부적응학생 및 복교 전 중도탈락 학생, 검찰청으로부터 기소유예 대상 소년, 법원으로부터 보호관찰 부가처분을 받는 소년에게 이루어지고 있다. 학교에서 징계 대상인 학생들에게는 1주 과정 혹은 2주 과정의 교육기간에 문제유형별 전문교육, 체험교육, 소양교육(일반교육)이 실시된다.

전문교육은 학교폭력, 절도, 성비행, 교통안전, 흡연 및 알코올, 인터넷중독, 회복 프로그램 등 문제행동 유형별로 이루어지고 있다. 체험교육은 몸으로 느끼고 가슴으로 깨우치는 활동으로 장애체험, 도미노, 모듬북, 예절교육, 원예치료, 미술치료, 연극치료, 암벽등반, 건물레펠, 금연교육, 모의재판 등이 진행되고 있다. 체험교육은 지역사회의 일반 초 · 중 · 고등학생을 대상으로 일일체험교육 형식으로도 이루어지고 있다. 소양교육(일반교육)으로는 법에 대한 이해 및 법적사고력 신장을 위한 법 교육, 생활 속 기본예절을 배우는 생활예절, 정보화교육, 금연교육, 올바른 성가치관 확립을 위한 성교육으로 이루어져 있다.

나. 상담조사

상담조사 대상자는 경미한 범죄로 인하여 불구속 상태에서 소년부에 송치되는 비수용 보호처분 대상자이며, 법원 소년부 판사가 주간에만 청소년비행예방센터에 출석하여 비행원인 진단과 함께 인성교육을

1) 권해수(2012). 단기집중형 법무부 대안교육프로그램 효과분석. 법무부 범죄예방정책국.

받게 하는 제도이다(송화숙, 2008). 이는 비행청소년이 소년분류심사원에 위탁되어 자유가 제한되는 것과는 달리 부담 없이 일상생활을 지속하면서 주간에만 출석하여 조사와 비행예방교육을 받게 하는 제도라고 할 수 있다.

상담조사 기간은 1일 7시간을 기준으로 3일 과정, 4일 과정, 5일 과정 등으로 구성되어 있는데, 법원 소년부 판사의 요청에 따라 필수과정을 제외한 프로그램 및 시간은 탄력적으로 조정이 가능하다. 또한 상담조사 기간은 해당학교의 출석으로 인정되고 있으며(보호소년 등의 처우에 관한 법률 시행령 제52조제2항), 소년의 생활환경, 심리적 특성, 교육태도, 비행진단, 지도방향 및 처분의견 등에 대한 상담조사서가 작성되어 법원에 송부되면 소년부 판사가 심리결정을 할 때 참고자료로 활용한다.

다. 보호자교육

소년법 제32조의2 제3항에 의하면, 소년부 판사는 가정상황 등을 고려하여 필요하다고 판단되면 보호자에게 소년원 · 소년분류심사원 또는 보호관찰소 등에서 실시하는 소년의 보호를 위한 특별교육을 받을 것을 명할 수 있다. 소년원과 소년분류심사원은 소년법 제32조의2 제3항에 따라 교육명령을 받은 보호자 또는 보호소년 등의 보호자를 대상으로 역할개선 중심의 보호자교육과정을 운영한다(보호소년 등의 처우에 관한 법률 제42조의3 제1항). 특히 후자의 보호자교육은 소년부 판사에 의한 보호자교육명령이 없더라도 보호자 본인들의 동의하에 자발적인 참여가 가능하기 때문에 보호자교육의 형태는 '법원명령형'과 '자원참가형'의 두 가지 유형으로 분류할 수 있다. 또한 「학교폭력예방 및 대책에 관한 법률」 제17조제9항에 의하면 "자치위원회는 가해학생이 특별교육을 이수할 경우 해당 학생의 보호자도 함께 교육을 받게 하여야 한다."고 명시되고 있는데, 동 조항도 보호자교육의 법적인 근거라고 볼 수 있다.

청소년비행예방센터에서는 자발적인 동의에 의한 보호자 위주의 교육이 진행되고 있다. 특히 해당 소년에 대해 통학형 위탁교육을 실시하고 있어 보호자가 직접 대상자를 데리고 청소년비행예방센터를 방문하는 날에 집중적으로 보호자교육이 이루어지고 있다.

한편 보호자교육의 주된 내용으로는 자녀의 부적응 행동을 이해하고, 건전한 성장을 돕는 올바른 부모역할 개선을 지원하며, 가족 기능 회복을 위한 보호자교육은 자녀의 심리적 특성 이해 및 자녀와의 대화법, 가족 구성원 관계 탐색 및 소통하기, 가족공감 한마당 · 세족식 · 영상편지 등의 가족관계회복을 위한 프로그램 참여 등이 포함된다.

라. 청소년심리상담

보호소년 등의 처우에 관한 법률 제26조(청소년심리검사 등)에 따라 청소년이나 그 보호자가 적성검사 등 진로탐색을 위한 청소년심리검사 또는 상담을 의뢰하는 경우 청소년심리상담이 이루어질 수 있다. 청소년심리상담의 목적은 가정 및 학교생활 적응을 지원하고, 올바른 교우관계 형성을 조력하며, 사전심리검사 및 진로상담 등을 병행하여 정확한 특성을 이해하고자 하는 데 있다. 대상자는 위기 · 취약계층청소년, 초기비행청소년, 복지시설청소년, 일반학생 등이고, 심리검사 실시 후 2주 이내에 대상자 또는 보호자에게 우편으로 결과를 발송하고 있다.

마. 비행예방을 위한 법 교육

청소년비행예방센터에서는 일반청소년과 교사들을 대상으로 사례 중심의 출장강연, 모의법정 체험, 법사랑캠프 등의 서비스를 제공하고 있으며, 주요 내용으로 성교육, 약물교육, 재난대비안전교육, 교통안전교육, 실종 · 유괴예방교육, 자살예방교육, 예절교육, 인터넷중독예방교육 등이 있다.

바. 일일체험

일일체험은 초 · 중 · 고등학교 학생 및 교사, 위기 · 취약계층 청소년 등을 대상으로 다양한 체험교육 시설을 무료로 개방하여 활용할 수 있도록 지원하고 있는 제도이다. 2~4시간 정도의 과정으로 장애체험, 모의법정, 원예치료, 생활도예, 암벽등반, 임종체험, 도미노 등 각 센터별 지역의 특성을 활용한 다양한 일일체험 서비스를 제공하고 있다.

사. 가족솔루션캠프

청소년비행예방정책의 일환으로 청소년비행예방센터와 재단법인 한국소년보호협회가 공동으로 주관하는 사춘기 청소년과 그 부모를 대상으로 가족관계 증진을 위한 합숙캠프인 가족솔루션캠프를 운영하고 있다.

가족솔루션캠프는 초등학교 5학년부터 고등학교 2학년까지 청소년들과 그 부모를 대상으로 1박 2일 또는 2박 3일 동안 합숙을 한다. 메마른 땅을 적시는 소나기처럼 가족 간 메말랐던 감정을 서로 나눔으로써 모두 하나로 어우러지는 '소(통), 나(눔), 기(쁨)'라는 캠프이다.

(2) 보호관찰

① 목적

보호관찰제도는 죄를 범한 자로서 재범방지를 위해 보호관찰, 사회봉사·수강 및 갱생보호 등 체계적인 사회 내 처우가 필요하다고 인정되는 자에 대해 지도·원호를 함으로써 건전한 사회복귀를 촉진하고, 효율적인 범죄예방 활동을 전개함으로써 개인 및 공공의 복지를 증진함과 아울러 사회를 보호함을 목적으로 한다.

② 임무

가. 보호관찰대상자 면담, 현장방문 등 준수사항 이행 여부 확인 점검

나. 취업알선, 복학주선 등 자립 개선지원

다. 보호관찰 성적 양호자에 대한 지도감독 임시해제, 준수사항 위반자에 대한 구인·유치 및 법원에 집행유예 취소 등 신청

③ 보호관찰부과 기간과 대상

가. 형법

- 보호관찰 조건부 형의 선고유예 대상자(제59조의2) : 1년
- 보호관찰 조건부 형의 집행유예 대상자(제62조의2) : 유예기간 내 법원이 정한 기간
- 보호관찰 조건부 가석방 대상자(제73조의2) : 잔형기간, 단 무기형은 10년

나. 소년법

- 단기보호관찰 대상자(제32조제1항제4호) : 1년
- 장기보호관찰 대상자(제32조제1항제5호) : 2년
  - 보호관찰 등에 관한 법률
  - 임시퇴원 된 대상자(제30조제4호) : 6월~2년

라. 아동 · 청소년의 성보호에 관한 법률

- 소년법상의 보호처분사건으로 처리(제40조제1항제1호), 소년법 제32조) : 1~2년
- 형기종료 후 보호관찰(제61조) : 2~5년

마. 성폭력범죄의 처벌 등에 관한 특례법

- 보호관찰 조건부 형의 선고유예 대상자(제16조제1항) : 1년
- 보호관찰 조건부 형의 집행유예 대상자(제16조제4항) : 유예기간 내에서 법원이 정한 기간
- 보호관찰 조건부 가석방 대상자(제16조제8항) → 잔형기간

바. 가정폭력범죄의 처벌 등에 관한 특례법

- 보호처분 대상자(제40조제1항제5호) : 6월

사. 성매매알선 등 행위의 처벌에 관한 법률

- 보호처분 대상자(제14조제1항제2호) : 6월

아. 보호관찰소 선도위탁 규정

- 선도조건부 기소유예 대상자 : 1급 1년, 2급 6월

④ 사회봉사명령집행

가. 일정 기간 무보수로 공공분야 근로활동

나. 장애인보조, 재난복구작업 등 지역사회에 도움이 되는 분야에 노동력 제공

다. 대상자의 능력과 특기를 살려 속죄 봉사할 수 있는 기회 제공

⑤ 사회봉사명령 부과 시간과 대상

가. 형법

사회봉사 또는 수강을 조건으로 형의 집행유예를 받은 자(제62조의 2) : 500시간 범위 내

나. 소년법

14세 이상의 소년(제32조제1항제3호) : 200시간 범위 내

다. 성폭력범죄의 처벌 등에 관한 특례법

보호관찰 조건부 집행유예 대상자(제16조) : 500시간 범위 내

라. 가정폭력범죄의 처벌 등에 관한 특례법

보호처분 대상자(제40조제1항제4호) : 200시간 범위 내

마. 성매매알선 등 행위의 처벌에 관한 법률

보호처분 대상자(제14조제1항제2호) : 100시간 범위 내

⑥ 수강명령집행

가. 약물중독, 가정폭력, 성폭력 등 전문적인 도움이 필요한 범죄자를 보호관찰소 또는 지정 기관에서 일정시간 교육

나. 준법의식과 인간관계 개선 등 사회적응능력 배양

⑦ 수강강명령부과 시간과 대상

가. 형법

사회봉사 또는 수강을 조건으로 형의 집행유예를 받은 자(제62조의 2) : 200시간 범위 내

나. 소년법

보호처분 시 12세 이상의 소년(제32조제1항제2호), 100시간 범위 내

다. 성폭력범죄의 처벌 등에 관한 특례법

유죄판결(벌금, 집행유예, 실형) 선고 시(제16조제2항) : 500시간 범위 내

04 판결전조사

⑧ 판결전조사

가. 법원이 요청한 피고인의 생활환경, 성행 등 조사 통보

나. 재판 시 양형, 집행유예 등 판결 자료로 활용

⑨ 기대효과

가. 시설 내 수용 등에 따른 범죄오염을 방지하고 수용경비 등 국가예산을 경감하며, 보호관찰이라는 안전장치를 통하여 선고유예, 집행유예, 가석방, 임시퇴원 등의 효율성을 높일 수 있다.

나. 보호위원 등 민간자원봉사자가 범죄자처우에 공동으로 참여함으로써 화합된 사회분위기를 조성하여 재범방지에 기여할 수 있다.

제11장

학교폭력 예방기관

최근 대두되고 있는 청소년 학교폭력 문제 및 기타 문제에 대해 학교만의 문제가 아니라 넓게 보면 사회문제라고 생각한다. 학교폭력 해결 및 예방도 학교 차원에서 이루어지는 것이 아니라 국가 및 사회기관에서 학교폭력을 예방하고 아이들을 감싸는 노력을 하는 것이 필요하다.

따라서 이 장에서는 학교폭력 예방기관들의 특성, 기능들을 소개하고 국가, 학교, 지역사회들의 연계성을 통해 학교폭력 예방 및 해결이 어떻게 이루어지고 있는지를 알아보고자 한다.

1. Wee 프로젝트

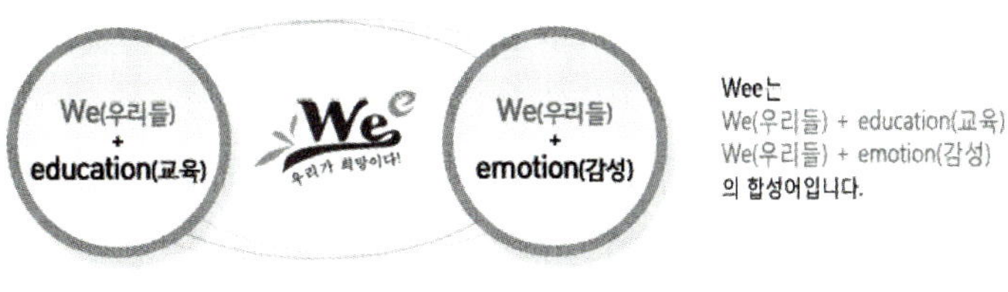

그림 11-1 Wee 프로젝트 개념

http://www.wee.or.kr

we(우리)+education(교육)+emotion(감성)을 나타내는 Wee 프로젝트는 위기학생 지원 핵심정책으로 선정되어 학교와 교육(지원)청, 그리고 지역사회 협력을 통한 종합적인 안전망을 구축·운영하고, 학교 부적응 학생 해소 및 인적자원 유실방지를 위한 학교폭력 예방기관이다.

1) Wee 프로젝트의 이해와 기능

Wee 프로젝트는 1차 Safe-net Wee클래스와 2차 Safe-net Wee센터, 그리고 3차 Safe-net Wee스쿨로 되어 있다.

1차 Safe-net Wee클래스는 단위학교 내 상담실을 설치·운영하며 선문상담교사와 전문상담사를 배치하고, 상담실 구축과 심리검사도구와 자료가 구비되어 있다. 또한 학생상담지원단이 조직되어 있고, 지역사회와의 연계가 구축되어 있다. 학생·학부모·교직원의 상담 관련 수요조사와 위험군 학생 조사를 위한 심리검사를 실태 분석하고 있으며, 학습 및 진로상담, 학교 부적응 및 심리정서상담, 학교폭력, 비행, 약물상담을 하는 개인상담과 위기학생관리(학교폭력, 비행, 위기 등)와 인성함양, 자존감향상, 진로, 학습, 따돌림방지를 위한 집단상담을 진행하고 있다. 학생, 학부모, 교사상담 연수를 하는 집단지도와 교육, 개별검사, 집단검사를 하는 심리검사와 상담행사, 그리고 이를 통한 상담활동 분석 및 평가를 하고 있다.

2차 Safe-net Wee센터에서는 단위학교에서 지도하기 어려운 고위기학생의 체계적인 관리 및 지도를 위한 교육(지원)청 차원에서 지역사회의 인적·물적 인프라를 활용하여 진단-상담-치료가 가능한 원스톱 상담 및 치유 프로그램을 운영하고 있다. 학교나 내방, 전화로 의뢰를 접수하고 접수면접을 통한 가족관계 탐색, 주 호소 문제와 상담 경험 유무를 파악하고 1차 사례회의를 통해 주 사례관리자 배정, 담임교사와 협의, 위기스크리닝, 자기보고식 심리검사를 통해 서비스 개입방법을 결정한다. 개입-상담-프로그램-지원연계가 결정되면 임상심리사에 의한 성격, 정서, 지능, 행동평가 실시되고 심층심리평가 이후 2차 사례회의가 이루어져 치료계획 수립, 치료기관 의뢰, 심리치료(모래놀이치료, 미술치료, 사회성치료, 게임치료 등) 및 약물치료, 입원 또는 통원치료와 같이 전문치료기관이나 전문기관과 연계하여 치료개입방법이 결정된다. 상담목표 달성과 상담과제 확인을 통해 담임교사 및 학부모와 사후합의를 결정하며, 필요 시 전화상담과 지역유관기관과 연계하여 관리한다.

3차 Safe-net Wee스쿨은 시 교육청 단위에 설치 · 운영되고 있으며 교과교사, 전문상담교사, 전문상담사, 임상심리사, 사회복지사, 치료사 등을 배치하고 있다. 또한 Wee클래스, Wee센터에서 의뢰받은 학생에게 치유 프로그램을 제공하고 학교에 복귀할 수 있도록 지원하며, 고위기학생의 장기간 치료 및 교육을 지원하고 교과활동, 직업진로교육, 방과 후 활동, 상담활동 등의 프로그램을 운영하고 있다.

그림 11-2 Wee 프로젝트 체계도

http://www.wee.or.kr/

Wee 프로젝트의 주 대상은 학습부진 및 학교부적응 학생뿐만이 아닌 일반 학생들도 서비스 대상이다. Wee 프로젝트에 참여하는 학생의 선정은 교사들에 의해 선정되기도 하고, 부모님의 권유와 안내로 오는 경우도 있으며, 학생 스스로 참여하는 경우도 있다.

Wee클래스나 센터 · 스쿨은 무엇인가요?

Wee클래스는 고민을 이야기할 수 있는 감성소통 공간입니다. 학교에서 운영하는 Wee클래스는 학교생활에 어려움을 겪는 학생들이 즐겁게 학교생활을 할 수 있도록 휴식시간, 점심시간, 방과후 등 언제나 열려 있는 학생들의 쉼터입니다.

Wee센터는 다양한 전문가들이 연계하는 멀티상담센터입니다. 지역교육청 및 시 · 도 교육청에 있는 Wee센터는 학교 안에서 해결되지 않는 근본적인 어려움을 지역사회의 인적 · 물적 인프라를 활용하여 진단-상담-치료를 서비스하는 원스톱 상담센터입니다.

Wee스쿨은 기숙하면서 교육, 치유, 적응을 도와주는 장기위탁교육기관입니다. Wee스쿨은 전문가와 함께 잃어버린 꿈과 재능을 키워나가는 소수 정예의 기숙형 장기위탁교육기관으로, 원격학교 학적을 유지하는 감성과 실용교육 중심의 학교교육과 진로 · 직업교육을 해줍니다.

그림 11-3 Wee 프로젝트 기능

http://www.wee.or.kr/

Wee 프로젝트 서비스 네트워크는 학교와 교육(지원)청, 시 · 도교육청을 포함한 교육기관과 가정지원센터, 법률지원센터 등 법률자문기관과 청소년쉼터, 아동보호기관 및 그룹홈을 통한 보호기관, 사회복지관, 시청 및 경찰서보호관찰소를 통한 공공기관과 박물관, 미술관 등을 연계하는 문화기관, 그리고 원스톱지원센터, 해바라기센터, 정신보건센터, 알코올상담센터를 연결한 보건의료기관과의 연결을 형성하여 학생들에게 서비스를 제공하고 있으며 지역소개 대학, 자원봉사기관, 자립자활기관, 청소년수련원 및 청소년 관련기관과도 서비스 네트워크를 형성하고 있다.

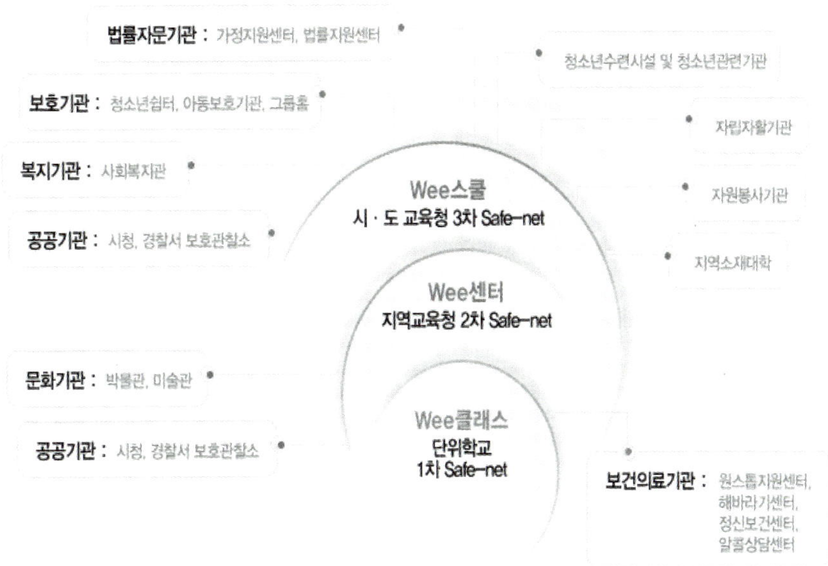

그림 11-4 Wee 프로젝트 서비스 네트워크

http://www.wee.or.kr/

표 11-1 Wee 프로젝트 현황

단계	2008	2009	2010	2011	2012
Wee클래스	530개	1,530개	2,530개	3,510개	4,744개
Wee센터	31개소	80개소	110개소	126개소	136개소
Wee스쿨			3개	3개	4개

출처 : 교육과학기술부/학국교육개발원(2012). Wee센터 운영가이드(누적치)

2) Wee 프로젝트의 기능

(1) 상담활동의 실제

① 개인상담

초·중·고 학생과 학부모 및 교사를 대상으로 운영하고 있으며, 상담자 소개 및 목적 설명, 배경 및 가족관계 탐색, 주 스트레스 원인탐색, 이전 상담 여부를 파악하는 접수면접단계와 내담자의 정보와 문제에 대한 가설 수립, 상담전략 수립, 상담 진행, 평가를 실시하는 상담 진행 단계, 그리고 내담자의 준비도, 계획 세우기, 효과 평가, 상담종결 이후 예상, 상담에서 학습한 것을 활용할 수 있도록 격려와 지지, 추수상담하는 상담종결 단계로 운영하며 상담결과 평가, 추수상담으로 이루어져 있다.

② 집단상담

초 · 중 · 고 학생 6~10명을 대상으로 하고 있으며, 집단상담의 필요성을 파악하고 목표를 설정하며 상담 구성원 선정 기준과 집단의 유형별 크기를 결정하고, 상담시간과 횟수, 규정을 확정하고 프로그램 조사 및 수집, 집단상담 프로그램을 선정하는 상담계획단계, 집단상담의 장소 결정, 프로그램 홍보, 예약 접수, 보호자 승인 여부 확인 및 상담그룹 결정, 집단상담 참여자여 자의 참석 여부 확인 및 일시, 장소를 안내하는 상담준비단계, 집단 지도자의 자기소개와 인사, 집단구성원의 자기소개, 상담의 목적과 기본적인 안내, 집단 분위기 형성, 집단상담 활동, 활동에 대한 피드백, 상담활동 정리 및 차후 상담 계획을 하는 상담실시단계, 상담 종결 2주 전부터 공지, 지난 상담 활동 되돌아보는 기회 제공, 종결에 대한 구성원의 감정 나누기, 작별인사, 프로그램 평가지 및 소감 작성, 상담결과 기록을 보관하는 상담종결단계, 그리고 초기상담 목표, 진행 과정의 적절성 여부 평가, 사후검사로 목표 달성 여부 확인, 사전 · 사후검사 비교, 집단상담 회기별 정리, 슈퍼비전 받기, 이후 집단상담에 반영하는 상담결과 평가단계로 나누어져 있다.

③ 학생 정서 · 행동 특성검사

학교의 역량강화 및 예방 · 지원 시스템 구축으로 학생 정서 · 행동 문제를 예방하고 학생 정서 · 행동 특성검사 체계 구축으로 정신 건강문제 조기 발견 및 악화를 방지하고, 관련 부처와의 협력 강화로 학생 정서 · 행동 특성 지원으로 효율성을 제고하고 초등학교 CPSQ조사, 중 · 고등학교 AMPQ-2조사를 통한 1차 검사와 우울(CDI/BDI), 불안(SAIC/BAI), ADHD(RS-IV/CASS), 반항 · 품행, 충동성(DIS), BECK, SIQ검사를 통한 2차 검사와 Wee센터, 정신보건센터, 병 · 의원 등을 통한 심층사정 평가를 한다. 대상은 문제 발생 예방을 위한 사례관리를 하는 관심군과 전문기관에 의뢰 · 치료를 받는 주의군이며 개인 · 집단상담, 심리치료(놀이, 학습, 언어, 미술, 음악 등)와 심리검사(MMPI, HTP, KFD, SCT 등 종합심리검사)를 한다.

④ 학업중단 숙려제

학업중단으로 발생할 수 있는 다양한 문제에 대한 숙려를 통해 성급한 학업중단을 예방하고. 학업중단 위기 학생에 대한 상담 등 적극적인 개입으로 학교 적응력 증진을 도모하며, 학교 · 교육(지원)청 · 지역사회가 연계한 체계적인 진로지도로 인적자원 유실을 최소화하는 데 있다. 대상은 자퇴 징후를 보이거나 자퇴 원서를 제출한 고교생 또는 그 학부모이며, 교육적으로 적정하지 않게 학업을 중단하려 하거나 가능성이 있는 학생 또는 그 학보모이며, 교육질병, 사고, 유학, 평생교육시설 입학 등의 사유인 경우에는 제외한다. 상담중단 징후가 보이는 경우(5일 이상 장기 결석 등)에는 담임교사 면담 후 전문상담사가 상담을 진행하고, 상담 종료 후에도 지속될 경우 Wee센터, 청소년상담지원센터 등에 상담을 의뢰하고, 상담 후에도 학생이 학교를 떠나기를 원하는 경우 대안교육지원센터에 상담을 의뢰한다. Wee센터 내부적으로 학업중단 숙려제도를 운영 계획을 수립하여 계획에 근거하여 운영하고 있다.

⑤ 학교폭력

학교 내에서 학생을 대상으로 발생한 상해, 폭행, 감금, 협박, 약취 · 유인, 명예훼손, 모욕, 공갈, 강요, 강제적 심부름 및 성폭력, 따돌림, 사이버 따돌림, 정보통신망을 이용한 음란 · 폭력 정보 등에 의하여 신체 · 정신 또는 재산상의 피해를 주는 행위를 조기에 예방하며, 학교폭력이 발생하였을 경우 피해학생의 자존감 및 사회성 함양 프로그램, 의사소통 프로그램을 통한 일대일 개인상담 및 집단상담, 학부모상담, 학부모교육, 부모-자녀 의사소통 훈련 프로그램을 통한 가족상담을 하고 있으며 법률, 의료, 복지기관 과의 연계와 동반자, 멘토 연계, 진로탐색을 위한 사후관리를 한다. 가해학생의 경우 인적사항을 파악, 사건의 객관적인 정보를 수집하고 자치위원회 및 전문기관과 연계해 사안 처리를 하며, 공격성 척도지, 반항성 장애검사를 통한 심리 진단 및 평가를 한다. 분노조절 상담치료기법, 의사소통 상담 치료기법을 통한 개인 심리치료와 학부모상담을 하고, 특별이수 교육 및 예방 성폭력교육을 실시하고, 의료적 서비스지원 연계 치료를 하며, 중재 전문기관, 형사 및 민사소송과 관련한 기관과 연계한다. 학교 차원, 가정 차원, 사회 차원의 다면적 통합 차원을 지원한다.

⑥ 성폭력

성희롱, 성추행(강제추행), 성폭행(강간, 강간미수, 강간치상, 특수강간) 등 성을 매개로 상대방의 의사에 반해 이루어지는 신체적 · 언어적 · 정신적 가해행위에 대한 예방과 교육을 하고 있으며, 성폭력 피해학생에게 나타나는 충격과 혼란의 단계, 부정의 단계, 우울과 죄책감의 단계, 불안과 공포의 단계, 분노의 단계, 자신을 수용하는 심리적 상처와 후유증을 극복하도록 개인상담 및 집단상담을 지원하며, 가해학생에게는 자신의 잘못을 인정하고 그로 인한 피해학생의 피해를 인식함과 더불어 피해학생의 상처를 공감하도록 하여 성폭력의 재발을 방지하도록 하는 상담을 진행한다.

⑦ 집단따돌림, 자해 · 자살, 우울, 게임 · 인터넷과 몰입 등에 대한 예방교육과 전문상담을 실시한다.

(2) 교육, 연수

① 교육의 이해

교육은 정보 제공 및 예방교육 차원에서 실시하며, 학교 상담업무 담당자와 Wee클래스 담당자 간에 긴밀한 협조로 운영한다. 교육대상으로는 학생, 학부모, 교사 등이 포함된다. 학교 요청에 의한 교육절차는 교육계획 수립 및 결재, 공문발송 절차는 연간계획에 의해 학기 초에 진행되어야 하며, 대상자 선정 및 대상지 선정 결과 공문발송 절차는 생략한다. Wee센터 계획에 의한 교육은 연간계획에 포함되어 학기 초 공문 발송을 통해 사전 홍보가 되어야 하며, 각 교육별 세부내용 및 일정을 제공하여 신청 접수, 대상자 선정 과정을 통해 교육을 실시한다.

② 교사 연수

연수의 목적은 학교상담 활성화를 위한 교사의 상담역량 강화 및 효율적 협조체제 구축을 위한 방법을 공유하고, 청소년의 심리정서적 발달, 청소년의 이상심리, 상담기법 등의 연수를 통한 효과적인 학생생활지도를 실시함에 있다.

위기학생 이해 영역으로 정서적 · 학업적 · 가족적 위기학생 이해를 하도록 하며, 상담기법 영역으로 학생 상담기법, 학부모 상담기법을 교육하고, 학교폭력 영역으로 예방, 대책 법률과 예방교육의 실제를 교육하고, 학급운영 영역으로 행복교실로 가는 길에 대하여 이야기하고, 생활지도 영역으로 문제유형별 생활지도를 포함하며, 성교육 영역은 성폭력 예방교육, 성희롱 예방교육으로 이루어진다.

③ 학부모교육

교육의 목적은 학교상담 활성화를 위한 Wee센터의 기능 홍보 및 효율적인 협조체계를 구축하고, 학부모의 자기성장과 청소년 이해를 통해 자녀와이 친밀감과 신뢰감을 형성하고 관계를 개선하는 데 목적을 둔다.

자녀이해 영역으로는 자녀 발달 이해하기, 자녀 기질 이해하기, 자녀 행동 이해하기를 포함하며, 의사소통 영역으로는 효과적인 의사소통, 청소년 자녀와의 대화법을 교육하고, 양육 영역에서는 양육태도와 애착 유형과 감정 코칭형 부모 되기를 교육한다. 부모가 시작하는 자녀 성교육과 자녀 학습지도 방법을 교육하고, 부모-자녀 놀이와 내 자녀 제대로 사랑하기를 교육하여 관계개선을 하도록 한다.

(3) 지역사회 연계

① 지역사회 자원조사 및 관리

지역사회 자원조사와 내담자의 욕구 충족에 필요한 자원을 파악함에 목적을 두며 자원봉사자, 후원자 관리, 서비스의 생산성을 향상하고 서비스의 질과 효율성을 향상함에 필요성을 둔다.

② 지역사회 자원 연계의 목적으로는 내담자의 사회기능 유지와 증진에 있으며, 필요성으로는 다양한 지원 및 연계를 통해 내담자의 직 · 간접적인 문제 해결에 있다. 지역사회 자원 연계 내용으로는 인적 · 물적 자원 DB 구축, 물적 자원 관리, 인적 자원 관리가 포함된다.

③ 지역사회 자원 연계 시 유의사항으로는 내담자에게 가장 적절한 자원을 제공하는 것이 가장 중요하며, 자원 활용에 대한 업무설계가 필요하며, 자원에 대한 정확한 이해가 있어야 하며, 비속적이고 정기적인 점검 과정이 필요하며, 자원 활용에 대한 평가를 반드시 시행해야 한다.

2. 한국청소년상담복지개발원

1) 한국청소년상담복지개발원 소개

한국청소년상담복지개발원은 국책 상담복지 중추기관으로 청소년 문제의 예방 및 해결을 위해 일한다. 한국청소년상담복지개발원은 전국 청소년상담 · 복지 관련기관을 총괄하는 중추기관으로서 청소년상담 · 복지정책 연구 및 프로그램 개발 · 보급, 상담 · 복지 전문인력 양성을 위한 교육연수, 위기청소년을 위한 통합지원체계 운영 · 지원, 취약계층 청소년을 위한 자립 및 복지사업 등 국가 차원의 청소년 정책 업무를 수행하고 있다.

한국청소년상담복지개발원은 "상담복지 서비스 구현으로 청소년의 건강한 성장을 돕는다."는 미션 아래 청소년들이 오늘의 문제를 슬기롭게 극복하고 보다 행복한 세상을 만들 수 있도록 최선의 노력을 다하고자 한다.

2) 설립 목적

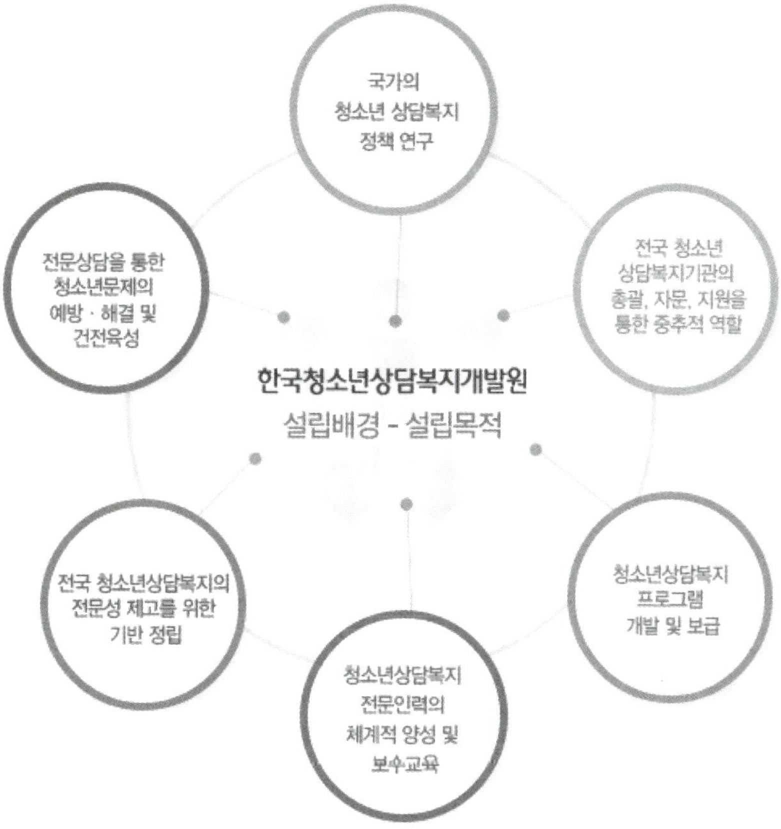

그림 11-5 한국청소년상담복지개발원 설립목적

https://www.kyci.or.kr/index.asp

3) 한국청소년상담복지개발원의 기능

(1) 청소년 상담 · 복지 관련 정책의 연구개발

사회 이슈가 되는 청소년문제들을 분석 · 연구함으로써 문제 해결과 예방에 도움을 주고 있다. 이를 위해 청소년상담 · 복지정책에 대한 중 · 장기적 연구를 수행하고 있다.

(2) 청소년 상담기법의 연구 및 상담 자료의 제작 · 보급

다양하고 심각해진 청소년 문제를 해결하고 예방하기 위해 맞춤형 프로그램을 개발하고 있으며, 이를 전국 청소년관련 기관에 보급 · 운영하고 있다.

(3) 국가자격제도 청소년상담사 자격검정 및 연수

청소년상담의 전문화와 상담자들의 자질향상을 위해 청소년기본법에 근거하여 청소년상담사 국가자격제도를 위탁운영하고 있다.

(4) 청소년상담 · 복지 관련 기관 종사자 직무교육 및 전문연수

지역 청소년상담 · 복지 관련 종사자들의 전문성 강화를 위해 직무연수를 실시하고 있으며, 자녀지도를 위한 부모교육, 친구의 문제를 같은 눈높이에서 공감하고 조언하는 또래상담자 양성교육, 건강한 청소년육성에 목적을 둔 품성교육 등을 실시하고 있다.

(5) 위기청소년 지역사회 통합지원체계 운영지원 및 지역 청소년상담지원센터 지도지원

위기청소년을 신속하고 효과적으로 지원하기 위해 지역 내 경찰, 학교, 청소년 관련 시설들과 연계하여 원스톱으로 지원하고 있는 지역사회통합지원체계(CYS-Net)를 운영 · 지원하고 있다. 또한 전국 지역사회 청소년통합지원체계(CYS-Net)와의 효과적 연계를 위해 컨설팅 지원, 관계자 회의 등 다양한 지원활동을 실시하고 있다.

(6) 사이버상담 등 청소년상담사업의 운영

청소년들이 쉽게 접근하고 이용할 수 있는 온라인 사이버상담센터 운영과 심도 깊은 상담을 위한 개인상담, 집단상담, 심리검사 등의 전문상담을 운영함으로써 청소년들의 건강한 성장을 돕고 있다.

(7) 취약계층 청소년 자립지원사업

경제적 · 환경적 어려움으로 학업을 중단하고 진로를 포기하거나 보호시설 등에 입소된 청소년들을 위해 자립의지를 심어주고, 학교 복귀, 진로 및 취업을 지원하는 자립지원사업을 실시하고 있다.

(8) 인터넷 중독 기숙형 치료학교 운영 등 인터넷 중독 예방 · 해소사업

인터넷을 과다하게 사용하여 건강한 생활이 어려운 청소년들을 위해 11박 12일간의 기숙형 치료 프로그램(인터넷치유학교)을 운영 · 지원하고 있으며, 전국 청소년상담복지센터와 연계하여 인터넷 중독 예방 및 해소사업을 실시하고 있다.

4) 청소년 상담 활성화 지원

(1) 시 · 도 및 시 · 군 · 구 청소년상담복지센터 설치 적극지원

한국청소년상담복지개발원은 청소년 상담의 인프라를 구축하기 위해 각 시 · 도 및 시 · 군 · 구 청소년상담복지센터를 설치 · 운영할 수 있도록 지원해왔다. 1993년 시 · 군 · 구 24개소가 설치되기 시작하여 2013년 3월 현재 196개소에 이르고 있다.

(2) 청소년상담복지센터의 기능과 역할 강화를 위한 지원

첫째, 한국청소년상담복지개발원은 시 · 도 및 시 · 군 · 구 청소년상담복지센터와 청소년상남 · 복지사업을 함께 추진함으로써 지역 청소년상담복지센터의 기능과 역할이 강화될 수 있도록 지원한다. 우리 이웃의 청소년 문제 해결은 우리가 나서서 돕는다는 '1388청소년지원단운영사업'이 그 대표적인 예라고 볼 수 있다.

둘째, 시 · 도 청소년상담복지센터 관계자회의, 청소년상담자 전국대회 개최 및 시 · 군 · 구 청소년상담자의 전문성을 키우고 활성화하기 위한 대책을 마련할 수 있도록 지원한다.

(3) 전국 청소년상담복지센터 데이터베이스 구축 및 생성

한국청소년상담복지개발원은 전국 청소년상담복지센터의 홈페이지, 주소, 전화번호, 센터 현황 등의 데이터베이스를 구축하여 센터의 정보를 업데이트 및 관리하고 있다.

(4) 지역사회청소년통합지원체계(CYS-Net) 활성화 지원

한국청소년상담복지개발원은 지역사회청소년통합지원체계(CYS-Net)가 활성화되도록 지원하고, 전국 시 · 도 및 시 · 군 · 구 청소년상담복지센터를 대상으로 컨설팅을 실시하는 동시에 시 · 도 센터 또한 각 시 · 군 · 구 청소년상담복지센터를 지원하는 체계적인 서비스가 확립될 수 있도록 지원하고 있다.

5) 지역사회청소년통합지원체계(CYS-Net) 구축

(1) CYS-Net(Community Youth Safety-Net)

100만 위기 청소년들의 심리적 · 경제적 · 학업적 · 대인관계적 어려움들을 해결할 수 있도록 지원하는 지역사회 네트워크로, 위기청소년에게 적합한 맞춤형 서비스를 원스톱으로 지원한다.

(2) CYS-Net 운영방향

첫째, 위기청소년 사회안전망을 구축한다.

둘째, 지역사회 청소년 지원기관 및 단체의 협력체계를 구축한다.

셋째, 청소년관련기관 및 단체의 위기청소년의 문제해결능력을 증진한다.

그림 11-6 CYS-Net 운영방향

https://www.kyci.or.kr/index.asp

6) 청소년 전화 1388

(1) 청소년의 전화

청소년이라면 누구나 이 전화로 다급한 위기 해결에서부터 근본적인 심리상담까지 종합적인 서비스를 제공 받을 수 있다.

(2) 청소년을 위한 전화

청소년의 보호자 및 지도자는 물론 청소년의 건강한 성장을 바라는 사람이라면 누구나 이 전화로 청수년 유해환경 신고, 정보제공, 전문가와의 상담 등을 할 수 있다.

(3) 청소년과 함께하는 전화

언제 어느 곳에서건 도움을 필요로 하는 청소년 곁에 제일 먼저 달려가기 위해 1388은 전국망을 갖추고 24시간 운영되며, 청소년 유해 기관들은 one-stop 서비스체제가 가능하도록 긴밀한 협조체제를 유지한다.

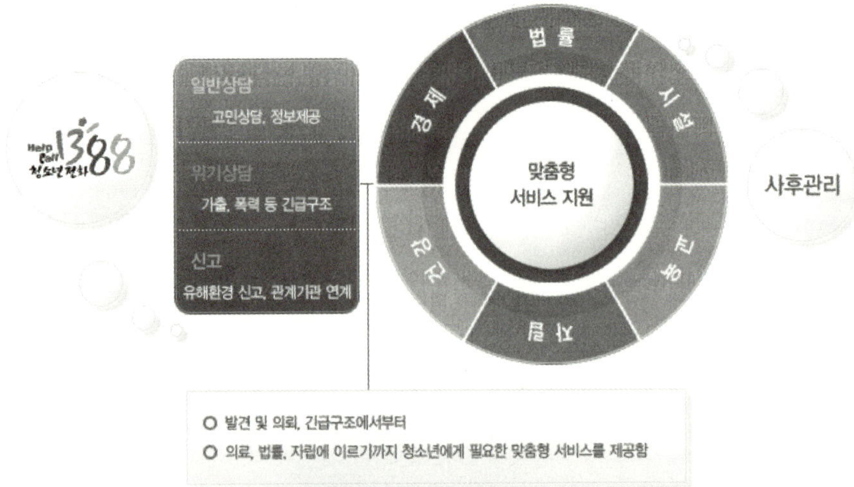

그림 11-7 1388 협조체계

https://www.kyci.or.kr/index.asp

7) 청소년 동반자 프로그램

청소년 동반자 프로그램은 위기 청소년을 돕는 전문적인 서비스로, 청소년들이 있는 현장으로 청소년 동반자가 직접 찾아가서 일대일 관계를 맺고 정서적 지지, 심리상담, 지역자원 및 기관연계를 제공하는 프로그램이다. 이를 통해 청소년 동반자는 각각의 청소년에게 필요한 자원을 발굴 · 연계하여 청소년의 건강한 사회복귀를 지원하고 있다.

(1) 대상 : 9~24세 위기 청소년

(2) 신청방법 : 국번 없이 1388로 전화하여 '청소년 동반자 프로그램' 신청

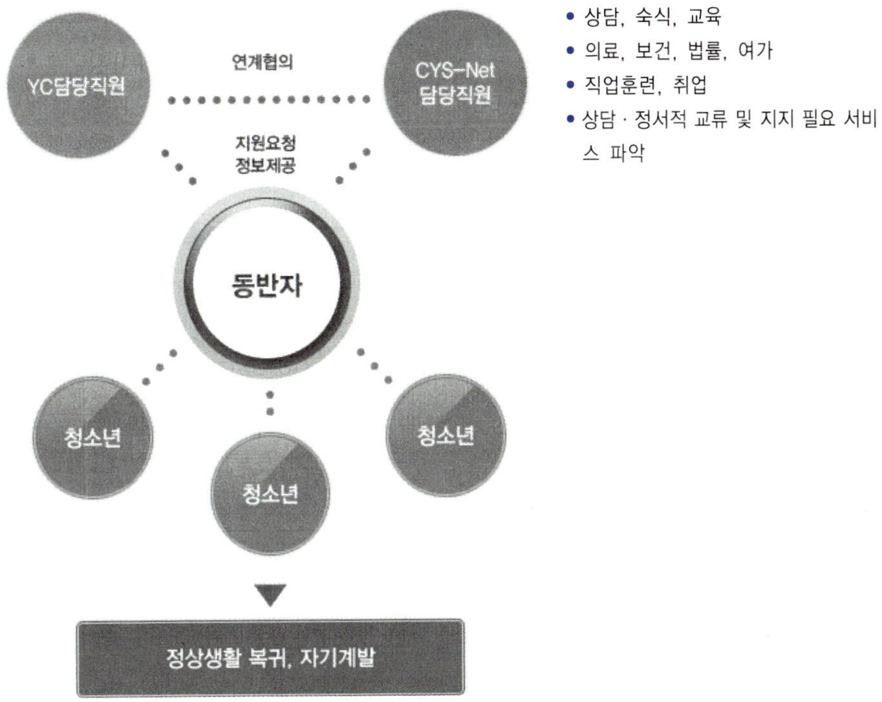

그림 11-8 청소년 동반자 프로그램

https://www.kyci.or.kr/index.asp

3. 안전 Dream 아동 · 여성 · 장애인 경찰지원센터

안전 Dream이란 "경찰청 안전 Dream은 24시간 여러분을 지키는 든든한 버팀목이 되겠습니다."라는 구호 아래 해마다 증가하는 사회적 약자 대상 범죄에 대한 피해 신고접수와 신속한 구조 활동을 위해 기존 실종아동 센터 117 학교 · 여성 폭력 및 성매매 피해자 긴급지원센터 등을 통합한 것을 말한다. 안전 Dream은 다양한 신고서비스와 온라인상담, 범죄예방 콘텐츠 등을 제공하며. 경찰청 내부 업무 시스템인 프로파일링시스템과의 연계로 보다 빠르고 신뢰성 있는 치안서비스를 제공하게 한다.

1) 117센터

117센터는 학교 · 여성폭력 및 성매매 피해자 긴급지원센터로, 피해자의 인권보호 및 신속구조를 위한 기관으로 2004년 6월 3일 「117 성매매피해여성 긴급지원센터」를 개소하여 여성 · 청소년과에서 운영하였고, 2005년 2월 7일 학교 · 여성폭력이 확대되었다. 2007년 7월 10일 실종아동찾기센터와 117학교 · 여성폭력피해자 등 긴급지원센터를 통합한 「여성 · 아동 · 청소년 경찰지원센터」가 개소하였다. 경찰청 117학교 · 여성폭력 및 성매매피해 신고센터에서는 전국에서 발생하는 학교폭력, 가정폭력, 성폭력 및 성매매 피해자 신고를 접수하여 즉시 긴급구조, 수사시시, 법률상담, One-Stop 또는 NGO 단체 연계 업무를 한다.

2) 여성 · 학교폭력피해자 ONE-STOP 지원센터

여성 · 학교폭력피해자 ONE-STOP 지원센터는 2001년 10월부터 소규모로 시범운영해오던 경찰병원 내 성폭력 의료지원센터를 개편하여 성폭력뿐만 아니라 학교, 가정폭력 피해자, 성매매 피해여성 등에게 무료로 24시간 의료, 상담, 수사에 필요한 진술 녹화 및 증거채취, NGO연계 등 피해자를 위한 통합 지원을 한다. 업무로는 진술녹화 및 상담전문 여성경찰관이 24시간 근무하며, 의료 진료 차 내방 시, 진술녹화 후 경찰서에서 활용, 피해자 조사와 동시에 112, 117 및 각 지방경찰청 여경기동수사대와 연계, 신속처리하는 일을 한다.

주요 업무시설로는 병원진료 후 진술녹화를 위해 별도로 경찰서에 가는 번거로움을 없애기 위해 센터 내에 진술녹화실을 설치하였고, 효과적인 증거 수집을 위해 컴퓨터 자동 녹취시스템, 성폭행 피해아동이나 장애여성이 피해진술 시 도움을 주기 위해 해부학적 인형 비치, 원격지 경찰서에 있는 가해자의 얼굴을 센터에 방문한 피해자가 화상을 통해 대질 · 확인함으로써 피해자와 가해자의 직접 대질로 인한 2차 피해 예방을 위해 원격지 화상 대질조사 시스템, 여성 · 학교폭력 전문변호사 등 무료법률지원단(50명)이 요일별로 센터에서 순환근무하며 고소 및 손해배상 청구 등 민 · 형사소송지원과 범죄피해자

구조금 상담 등 무료법률상담 실시를 위해 법률 지원을 한다.

센터 전담 산부인과 전문의와 응급의학과에서 24시간 진료하며, 첨단 산부인과 의료장비 구비로 학교·가정폭력 피해자의 신체 상처 및 성폭행 자궁상처 등 정밀 촬영, 증거자료 제공을 위해 의료지원을 하며, 그 시설로는 피해자를 위한 증거채취가 용이하도록 정밀촬영 즉시 판독이 가능한 최첨단 디지털 써비코 장비와 자동화시스템을 갖춘 최신식 산부인과 진료대를 비치하여 피해자 치료 및 증거수집이 용이하도록 영상진료실이 있다. 상담지원 업무로는 사회복지사가 상주하며, 피해자 안정실에서 조기 안정을 도모하고, 117센터 홈페이지와 실시간 연계, 사이버상담이 가능하며 NGO, 쉼터 등과의 연계도 적극 지원한다. 변호사 및 여경조사관이 안정된 상태에서 피해자와 상담할 수 있도록 피해자상담실을 설치하고 상담이나 치료과정에서 불안, 초조, 외상 후 스트레스 증상 등으로 조사가 불가능하거나 극심한 정신적 충격으로 안정이 필요한 경우 사용할 수 있도록 침대 및 소파 등을 갖추었으며, 음악감상도 가능하도록 피해자 안정실을 마련하였다.

■ 여성 · 학교폭력피해자 원스톱지원센터

센터명	소재지	위탁기관	전화번호	팩스번호	도메인/이메일
서울	서울 송파구 가락본동 58	경찰병원	02-3400-1117	02-3400-1694	http://www.smonestop.or.kr seoulonestop@nph.go.kr
서울	서울시 종로구 대학로 101 서울대학교병원	서울대병원	02-3672-0365 02-3672-1117	02-3672-0368	http://www.help0365.or.kr help@help0365.or.kr
서울 (보라매)	서울 동작구 신대방동 보라매길 39	보라매병원	02-870-1700	02-870-1116	http://www.smonestop.or.kr bbh9566@hanmail.net
인천	인천 동구 송림4동 318-1	인천의료원	032-582-1170	032-582-1179	http://www.iconestop.or.kr iconestop@iconestop.or.kr
울산	울산 중구 태화동 123-3	동강병원	052-246-3117	052-244-6117	http://www.usonestop.or.kr usonestop@hanmail.net
강원	강원 춘천시 효자3동 17-1	강원대병원	033-243-8117	033-244-8117	http://www.gwonestop.or.kr soahn64@hanmail.net
충북	청주시 흥덕구 사직1동 554-6	청주의료원	043-272-7117	043-268-7117	http://www.cbonestop.or.kr cj-onestop@hanmail.net
전북	전주시 덕진구 금암동 634-18	전북대병원	063-278-0117	063-278-2117	http://www.jbonestop.or.kr bae23zzang@hanmail.net
경북	경북 안동시 북문동 470	안동의료원	054-843-6117	054-850-6299	http://www.gbonestop.or.kr gbonestop@nate.com
대구	대구시 서구 중리동 1162	대구의료원	053-556-8117	053-556-5117	http://www.daegumc.co.kr cross129@hanmail.net
광주	광주시 동구 서석동 588	조선대병원	062-225-3117	062-234-3117	http://www.gjonestop.or.kr asdl0910@hanmail.net
대전	대전시 중구 대사동 640	충남대병원	042-280-8436	042-280-8434	http://www.djonestop.or.kr djonestop@hanmial.net
경기	수원시 영통구 원천동 산5	아주대병원	031-216-1117	031-216-1109	http://www.ggonestop.or.kr wise37@ajou.ac.kr
경기북부	의정부시 의정부2동 433	의정부의료원	031-874-3117	031-872-4117	http://www.ggnonestop.or.kr ggnone-stop@hanmail.net
경남	마산시 중앙동3가 3번지	마산의료원	055-245-8117	055-244-3117	http://www.gnonestop.or.kr gn1stop@hanmial.net
제주	제주시 연동 1963-2	한라병원	064-749-5117	064-749-6117	http://www.jjonestop.or.kr 117stop@hanmail.net
전남	전남 순천시 조례동 1742	성가롤로병원	061-727-0117	061-727-9024	http://www.jnonestop.or.kr jnonestop@hanmail.net
충남	천안시 동남구 망향로 359	단국대병원	041-567-7117	041-522-8117	http://www.cnonestop.or.kr cnone-stop@hanmail.net

그림 11-9 안전 Dream 아동 · 여성 · 장애인 경찰지원센터

경찰청 홈페이지(http://www.safe182.go.kr)

3) 아동여성보호 1319팀

아동여성보호 1319팀은 종전의 사후검거, 단속에서 여성아동 성범죄 및 폭력 피해자 예방 및 보호를 최우선으로 하기 위해 설치 · 운영되고 있으며 의

료, 법률, 심리 전문가 상담 및 피해자 지원을 담당하던 원스톱센터와 연계하여 13세 미만 아동 성범죄 및 장애인 성폭행 사건에 대하여 수사까지 원스톱으로 처리하며, 피해자 조사 단계부터 피해자 조사요원과 심리전문가 외에 「1319팀 단속반(수사요원)」이 함께 참여하여 사건처리를 전담, 조사와 수사의 이원화로 인한 2차 피해를 방지하고 개선된 업무절차로 진술의 신빙성을 확보하는 동시에 공정하고 신속한 사건처리를 실현한다. 아동 · 청소년 · 여성 · 장애인 관련 NGO단체 등과의 정보공유 및 소통이 용이해져 실질적인 피해자 지원 및 보호가 이루어질 것으로 기대할 수 있다.

주 업무활동으로는 등록 · 열람대상 성범죄자가 주소 등 신상정보가 변경되었음에도 이를 관할 경찰서에 신고하지 않을 경우 이를 색출 · 검거하고, 성인대상 성범죄자의 인터넷 공개 신고의무 위반자를 엄정히 관리하여 성범죄자의 재범을 방지하고 키스방 · 유리방 등 성매매를 조장하는 전단지, 광고판에 대한 단속을 강화하며, 기존 오프라인에서 온라인상 아동포르노 등 아동 · 청소년 대상 음란물 제작 · 배포 · 공유행위까지 범위를 확대하여 단속활동을 진행하며, 이를 통해 음란물 및 유해매체를 단속하고 스토커, 바바리맨, 도촬행위 등 성폭력 전 단계 행위자에 대해서도 지도 · 검거활동을 전개, 성폭력 전(前) 단계행위자에 대한 단속을 한다. 주요 단속 대상으로는 가로막고 서거나 항상 따라다녀 불안을 야기하는 등의 스토킹 행위, '바바리맨' 등 하반신 노출행위, 성적 욕망 · 수치심을 유발하는 타인의 신체에 대한 촬영행위이다.

4. 청소년폭력예방재단

청소년폭력예방재단(이하 '청예단)은 1995년 6월 학교폭력의 피해로 열여섯 살의 꽃다운 나이에 죽음을 선택한 외아들을 기리고, 그 아버지가 다시는 이 땅에 자신과 같이 불행한 아버지가 없기를 소망하는 마음에서 모든 것을 희생하고 우리나라 최초로 학교폭력의 심각성을 시민사회에 알리고 학교폭력 예방과 치료를 위한 활동을 목적으로 설립된 NGO이다. 청예단의 주요 사업은 개인 및 기업 후원자관리, 온라인 모금, 오!천사운동, 저금통모금사업, 나눔장터 등의 사업을 통한 후원참여 진행을 하는 나눔 참여와 학교폭력 예방을 목적으로 학생, 학부모, 교사, 전문가 교육 및 연수를 통해 지속적으로 학교폭력 예방을 위한 교육을 실시하고 있으며, 학교폭력 예방을 위한 실질적 전문가를 양성하고, 양성된 강사의 파견을 통해 학교폭력을 예방하고 근절하기 위해 예방교육센터, 온라인 연수원, 민간자격증제도를 운영하는 교육센터이다.

또한 교육과학기술부의 지원을 받아 학교폭력 피해학생 및 교사, 전문가들을 대상으로 상담서비스를 제공하고, 까다로운 학교폭력사건 발생 시 각 급 학교와 연계하여 학교폭력대책위원회 자문제공 및 분쟁조정을 지원 운영하는 학교폭력SOS지원단과 심리적인 어려움을 겪고 있는 청소년과 그 가족 및 일반 성인을 대상으로 내담자가 호소하는 주요 문제의 완화를 위해 내담자의 특성에 맞는 심리치료기법을 적용하여 내담자의 적응력을 높이고, 성장 및 발달을 촉진시켜나가기 위해 상담치료센터를 운영한다.

학교폭력SOS지원단은 학교폭력 및 심리 · 정서적 지원, 법률, 의료, 사안처리 등의 문제를 다양한 방면으로 지원하는 단체이며, 학교폭력상담원과의 전화를 통해 필요한 정보와 도움을 제공해주는 전화상담(1588-9128 구원의팔)과 사이버상담 접근이 용이한 컴퓨터를 통해 언제 어디서든 편리하고 폭넓은 학교폭력 관련 상담서비스를 제공하는 사이버상담과 학교폭력 사안처리 시 생기는 법률적 문제에 대해 상담서비스를 제공하는 법률상담, 일대일 면접을 통해 학교폭력으로 인한 어려움을 극복할 수 있도록 심리 정서적 지원을 해주는 면접상담 그리고 집단프로그램을 통해 학교폭력으로 인한 가해자와 피해자의 문제를 해결할 수 있도록 도와주는 피해 · 가해자 집단 프로그램을 지원한다.

제12장

학교폭력 근절을 위한 교육의 방향

학교폭력에 대해 일관성 있게 대처하기 위해서는 교사, 부모, 학생, 유관기관, 지역사회 그리고 정부 차원 등의 다각적인 접근성이 필요하다. 기존에도 다양한 대책이 진행되었지만 지속적으로 진행되었다기보다는 전시적인 효과에만 급급하여 진행되었다고 볼 수 있다. 따라서 본 장에서는 학교폭력의 근본적인 문제를 해결하기 위한 교육적인 대안, 지역사회 대안, 그리고 국가의 역할 차원에서 체계적으로 문제점을 진단하고 종합적인 대책을 제시하고자 한다.

1. 학교폭력 근절을 위한 교육적 대안

청소년들은 학교생활을 통해 신체적 · 정신적 성장 발달은 물론 개인의 다양한 소질과 능력을 개발한다. 또한 또래와의 공동체 생활에 대한 경험을 통해 인간관계 능력을 신장시켜 건강한 사회인으로 성장하게 된다. 학생들은 서로 다른 성장배경과 가치관으로 학교생활 과정에서 수시로 갈등상황에 놓이게 된다. 또래 간의 갈등을 적절하게 대처하지 못할 경우 집단에서 배제되는 집단따돌림을 경험하거나 심한 경우는 학교폭력의 위험에 노출될 수 있다. 청소년시기의 학교폭력의 피해 경험은 당사자인 청소년뿐만 아니라 그 가족도 위기상황에 놓이게 된다. 학교폭력사건은 또래 사이에서 발생하지만, 사건 해결은 보호자인 부모가 나서게 되어 피해학생과 가해학생 측의 갈등이 심해지면 아이들 싸움이 어른 싸움이 되는 학부모 사이 갈등과 분쟁으로 확대된다(장맹배, 2010).

이처럼 집단따돌림 등 학교폭력은 어느 나라 어느 지역이나 가릴 것 없이 일상적인 문제로 대두되고 있다(이춘재 · 곽금주, 2000). 특히 학교폭력은 초등학교에서 많이 일어나고 있는데, 사회복지국가라고 평가되는 노르웨이 등 스칸디나비아 나라의 경우에도 5~25%의 발생률로 나타났으며, 영국의 경우 23%가 학교폭력을 경험했다고 보고되고 있다(학교폭력 근절을 위한 시민모임 운영위원, 2003). 우리나라는 청소년폭력예방재단(2008)이 학교폭력 유형에 대해 연구한 결과를 보면, 신체폭행(27%), 따돌림(18.8%), 금품갈취(16.2%), 괴롭힘(15.9%), 언어폭력(13.4%) 순으로 나타났으며, 청소년폭력예방재단(2011)에 따르면 학교폭력에 대한 이유로서 '장난'(40.2%), '이유없음'(23.1%), '오해와 갈등'(12.2%) 등의 순으로 조사되었다. 이러한 학교폭력은 어제 오늘 갑자기 불거진 현상은 아니지만, 갈수록 도를 넘어서면서 흉포화 · 조직화되는 추세를 보여 매우 심각한 사회문제로 나타나고 있다. 그리고 적지 않은 학생들이 언어폭행을 폭력으로 간주하지 않거나, 폭력 당한 사실을 밝히기를 꺼려하는 경우가 많다는 점을 감안하면 실제로 더 많은 학생들이 학교폭력에 시달리고 있을 것으로 추정된다. 최근 한국사회에서 학교폭력은 자살사건이 연속적으로 발생될 정도로 심각한 사회현상으로 대두되고 있다. 실제로 학교폭력 등을 이유로 상담을 받는 청소년들이 최근 3년 동안 2배가량 증가하였고, 학교부적응, 가출, 자살 등을 고민하는 청소년들이 해마다 늘고 있어 대책마련이 시급하다고 보고되고 있다(안용성, 2012).

2012년 2월 6일에 교육과학기술부, 여성가족부, 법무부, 문화체육관광부 합동으로 '학교폭력 없는 행복한 학교'를 목표로 학교폭력 근절 종합대책을 발표했다. 그 내용은 '학교폭력 예방을 위한 복수 담임제', '학교폭력 은폐교사 중징계', '단체 활동을 통한 인성함양을 위해 체육수업 시간 50% 확대'이다.

또한 상당수 지역 교육청은 상위 시 · 도 교육청으로부터 학교폭력 예방교육 및 네트워크를 개발 및 시행하는 데 도움을 주고 있으며, 소수 교육청의 경우에는 지역 소재의 대학과 연계하여 학생 및 학부모를 대상으로 학교폭력 예방교육을 실시하고 있다.

한편, 대안학교는 학교폭력 관련 학생 외에도 학교 부적응, 비행, 학업중단자 등의 다양한 영역의 문제를 가진 학생들을 대상으로 하기 때문에 학교폭력에 관한 서비스를 충분히 제공하지 못하고 있다. 시 · 도 교육청 차원에서 지원하는 대안학교들이 점차 증가하고 있으며 학교폭력 문제가 학교 부적응이나 비행, 학업 중단과 무관하지 않지만, 학교폭력 가해 및 피해학생을 전담하는 대안학교나 교육기관의 설립이 시급할 것이다.

학교폭력으로 인한 갈등 발생 시 갈등 당사자 간 갈등을 원만하게 해결하고 있어 지금까지의 문제점과 향후 학교교육 차원의 실천 방향을 살펴보면 다음과 같다(장맹배, 2010).

(1) 학교 구성원들의 학교폭력 갈등과 분쟁에 대한 기본적인 이해

학교폭력에 많이 노출되어 있는 학생들은 교사로부터 처벌이나 폭력을 많이 당하는 학생들일수록 학교폭력이 높으며, 교사와 대인관계가 좋은 학생들은 학교폭력이 낮은 것으로 나타났다(전정태, 1997). 그러므로 학교 구성원인 교사의 자질을 체계적으로 관리하는 것은 교육의 성패에 있어서 매우 중요한 요인이다. 교사가 학생들로부터 존경받지 못한다거나 무관심하거나 무능력하면, 교육적 효과는 기대할 수 없으며 역기능적인 문제점을 초래할 수 있다. 따라서 교사를 위해 공격적인 학생들을 관리하는 방법, 학생들과의 정서적 유대관계, 그리고 스트레스 대처방법 등을 교사연수 시간에 교육함으로써 학생들에 대한 실제적인 관리와 지도가 가능하도록 도움을 준다.

또한 학교폭력이 발생하면 대부분 교사들은 학생들 사이의 사소한 분쟁으로 판단하여 학생들 사이에서 해결해도 된다고 생각한다. 하지만 부모의 입장은 다르다. 피해학생과 가해학생 부모는 문제를 해결하는 데 커다란 입장의 차이를 보인다. 하지만 지금까지는 학교폭력 관련 당사자들이 학교폭력의 갈등 구조, 원인, 해결과정에서 나타날 수 있는 특징에 대한 사전 이해가 부족하였다.

학교폭력의 갈등 개념, 갈등의 유형과 차원, 갈등의 주기 또는 과정에 대해 앞서 설명한 것에 대한 새로운 이해가 필요하다.

(2) 학교폭력은 철저한 성적 위주의 교육과 경쟁심 때문

학교현장에서 학교폭력이 많은 이유는 대학입시라는 경쟁사회에서 느끼는 중압감에 시달리고 가해학생들은 피해학생을 괴롭히는 과정 속에서 스트레스를 풀려는 원인을 찾을 수 있다. 김준호, 박정선과 김은경(1997)은 공부나 성적에 대한 압력을 많이 받을수록 학생들이 학교폭력을 많이 사용하는 것으로 나타났다. 이처럼 잘못된 정서를 긍정적이고 합리적인 방향으로 전환시키는 노력은 바로 지금까지 '피-가학적 심성'을 강화시켜왔던 학교환경에서 새롭게 시작되어야 한다. 그러기 위해서는 학교폭력에 대한 학교의 적극적이고 전향적인 자세가 필요하다. 따라서 학교폭력에 대한 실질적인 실태조사 실시, 학교상담 및 폭력신고 전화 운영, 학교폭력이 많이 발생하는 시간대와 장소를 수시로 감독하며, 학교폭력에 대한 구체적인 방안의 학칙이 수립되어야 한다.

(3) 학교폭력 피해의 실체에 대한 이해

학교폭력은 피해 당사자뿐만 아니라 가족까지 돌이킬 수 없는 어려움에 놓이게 한다. 학교현장도 교육기능 수행에 지장을 초래할 정도로 피해의 파장이 크지만, 지금까지 사안대처에서는 적극적인 노력이 부족하였고, 피해 당사자들에게 피해상황에 대한 공감과 이해 역시 모자랐다. 학교폭력의 피해를 피해학생만 해결의 주체로 보았기 때문에 학교폭력 발생 원인에 대한 생태체계적인 환경적 원인을 고려하지 않았고, 원인을 폭넓게 검토하지 않았기 때문에 해결방안 역시 미시적으로 접근하였다. 학교폭력 갈등 또한 앞에서 살펴본 내용들처럼 사건 발생 이후 관련당사자들에게 지원해야 할 서비스가 광범위하게 이루어져야 한다. 우선적으로 효과적인 갈등해결을 위한 지원이 필요하고, 피해학생의 회복과 가해학생 행동수정을 위한 즉각적인 개입도 이루어져 한다. 또한 학부모들 사이의 갈등에 전문가가 개입하여 해결을 지원해야 하며, 갈등의 중심에 있는 학교가 균형감과 자신감을 가지고 사안을 해결하도록 제도적인 뒷받침이 필요하다.

(4) 학교의 갈등 대처에 대한 사전 준비와 갈등해결을 위한 실천 기술 배양

교육수요자의 권리의식이 높아짐에 따라 학교에서 교육과 관련된 갈등은 꾸준히 증가할 것으로 전문가들은 예측하고 있다. 따라서 학교는 평상시에 교육과 관련된 갈등 사안 발생 시 갈등 당사자들과 객관적이고 균형감 있는 위치에서 갈등을 효과적으로 해결하기 위한 사전 준비가 필요하다. 특히, 학교폭력과 같이 피해가 심각한 갈등 사안 발생 시에 즉각적인 대처를 위해 사전에 법에 명시된 학교폭력대책자치위원회를 구성하고, 사전 시뮬레이션을 통해 갈등에 대처하는 준비가 필요하다. 더 나아가서 갈등해결 실천적 기술을 교사들에게 훈련해야 할 것이다.

(5) 가해학생의 처벌강화와 선도교육 증대

학교폭력 문제가 심각해지자 정부 차원에서 가장 먼저 논의한 것이 가해학생을 처벌하는 방법이다. 폭력에 대한 일상화와 관대한 문화가 학교폭력을 조장한다는 지적에 따라 이에 대한 대응책으로 나온 주장이다. 초·중등교육법 시행령의 규정 신설, 학교폭력예방법의 개정을 통해 「학교폭력 예방 및 대책에 관한 법률」을 개정하여 보다 엄격한 법집행과 처벌을 규정하였다. 동법 제17조에 의하면 가해학생에 대하여 9가지 조치를 규정하고 있다.

표 12-1 학교폭력 예방 및 대책에 관한 법률 중 가해학생 처벌에 대한 9가지

피해학생에 대한 서면사과
피해학생에 대한 접촉, 협박 및 보복행위의 금지
학급 교체
전학
교내 봉사
사회봉사
학내외 전문가에 의한 특별교육 이수 또는 심리치료
10일 이내의 출석정지
퇴학처분

<표 12-1>에 제시된 바와 같이 조치 중에서 구체적인 사정에 맞게 가해학생을 대한 선도 및 교육을 위해 필요하다고 인정되는 조치를 취할 수 있으며, 여러 개의 조치를 동시에 부과할 수 있다. 최근에 청소년들의 학교폭력이 늘어나자 2011년에 국회에서는 형사처벌 가능한 연령을 만 14세에서 12세로 낮추는 형법 개정안을 발의한 것도 학교폭력 문제에 대해 엄벌에 처하겠다는 의지이다. 또한, 경기도교육청은 전국 최초로 교내에 전직 · 현직 청소년 전문 경찰관을 상주시키는 스쿨폴리스(school police)를 시행하고 있으며, 점차 전국으로 확대되고 있는 양상이다.[1)] 스쿨폴리스 제도가 학교폭력 학생들을 선도하고 피해학생 지원에 나선다고 하지만, 엄격한 법적 잣대와 경찰청과의 연계를 전제로 하기 때문에 그만큼 엄벌화의 의미를 담고 있다.

(6) 대안교육의 시설 확장

공립 대안교육시설은 크게 대안학교(alternative school), 위(Wee)스쿨, 장기 대안교육 위탁기관으로 나뉜다. 공립 대안학교는 사립 대안학교에 비해 교육비가 저렴하고, 학력인정도 받을 수 있는 학교가 필요하다는 논의가 제기되면서 2000년대 들어와서 경기, 전북, 경남에 차례로 세워졌다. 비단 학교폭력 문제뿐만 아니라 가정, 성적, 교우관계 등으로 일반학교 생활에 어려움을 겪는 학생들이 여기서 공부하고 있다. 위스쿨과 장기대안교육 위탁기관은 원래 학교 학적을 유지한 채 이 시설에서 약 1년간 교육을 받고 돌아가는 형태로 2008년 이후 도입됐다. 특히, 전국 7곳에 지정된 위탁형 대안학교 '위스쿨'을 16개 시 · 도에 한 곳씩 확충하기로 한 대책이 최근 발표되었다. 위스쿨은 학교폭력이나 학교 부적응 등 위기학생을 위해 도입된 기숙학교로, 학력이 인정되는 공교육과 전문적인 치료 · 상담 등이 동시에 이루어짐으로써 교육과 생활보호에 최적화한 치료형 대안학교이다(정재준, 2012).

이외에도 민간조직에 의한 서비스 활성화, 학교폭력 청소년을 전문적으로

---

1) 미국 뉴욕 시의 경우, 1998년 뉴욕 시 교육청(New York City Board of Education)은 '학교 안전 통제권'을 뉴욕경찰서(NYPD)에 이전하였다. 그 결과 1995년까지 무장경찰(Armed school police) 200명이 증원되었고, 4,600명의 학교 안전 요원(School Safety Agents)이 고용되었다. Karim Ismaili. 『U. S. Criminal Justice Policy : A Contemporary Reader』, Jhnes & Bartlett Learning, printed in the U. S. A. (July 20, 2010). p.77.

도울 수 있는 특화된 전문가 양성, 학교폭력을 당하는 청소년의 부모와 교사를 대상으로 한 교육, 또래를 활용한 상담 및 치료의 활성화, 학교폭력법정 등의 새로운 학교폭력 방지 대책이 논의되고 있다.

2. 학교폭력 근절을 위한 지역사회의 역할

그동안 지역사회는 각 지역의 특수성을 반영하지 못했을 뿐만 아니라 우리 고유의 것이 아닌 서구적 영향을 받았으며, 지역사회 청소년의 욕구를 충족시키기보다는 행사 위주거나 외형적인 목표 달성에 치우치는 경향이 있다. 각 단체 간 지나친 경쟁에 의해 프로그램들이 비슷하거나 기존의 프로그램들을 답습하여 중복적인 양상을 띠고 있는 것으로 나타났다. 이러한 프로그램을 개선하기 위해서는 지역사회에 알맞은 다양한 프로그램 개발, 재정적 여건, 그리고 지역기관의 연계성이 이루어져야 한다.

학교폭력 예방 및 대안적인 방안으로 지역사회 기관을 활용하게 되면, 기존에 사용하는 프로그램 사용과 재정적 여건에 부담을 줄일 수 있다. 그리고 지역사회의 교육기관, 청소년기관, 경찰서, 의료기관, 법률기관, 지방자체단체, 국가기관, 시민단체, 대학 및 연구기관의 9개 유형으로 구분된다(박효정 · 정미경 · 박종효, 2006).[2] 학교폭력 예방 및 대안적인 방안을 위한 지역사회 기관의 각 단체마다 가지고 있는 고유의 독특한 활동은 [그림 12-1], <표 12-2>와 같다.

2) 지역사회의 내용은 박효정 · 정미경 · 박종효(2006). 학교폭력 대처를 위한 지원체제 구축 연구. 한국교육개발원 연구보고서의 내용을 요약 및 정리한 것으로, 문장마다 개별적인 참고문헌을 표시하지 않는다.

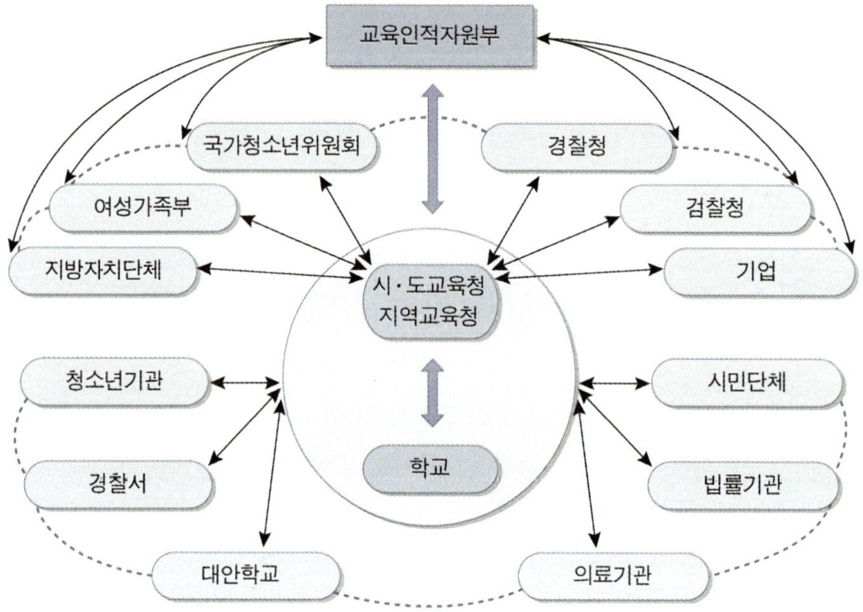

그림 12-1 학교폭력 대처를 위한 지역사회 지원체제 모형

출처 : 박효정 · 정미경 · 박종효(2006). 학교폭력 대처를 위한 지원체제 구축 연구. 학교교육개발원 연구보고서. p.222.

표 12-2 학교폭력 예방 및 대안적인 방안을 위한 지역기관

유형	기관명	주요 역할
교육기관	• 시 · 도 교육청 • 지역 교육청 • 초 · 중 · 고등학교 • 대안교실 및 대안학교	• 학교폭력 유관기관 연계 • 학교폭력 예방교육협의 • 학교폭력 사안처리협의 • 지원체제 유관기관으로 상호협력
청소년기관	• 청소년종합지원센터 • 청소년상담부 지원센터 • 청소년수련관 • 청소년쉼터 • 기타 청소년시설	• 학교폭력 피해학생 상담치료 • 학교폭력 가해학생 인성교육 • 학교폭력 예방교육 • 학교폭력 관련 학생 일시보호 • 학교폭력 관련 학부모교육
경찰	• 경찰서 • 치안센터(지구대)	• 학교 주위 우범지역 순찰 • 학교 주변 유해환경 단속 • 학교폭력 예방교육(가해학생 처벌을 중심으로) • 학교폭력 사안처리 자문

유형	기관명	주요 역할
의료기관	• ONE-STOP 지원센터 • 보건소 및 정신보건센터 • 지역병원	• 학교폭력 피해학생 치료 • 학교폭력 예방교육(의료지식과 사례를 중심으로) • 학교폭력 사안처리 의료자문
법률기관	• 대한법률구조공단 • 법률사무소	• 학교폭력 분쟁 조정 • 학교폭력 사안처리 법률자문 • 학교폭력 예방교육(학교폭력 판례를 중심으로)
지방자치단체	• 시청, 도청 • 구청, 군청 • 동사무소, 읍 · 면사무소	• 학교폭력 예방과 대처를 위한 예산지원 • 극빈가정, 한부모가정, 조부모가정, 생활보호대상 가정의 학생들의 복지개선 • 학교 주변 유해환경 단속 및 순찰 • 지역의 인적 · 물적 자원 확보 • 주민계도 활동
시민단체(NGO)	• 청소년희망재단 • 청소년폭력예방재단 • 학교폭력대책국민협의회 • 학교폭력피해자가족협의회 • 기타	• 학교폭력 예방교육(교육 프로그램, 강사 제공자) • 학교폭력 사안처리 조정자 • 학교폭력 예산확보 및 법제도 개선(압력단체)
국가기관	• 교육인적자원부 • 국가청소년위원회 • 여성가족부 • 경찰청 • 검찰청	• 학교폭력 관련 정책 수립 및 시행 • 학교폭력 관련 예산 및 인적 자원 확보 • 학교폭력 관련 사업 지원
대학 및 연구기관	• 대학교 • 한국교육개발원 • 한국청소년개발원 • 한국청소년상남원 • 한국형사정책연구원 등	• 학교폭력 정책, 프로그램, 전문가, 평가도구 개발 • 학교폭력 예방 및 사안처리

출처 : 박효정 · 정미경 · 박종효(2006). 학교폭력 대처를 위한 지원체제 구축 연구. 학교교육개발원 연구보고서. p.218.

(1) 지역기관의 유형별로 학교폭력과 관련하여 기대되는 역할

① 교육기관

지역기관으로서 교육기관은 학교폭력을 예방하거나 대처하는 과정에서 시 · 도 및 지역 교육청 혹은 지역 내 학교 사이에 연계가 필요한 경우 파트너로서 책임을 맡을 수 있다. 예를 들어, 특정 학교에서 학교폭력 예방을 위해 지역 순찰을 계획한다면 인근 학교로부터 협조를 받을 수 있다. 마찬가지로 학교폭력 가해 및 피해학생을 전학시킬 경우 다른 지역 교육청으로부터 협조를 받을 수 있다.

② 청소년기관

청소년기관의 상담자는 학교폭력 예방교육을 담당할 수 있으며 학교폭력사안 발생 시 피해학생이나 가해학생을 대상으로 집중적인 상담 및 치료서비스를 제공한다. 또한 학교폭력 가해 및 피해학생의 일시보호를 위해 쉼터나 청소년시설을 알선해준다.

③ 경찰기관

경찰기관은 학교 주변 순찰이나 배움터 지킴이, 학교폭력 예방교육(강연)을 통해 학교폭력 예방활동에 참여한다. 또한 학교폭력 사안이 발생한 경우, 학교폭력대책자치위원회의 위원으로서 가해학생 선도 조치나 피해학생에 대한 배상책임 등에 대해 자문해준다.

④ 의료기관

의료기관의 중추적인 역할은 학교폭력 피해학생들의 치료를 한다. 이 기관은 피해학생의 신체적 상해뿐 아니라 심리적 고통과 정신적 상처를 치유할 수 있는 전문적인 의료서비스를 제공한다. 또한 의료기관의 의사나 간호사는 의료 지식과 의료 사례를 활용하여 학교폭력의 심각성과 위기대처 방법에 관한 예방교육을 실시할 수 있다.

⑤ 법률기관

법률기관은 학교폭력사건이 법적 소송으로 악화되기 전에 학교 내에서 해결될 수 있도록 자문과 법률서비스를 제공할 수 있다. 또한 변호사나 법 전문가는 학교폭력사건의 심각성이나 법적 처리 과정을 중심으로 학교폭력 예방교육을 담당한다.

⑥ 지방자치단체

지방자치단체는 학교폭력과 관련하여 행정적 · 재정적 지원을 담당할 수 있다. 현재는 지역사회 자원봉사단체를 활용하여 학교 밖 위험지역이나 취약지구에 대한 환경 정비, 순찰 활동을 돕고 있다. 또한 학교폭력 피해 및 가해학생의 가정환경이 어려운 경우, 그들에게 복지서비스를 제공한다.

⑦ 시민단체

시민단체(NGO)는 학교폭력을 예방하고 대처하기 위해 다양한 인적 · 물적 자원을 제공해줄 수 있다. 특히 학교폭력과 관련하여 전문적 성격을 띠고 있는 NGO 단체들은 학교폭력 예방을 위한 교육 프로그램과 전문 강사 인력풀을 제공해줄 수 있으며, 필요한 경우 학교폭력 현안 대응팀의 학교폭력 조정자 역할을 담당한다.

⑧ 국가기관

국가기관은 학교폭력대책기획위원회에 포함되어 있는 관련 부처로서 교육인적자원부를 중심으로 국가청소년위원회, 경찰청, 검찰청, 여성가족부, 법무부, 보건복지부 등을 일컫는다. 이 부처들은 현재 학교폭력을 예방하고 대처하기 위해 일정 수준의 예산을 마련하고 있으며, 위기 청소년을 위한 CYS-Net, 배움터 지킴이나 ONE-STOP 지원센터 등과 같은 학교폭력 관련 사업을 시행한다.

⑨ 대학 및 연구기관

대학 및 연구기관은 학교폭력에 관한 정책을 개발하고, 정책의 효과를 평가할 수 있으며, 학교폭력 예방을 위한 교육 프로그램 개발과 전문가 양성을 돕는 학술적인 전문 서비스를 제공한다.

(2) 지역사회에서 학교폭력을 근절하기 위해 우선적으로 실행하여야 할 과정

첫째, 학교폭력을 포함한 학생들의 인권침해를 고민하는 학부모와 주민들이 이러한 고민을 해결하기 위한 모임을 지역에서 형성하도록 하는 것이 무엇보다도 필요하다. 즉 지역 모임을 통해 학교폭력에 대한 자녀들의 경험을 공유하고, 일상생활에서 부모들이 활동할 수 있는 분야를 찾아본다. 그리고 어느 정도 지역 모임이 안정화되면 지역의 청소년상담복지센터 및 Wee센터 등과 연계성을 구축하여 학생들에게 실제적인 도움을 줄 수 있도록 지원활동을 하는 것이 바람직하다.

둘째, 학교폭력에 관심이 있는 지역의 교사, 부모, 경찰서, 상담사, 동문회, 교육청 등에서 함께 학교폭력 문제를 고민해볼 수 있는 학교운영위원회를 만들 필요성이 있다. 그리고 지역사회의 인사들을 중심으로 학교폭력에 대해 연구하는 소모임과 대처방안을 모색할 수 있는 지역위원회가 구축되도록 아낌없는 지원이 필요하다. 학교폭력의 피해학생들을 위한 충분한 상담지원과 법률적 지원체계가 구축되어야 한다. 우리나라에는 청소년들의 학교폭력과 관련된 다양한 기관들에서 학교폭력 피해 신고전화를 마련해놓거나 상담실을 운영하고 있지만, 실제로 청소년들의 학교폭력 건수와 비교해보면 상담적 지원은 부족하거나, 청소년들의 일상생활에서 물리적 및 심리적으로 멀리 존재하는 경우가 많다. 특히 부모, 학교 그리고 지역사회를 연계하여 총괄적인 지원을 제공할 수 있는 상담체계는 거의 전무한 것이 현실이다. 따라서 학교폭력 피해학생들이 조금 더 쉽게 접근할 수 있는 방법과 보복의 두려움 없이 학교폭력 문제가 해결될 수 있도록 학교운영위원회 구성과 지역사회가 피해학생에게 충분한 도움을 주어야 한다.

셋째, 학교폭력에 대해 학교당국의 관심과 인성교육이 필요하다. 학교폭력에 대해 학교당국 차원에서 교장(감) 등에게 학교방침으로 집단따돌림, 왕따, 폭력, 공격성, 충동성, 인터넷 중독, 휴대폰 중독 등 학교폭력을 절대로 허용하지 않는다는 점을 학생들에게 교육시키도록 노력하고, 교사와 학생, 학생과 학생 간에 개인 인성의 중요성을 인식할 수 있는 인성교육을 실시하는 것이 필요하다. 한국정보화문화진흥원에서 인터넷 중독 전문가를 일선학교로 파견하여 특강을 시행하는 것처럼 일선학교에서 학교폭력의 외부전문가를 초빙해 교사, 학생 그리고 학부모를 대상으로 심리극, 강연회, 워크숍 등의 특강을 정기적으로 개최함으로써 학교폭력의 다양한 문제를 공론화시켜 대중적으로 해결책을 찾아야 한다.

넷째, 학교폭력을 국방부에서 실시하고 있는 군 기본인권 상담사를 배치하는 것처럼 학교 차원에서 전문상담 교사를 채용하여 상담실에서 학생들을 대상으로 집단따돌림 집단상담 프로그램, 인성교육 집단상담 프로그램, 의사소통 집단상담 프로그램 등을 도입하여 학생들을 지원할 수 있도록 교육당국의 정책이 필요하다. 또한 전문상담 교사를 채용하기 위한 기본적인 예산과 재원의 책정을 요구한다.

다섯째, 청소년들의 건전한 놀이문화 육성을 위한 문화공간의 확보가 필요하다. 학교기관에서도 청소년들의 다양한 활동을 통해 학생들이 욕구들을 충족시키고, 존재 의미를 확인할 수 있게 해야 하며, 학교 주변인 지역사회 곳곳에 학생들이 건전한 놀이문화를 즐길 수 있는 문화공간의 확보가 꼭 필요하다. 학교폭력을 예방하기 위해 지역사회의 복지기관, 청소년 관련 단체나 수련시설, 주민자치센터(동사무소), 문화센터 등을 통해 초등학생, 중학생, 고등학생들의 건전한 놀이문화가 정착되도록 문화정착 프로그램을 개발과 동시에 실시해야 한다.

이와 같이 학교폭력의 문제점을 지역 주민과 함께 공유하고 지역사회가 풀어나갈 수 있는 영역에 대한 다양한 고민 속에서 나름의 해답과 길을 찾을 수 있을 것이다. 따라서 무엇보다도 중요한 것은 사회에서 학교폭력 문제와 학생들의 인성문제를 공론화시키는 것과 이를 추진해나갈 수 있도록 교사, 부모, 지역사회 등이 주체를 형성해나가는 것이다.

3. 학교폭력 근절을 위한 국가의 역할

학교폭력 근절을 위해 가정이나 학교 차원의 문제를 넘어서서 국가적인 문제로 대두되고 있기 때문에 국가 차원에서 적극적인 자세로 나서야 할 것이다. 이는 국가가 학교폭력에 대해 너무 관대하게 처리함으로써 학생들의 학교폭력은 점점 늘어나고 있다. 따라서 학교폭력을 근절하기 위해 국가 차원에서 학생들에게 철저한 인성교육 예산과 폭력예방 세미나 예산, 그리고 법과 제도가 매우 중요할 것이다. 이러한 내용을 위해 예산 확보를 위한 다양한 방안에 대해 살펴보고, 법과 제도적 차원에서 지원과 운영을 위해 필요한 내용들을 제시한다. 학교폭력 근절을 위한 예산은 일선 학교, 지역 교육청, Wee센터 등의 학교폭력 예방 활동과 사안 처리, 추후 지도 등 전 과정에 필요하다. 학교폭력 사안처리 과정에서 가해학생과 학부모가 책임지지 못하는 경우에는 국가 차원에서 피해학생을 돌보는 역할과 학생의 심리적 치료 등을 책임져야 한다. 이러한 문제점들 때문에 학교폭력 방안에서는 지원체제가 원활하게 진행할 수 있도록 예산 확보와 법과 제도 등을 통해 학교가 안전한 장소가 될 수 있도록 끊임없이 노력해야 할 일을 살펴보고자 한다(박효정 · 정미경 · 박종효, 2006; 정종진, 2012).

(1) 학교폭력을 묵인하지 않는 국가정책 필요

학교 내외에서 발생하는 학교폭력은 사회의 불법성과 부당성을 그대로 재연해주고 있다. 이는 수단과 방법을 가리지 않고 남보다 앞서야 하고, 빨리 도달해야 하며, 강력한 힘과 권력을 발휘해야 한다는 잘못된 생각이 갖가지 사회적 병폐를 초래하는 것처럼 학생들 역시 다른 학생의 인격이나 존엄성을 짓밟고 망가뜨리는 한이 있더라도 폭력이라는 부당한 방법을 통해 자신의 욕구를 채우고자 한다. 폭력영화를 보면 가해학생은 힘이 있고, 멋지고, 영웅적인 인물로 묘사되는 반면, 피해학생은 힘없고, 불쌍하고, 초라해 보이도록 설정되어 있는가 하면, 사회지도층의 언어적 폭력, 부정부패 개입 등이 폭력을 조장하는 원인이 된다. 따라서 학교폭력을 일으키는 학생들이 의식적이든 무의식적이든 폭력을 묵인하거나 미화하는 우리 사회의 분위기를 쇄신하고 국가가 모범을 보여 나가는 것이 매우 중요하다.

(2) 국가 차원에서의 학교폭력에 대한 잘못된 인식 전환

우리나라에서 일어나는 학교폭력 유형들의 공통점을 살펴보면 저연령층, 집단화, 흉포화, 범죄화되어가고 있는 모습을 볼 수 있다. 이러한 유형은 어떤 형태든, 어떠한 개념을 규정하든 인간 존중과 가치관을 파괴하는 생명의 소중함을 무시하는 반인륜적 행위이기 때문에 학교폭력에 대한 인식을 묵인하고 그냥 지나치면 안 된다. 학생들 간에 집단폭력, 집단따돌림, 왕따, 집단 도벽, 금품갈취 등의 폭력적인 행위로 인해 많은 학생들이 아무런 이유도 없이 학교폭력의 희생양이 되고 있다.

학교폭력에 시달려본 아이들을 보면 대인기피증, 우울증, 불안, 정신적 충격, 그리고 학교 공포증을 겪고 있는 것으로 나타났다. 이러한 문제는 피해학생과 가해학생만의 문제가 아니라 부모, 교사 그리고 가족 등의 고통으로 인식되어 가고 있다. 학교폭력에 대한 잘못된 인식인 '아이들은 싸우면서 큰다', '싸우면서 우정이 싹튼다' 같은 잘못된 고정관념과 무시해버리는 일부터 바로잡을 수 있는 국가 차원의 교육이 형성되어야 한다.

(3) 국가 차원에서 교사들에게 진정한 자율과 여유 부여

학교폭력 예방을 위한 효율적인 대책을 수립하고 법령을 제정해도 교사가 학교폭력을 예방하고 학생들을 보호하겠다는 의지가 없다면 학교폭력은 근절되지 않을 것이다. 따라서 교사들은 학교폭력 문제에 적극적인 관심을 가지며, 이러한 역할을 수행하기 위해서는 교사들에게 자율과 여유가 필요하다. 즉, 교사들이 자율적으로 판단하여 교육활동을 수행할 수 있는 여건이 마련되어야 책임감을 가지고 학교폭력 문제에 적극적으로 개입할 것이다. 교사들이 교육부의 방침, 교육청의 방침, 그리고 학교장의 방침에 둘러싸여 있는 한 주어진 일을 해내는 데 급급하느라 자율적인 판단에 근거하여 적극적으로 학교폭력 문제에 관여하기는 매우 어려울 것으로 사료된다. 이렇게 여유가 없는 상황에서는 학교폭력 문제를 해결하는 것도 매우 귀찮은 일거리에 불과하다. 진정으로 학교폭력 문제를 교사들이 해결해주기를 원한다면 교사들에게 시간과 정신적으로 여유를 주어야 한다.

(4) 전문상담교사 배치와 교내외 순찰활동

청소년들의 학교폭력은 가장 많이 생활하는 학교공간에서 많이 발생함에도 불구하고 학교폭력에 대한 정확한 실상이 파악되지 않은 채 폭력에 시달리는 피해학생들의 고통이 커져가고 있다. 학교폭력에 대처하기 위해서는 학년 주임교사, 생활지도교사, 그리고 전문상담교사의 적극적인 개입과 조사가 필요하다. 이춘재와 곽금주(2000)는 이러한 교사들의 노력에는 구체적으로 가해학생에 대한 선도나 추수지도, 피해학생에 대한 보호와 회복 노력, 교내외 불량서클에 대한 지도와 근절, 그리고 학교폭력 예방 프로그램의 운영 등이 포함될 수 있다. 특히 어설프거나 일회적인 교사의 개입이 많은 학교폭력의 폐해를 가중시킨다는 점을 감안하여 청소년들의 학교폭력 문제는 전문상담교사나 지속적이며 체계적인 노력 속에서 교내외 순찰이 이루어져야 한다.

(5) 지방자치단체의 단위학교에 대한 예산 지원과 학교폭력 보험 가입의 의무화

지방자치단체마다 교육경비 보조금이 어느 정도 마련되어 있어서 단위학교와 지역 교육청을 지원할 수 있다. 실제로 어느 지방자치단체의 구청과 군청에서는 저소득층 가정, 한부모와 조부모가정 학생들에게 교육 및 복지를 위해 재정적 지원을 시행하고 있다. 따라서 전국의 지방자치단체에서는 단위학교 예산을 증가하여 학교폭력 가해학생과 피해학생을 위한 꾸준한 관심과 지원이 필요할 것으로 보인다. 또한 학교폭력의 가해학생과 학부모가 보상 능력이 없어 피해학생의 치료를 책임지지 못하는 경우, 학교폭력 보험기금을 활용할 수 있도록 한다. 이웃 나라인 일본을 살펴보면 매 학년 초 학생 1인당 3,000원을 전국 단위로 수합하여 학교폭력보험기금을 마련한다. 따라서 우리나라도 학교운영위원회와 학교장을 중심으로 전국의 초 · 중 · 고 학생들을 대상으로 학교폭력보험을 의무적으로 가입시키는 것도 매우 바람직할 것이다.

(6) 공기업과 대기업의 수(공)익 자금을 학교폭력 긴급 재원으로 사용

학교폭력은 학생들이 가장 많은 시간을 소비하는 학교뿐만 아니라 가정 및 사회가 함께 공감하며 해결해나가야 할 문제이기 때문에 사회에서 관심과 책임을 져야 한다. 이러한 문제점들이 공감대를 형성하여 현재 공익을 위해 사용하도록 규정되어 있는 공기업의 수익 일부와 대기업이 국가에 헌납하는 공익자금의 일부를 학교폭력 긴급 재원으로 사용하는 것이 바람직할 것이다.

(7) 국가 차원에서 학교 근처의 환경 정리 및 유해업소 관리

학교폭력 청소년들의 주변 환경 중 유해업소가 범죄행위와 관련성이 있는데, 이는 유흥업소, 숙박업소 등에서 청소년을 대상으로 수단과 방법을 가리지 않고 이윤추구의 대상으로 여기는 악덕업자들로 인해 유흥장에 미성년자를 출입시키는 행위, 주류 판매, 불법 음란비디오 상영, 숙박시설에서 미성년자 혼숙 및 윤락행위 알선 등과 같은 퇴폐행위를 자행하는 사례가 있어 건전한 사회생활을 저해할 뿐만 아니라 사춘기와 정체감 혼미를 느끼는 청소년들로 하여금 탈선과 범죄의 온상이 될 소지가 있기 때문에 국가 차원에서 집중적인 단속과 청소년 유해환경 정화에 노력을 해야 한다. 그리고 매스컴과 인터넷 문화에 노출되는 청소년을 인식하지 않은 채 선정적인 음란물, 폭력물, 모방범죄 등에 대해 국가에서 과감한 단속과 대중매체를 정화하는 관련법이 지금보다는 더 엄격한 잣대로 구분 짓는 것이 필요하다.

또한 학교폭력 대처를 위한 지원체제가 잘 운영되기 위해서는 필요한 예산을 확보하는 것과 예산을 효율적으로 활용하는 구체적인 방안이 필요하다. 이에 학교폭력 대처를 위한 예산을 효율적으로 사용하기 위한 방안을 제시하고자 한다(박효정 · 정미경 · 박종효, 2006).

첫째, 학교폭력과 연계된 예산을 전국의 시 · 도 교육청에서 취합하여 계획을 세운다. 학생들과 관련된 예산이 국가 행정부처별로, 자치단체별로 운영되는 방식을 시정할 필요가 있다. 이것이 불가능할 경우 관계 부처 간에 예산 배정 단계부터 서로 협력하여 동일 목적을 위해 사용되는 예산이 중복되지 않도록 한다.

둘째, 학교폭력과 관련된 사안에 따라 예산을 배분해야 한다. 학교폭력 예방에 소요되는 예산은 전국의 학교 규모가 아닌 학교폭력이 발생하는 규모에 따라 배분되어야 한다. 학교폭력 규모나 발생은 전국의 지역 차이가 크므로 학교폭력이 많이 일어나는 지역에 지원이 집중될 수 있도록 발생 규모에 따라 예산이 편성되어야 한다. 이처럼 지역별 차이를 두고 예산을 편성할 경우에는 학교당국에서 학교폭력을 은폐하려는 사례가 감소할 것이다.

셋째, 학교폭력 피해학생의 치료비와 가해학생을 올바른 길로 인도하기 위한 구체적인 예산이 있어야 한다. 피해학생의 치료비와 가해학생을 돕기 위한

구체적인 예산이 법률적으로 명문화되어야 한다. 현재 ONE-STOP 지원센터에서 지원하고 있는 학교폭력 피해자 치료의 대상에 대한 규정을 보다 현실화시켜야 할 것이며, 상호 폭력에 따른 피해학생에 대한 치료비 지원 등이 구체적인 방안으로 수립되어야 한다.

부 록

1. 학교폭력예방 및 대책에 관한 법률

[일부개정 2013.7.30. 법률 제11948호]
교육부(학교폭력대책과) 02-2100-6659

제1조(목적) 이 법은 학교폭력의 예방과 대책에 필요한 사항을 규정함으로써 피해학생의 보호, 가해학생의 선도 · 교육 및 피해학생과 가해학생 간의 분쟁조정을 통하여 학생의 인권을 보호하고 학생을 건전한 사회구성원으로 육성함을 목적으로 한다.

제2조(정의) 이 법에서 사용하는 용어의 정의는 다음 각 호와 같다.[개정 2009.5.8, 2012.1.26, 2012.3.21.]

1. "학교폭력"이란 학교 내외에서 학생을 대상으로 발생한 상해, 폭행, 감금, 협박, 약취 · 유인, 명예훼손 · 모욕, 공갈, 강요 · 강제적인 심부름 및 성폭력, 따돌림, 사이버 따돌림, 정보통신망을 이용한 음란 · 폭력 정보 등에 의하여 신체 · 정신 또는 재산상의 피해를 수반하는 행위를 말한다.

1의2. "따돌림"이란 학교 내외에서 2명 이상의 학생들이 특정인이나 특정집단의 학생들을 대상으로 지속적이거나 반복적으로 신체적 또는 심리적 공격을 가하여 상대방이 고통을 느끼도록 하는 일체의 행위를 말한다.

1의3. "사이버 따돌림"이란 인터넷, 휴대전화 등 정보통신기기를 이용하여 학생들이 특정 학생들을 대상으로 지속적 · 반복적으로 심리적 공격을 가하거나, 특정 학생과 관련된 개인정보 또는 허위사실을 유포하여 상대방이 고통을 느끼도록 하는 일체의 행위를 말한다.

2. "학교"란 「초 · 중등교육법」 제2조에 따른 초등학교 · 중학교 · 고등학교 · 특수학교 및 각종학교와 같은 법 제61조에 따라 운영하는 학교를 말한다.

3. "가해학생"이란 가해자 중에서 학교폭력을 행사하거나 그 행위에 가담한 학생을 말한다.

4. "피해학생"이란 학교폭력으로 인하여 피해를 입은 학생을 말한다.

5. "장애학생"이란 신체적 · 정신적 · 지적 장애 등으로 「장애인 등에 대한 특수교육법」 제15조에서 규정하는 특수교육을 필요로 하는 학생을 말한다.

제3조(해석 · 적용의 주의의무) 이 법을 해석 · 적용함에 있어서 국민의 권리가 부당하게 침해되지 아니하도록 주의하여야 한다.

제4조(국가 및 지방자치단체의 책무) ① 국가 및 지방자치단체는 학교폭력을 예방하고 근절하기 위하여 조사 · 연구 · 교육 · 계도 등 필요한 법적 · 제도적 장치를 마련하여야 한다.

② 국가 및 지방자치단체는 청소년 관련 단체 등 민간의 자율적인 학교폭력 예방활동과 피해학생의 보호 및 가해학생의 선도 · 교육활동을 장려하여야 한다.

③ 국가 및 지방자치단체는 제2항에 따른 청소년 관련 단체 등 민간이 건의한 사항에 대하여는 관련 시책에 반영하도록 노력하여야 한다.

④ 국가 및 지방자치단체는 제1항부터 제3항까지의 규정에 따른 책무를 다하기 위하여 필요한 행정적 · 재정적 지원을 하여야 한다.[개정 2012.3.21]

제5조(다른 법률과의 관계) ① 학교폭력의 규제, 피해학생의 보호 및 가해학생에 대한 조치에 있어서 다른 법률에 특별한 규정이 있는 경우를 제외하고

는 이 법을 적용한다.

② 제2조제1호 중 성폭력은 다른 법률에 규정이 있는 경우에는 이 법을 적용하지 아니한다.

제6조(기본계획의 수립 등) ① 교육부장관은 이 법의 목적을 효율적으로 달성하기 위하여 학교폭력의 예방 및 대책에 관한 정책 목표 · 방향을 설정하고, 이에 따른 학교폭력의 예방 및 대책에 관한 기본계획(이하 "기본계획"이라 한다)을 제7조에 따른 학교폭력대책위원회의 심의를 거쳐 수립 · 시행하여야 한다.[개정 2012.3.21, 2013.3.23]

② 기본계획은 다음 각 호의 사항을 포함하여 5년마다 수립하여야 한다. 이 경우 교육부장관은 관계 중앙행정기관 등의 의견을 수렴하여야 한다.[개정 2012.3.21, 2013.3.23]

1. 학교폭력의 근절을 위한 조사 · 연구 · 교육 및 계도
2. 피해학생에 대한 치료 · 재활 등의 지원
3. 학교폭력 관련 행정기관 및 교육기관 상호 간의 협조 · 지원
4. 제14조제1항에 따른 전문상담교사의 배치 및 이에 대한 행정적 · 재정적 지원
5. 학교폭력의 예방과 피해학생 및 가해학생의 치료 · 교육을 수행하는 청소년 관련 단체(이하 "전문단체"라 한다) 또는 전문가에 대한 행정적 · 재정적 지원
6. 그 밖에 학교폭력의 예방 및 대책을 위하여 필요한 사항

③ 교육부장관은 대통령령으로 정하는 바에 따라 특별시 · 광역시 · 특별자치시 · 도 및 특별자치도(이하 "시 · 도"라 한다) 교육청의 학교폭력 예방 및 대책과 그에 대한 성과를 평가하고, 이를 공표하여야 한다.[신설 2012.1.26, 2013.3.23]

제7조(학교폭력대책위원회의 설치 · 기능[개정 2012.3.21]) 학교폭력의 예방 및 대책에 관한 다음 각 호의 사항을 심의하기 위하여 국무총리 소속으로 학교폭력대책위원회(이하 "대책위원회"라 한다)를 둔다.[개정 2012.3.21]

1. 학교폭력의 예방 및 대책에 관한 기본계획의 수립 및 시행에 대한 평가
2. 학교폭력과 관련하여 관계 중앙행정기관 및 지방자치단체의 장이 요청하는 사항

3. 학교폭력과 관련하여 교육청, 제9조에 따른 학교폭력대책지역위원회, 제10조의2에 따른 학교폭력대책지역협의회, 제12조에 따른 학교폭력대책자치위원회, 전문단체 및 전문가가 요청하는 사항

제8조(대책위원회의 구성) ① 대책위원회는 위원장 2명을 포함하여 20명 이내의 위원으로 구성한다.

② 위원장은 국무총리와 학교폭력 대책에 관한 전문지식과 경험이 풍부한 전문가 중에서 대통령이 위촉하는 사람이 공동으로 되고, 위원장 모두가 부득이한 사유로 직무를 수행할 수 없을 때에는 국무총리가 지명한 위원이 그 직무를 대행한다.

③ 위원은 다음 각 호의 사람 중에서 대통령이 위촉하는 사람으로 한다. 다만, 제1호의 경우에는 당연직 위원으로 한다.[개정 2013.3.23]

1. 기획재정부장관, 미래창조과학부장관, 교육부장관, 법무부장관, 안전행정부장관, 문화체육관광부장관, 보건복지부장관, 여성가족부장관, 방송통신위원회 위원장, 경찰청장
2. 학교폭력 대책에 관한 전문지식과 경험이 풍부한 전문가 중에서 제1호의 위원이 각각 1명씩 추천하는 사람
3. 관계 중앙행정기관에 소속된 3급 공무원 또는 고위공무원단에 속하는 공무원으로서 청소년 또는 의료 관련 업무를 담당하는 사람
4. 대학이나 공인된 연구기관에서 조교수 이상 또는 이에 상당한 직에 있거나 있었던 사람으로서 학교폭력 문제 및 이에 따른 상담 또는 심리에 관하여 전문지식이 있는 사람
5. 판사 · 검사 · 변호사
6. 전문단체에서 청소년보호활동을 5년 이상 전문적으로 담당한 사람
7. 의사의 자격이 있는 사람
8. 학교운영위원회 활동 및 청소년보호활동 경험이 풍부한 학부모

④ 위원장을 포함한 위원의 임기는 2년으로 하되, 1차에 한하여 연임할 수 있다.

⑤ 위원회의 효율적 운영 및 지원을 위하여 간사 1명을 두되, 간사는 교육부장관이 된다.[개정 2013.3.23]

⑥ 위원회에 상정할 안건을 미리 검토하는 등 안건 심의를 지원하고, 위원

회가 위임한 안건을 심의하기 위하여 대책위원회에 학교폭력대책실무위원회(이하 "실무위원회"라 한다)를 둔다.

⑦ 그 밖에 대책위원회의 운영과 실무위원회의 구성 · 운영에 필요한 사항은 대통령령으로 정한다.

[전문개정 2012.3.21]

제9조(학교폭력대책지역위원회의 설치) ① 지역의 학교폭력 문제를 해결하기 위하여 시 · 도에 학교폭력대책지역위원회(이하 "지역위원회"라 한다)를 둔다.[개정 2012.1.26]

② 특별시장 · 광역시장 · 특별자치시장 · 도지사 및 특별자치도지사는 지역위원회의 운영 및 활동에 관하여 시 · 도의 교육감(이하 "교육감"이라 한다)과 협의하여야 하며, 그 효율적인 운영을 위하여 실무위원회를 둘 수 있다. [개정 2012.1.26]

③ 지역위원회는 위원장 1인을 포함한 11인 이내의 위원으로 구성한다.

④ 지역위원회 및 제2항에 따른 실무위원회의 구성 · 운영에 필요한 사항은 대통령령으로 정한다.

제10조(학교폭력대책지역위원회의 기능 등[개정 2012.1.26]) ① 지역위원회는 기본계획에 따라 지역의 학교폭력 예방대책을 매년 수립한다.

② 지역위원회는 해당 지역에서 발생한 학교폭력에 대하여 교육감 및 지방경찰청장에게 관련 자료를 요청할 수 있다.

③ 교육감은 지역위원회의 의견을 들어 제16조제1항제1호부터 제3호까지나 제17조제1항제5호에 따른 상담 · 치료 및 교육을 담당할 상담 · 치료 · 교육 기관을 지정하여야 한다.[개정 2012.1.26]

④ 교육감은 제3항에 따른 상담 · 치료 · 교육 기관을 지정한 때에는 해당 기관의 명칭, 소재지, 업무를 인터넷 홈페이지에 게시하고, 그 밖에 다양한 방법으로 학부모에게 알릴 수 있도록 노력하여야 한다.[신설 2012.1.26]

제10조의2(학교폭력대책지역협의회의 설치 · 운영) ① 학교폭력예방 대책을 수립하고 기관별 추진계획 및 상호 협력 · 지원 방안 등을 협의하기 위하여 시 · 군 · 구에 학교폭력대책지역협의회(이하 "지역협의회"라 한다)를 둔다.

② 지역협의회는 위원장 1명을 포함한 20명 내외의 위원으로 구성한다.

③ 그 밖에 지역협의회의 구성 · 운영에 필요한 사항은 대통령령으로 정한다.

[본조신설 2012.3.21]

제11조(교육감의 임무) ① 교육감은 시 · 도교육청에 학교폭력의 예방과 대책을 담당하는 전담부서를 설치 · 운영하여야 한다.

② 교육감은 관할 구역 안에서 학교폭력이 발생한 때에는 해당 학교의 장 및 관련 학교의 장에게 그 경과 및 결과의 보고를 요구할 수 있다.

③ 교육감은 관할 구역 안의 학교폭력이 관할 구역 외의 학교폭력과 관련이 있는 때에는 그 관할 교육감과 협의하여 적절한 조치를 취하여야 한다.

④ 교육감은 학교의 장으로 하여금 학교폭력의 예방 및 대책에 관한 실시계획을 수립 · 시행하도록 하여야 한다.

⑤ 교육감은 제12조에 따른 자치위원회가 처리한 학교의 학교폭력빈도를 학교의 장에 대한 업무수행 평가에 부정적 자료로 사용하여서는 아니 된다.

⑥ 교육감은 제17조제1항제8호에 따른 전학의 경우 그 실현을 위하여 필요한 조치를 취하여야 하며, 제17조제1항제9호에 따른 퇴학처분의 경우 해당 학생의 건전한 성장을 위하여 다른 학교 재입학 등의 적절한 대책을 강구하여야 한다.[개정 2012.1.26, 2012.3.21]

⑦ 교육감은 대책위원회 및 지역위원회에 관할 구역 안의 학교폭력의 실태 및 대책에 관한 사항을 보고하고 공표하여야 한다. 관할 구역 밖의 학교폭력 관련 사항 중 관할 구역 안의 학교와 관련된 경우에도 또한 같다.[개정 2012.1.26, 2012.3.21]

⑧ 교육감은 학교폭력의 실태를 파악하고 학교폭력에 대한 효율적인 예방대책을 수립하기 위하여 학교폭력 실태조사를 연 2회 이상 실시하여야 한다.[신설 2012.3.21]

⑨ 교육감은 학교폭력 등에 관한 조사, 상담, 치유프로그램 운영 등을 위한 전문기관을 설치 · 운영할 수 있다.[신설 2012.3.21]

⑩ 교육감은 관할 구역에서 학교폭력이 발생한 때에 해당 학교의 장 또는 소속 교원이 그 경과 및 결과를 보고함에 있어 축소 및 은폐를 시도한 경우에는 「교육공무원법」 제50조 및 「사립학교법」 제62조에 따른 징계위원회에 징계의결을 요구하여야 한다.[신설 2012.3.21]

⑪ 교육감은 관할 구역에서 학교폭력의 예방 및 대책 마련에 기여한 바가 큰 학교 또는 소속 교원에게 상훈을 수여하거나 소속 교원의 근무성적 평정에 가산점을 부여할 수 있다.[신설 2012.3.21]

⑫ 제1항에 따라 설치되는 전담부서의 구성과 제8항에 따라 실시하는 학교폭력 실태조사 및 제9항에 따른 전문기관의 설치에 필요한 사항은 대통령령으로 정한다.[개정 2012.3.21]

제11조의2(학교폭력 조사 · 상담 등) ① 교육감은 학교폭력 예방과 사후조치 등을 위하여 다음 각 호의 조사 · 상담 등을 수행할 수 있다.

1. 학교폭력 피해학생 상담 및 가해학생 조사
2. 필요한 경우 가해학생 학부모 조사
3. 학교폭력 예방 및 대책에 관한 계획의 이행 지도
4. 관할 구역 학교폭력서클 단속
5. 학교폭력 예방을 위하여 민간 기관 및 업소 출입 · 검사
6. 그 밖에 학교폭력 등과 관련하여 필요로 하는 사항

② 교육감은 제1항의 조사 · 상담 등의 업무를 대통령령으로 정하는 기관 또는 단체에 위탁할 수 있다.

③ 교육감 및 제2항에 따른 위탁 기관 또는 단체의 장은 제1항에 따른 조사 · 상담 등의 업무를 수행함에 있어 필요한 경우 관계 기관의 장에게 협조를 요청할 수 있다.

④ 제1항에 따라 조사 · 상담 등을 하는 관계 직원은 그 권한을 표시하는 증표를 지니고 이를 관계인에게 보여주어야 한다.

⑤ 제1항제1호 및 제4호의 조사 등의 결과는 학교의 장 및 보호자에게 통보하여야 한다.

[본조신설 2012.3.21]

제11조의3(관계 기관과의 협조 등) ① 교육부장관, 교육감, 지역 교육장, 학교의 장은 학교폭력과 관련한 개인정보 등을 경찰청장, 지방경찰청장, 관할 경찰서장 및 관계 기관의 장에게 요청할 수 있다.[개정 2013.3.23]

② 제1항에 따라 정보제공을 요청받은 경찰청장, 지방경찰청장, 관할 경찰서장 및 관계 기관의 장은 특별한 사정이 없으면 이에 응하여야 한다.

③ 제1항 및 제2항에 따른 관계 기관과의 협조 사항 및 절차 등에 필요한

사항은 대통령령으로 정한다.
[본조신설 2012.3.21]

제12조(학교폭력대책자치위원회의 설치 · 기능) ① 학교폭력의 예방 및 대책에 관련된 사항을 심의하기 위하여 학교에 학교폭력대책자치위원회(이하 "자치위원회"라 한다)를 둔다. 다만, 자치위원회 구성에 있어 대통령령으로 정하는 사유가 있는 경우에는 교육감의 보고를 거쳐 둘 이상의 학교가 공동으로 자치위원회를 구성할 수 있다.[개정 2012.1.26]

② 자치위원회는 학교폭력의 예방 및 대책 등을 위하여 다음 각 호의 사항을 심의한다.[개정 2012.1.26]

1. 학교폭력의 예방 및 대책수립을 위한 학교 체제 구축
2. 피해학생의 보호
3. 가해학생에 대한 선도 및 징계
4. 피해학생과 가해학생 간의 분쟁조정
5. 그 밖에 대통령령으로 정하는 사항

③ 자치위원회는 해당 지역에서 발생한 학교폭력에 대하여 학교장 및 관할 경찰서장에게 관련 자료를 요청할 수 있다.[신설 2012.3.21]

④ 자치위원회의 설치 · 운영 등에 필요한 사항은 지역 및 학교의 규모 등을 고려하여 대통령령으로 정한다.

제13조(자치위원회의 구성 · 운영[개정 2011.5.19]) ① 자치위원회는 위원장 1인을 포함하여 5인 이상 10인 이하의 위원으로 구성하되, 대통령령으로 정하는 바에 따라 전체위원의 과반수를 학부모전체회의에서 직접 선출된 학부모대표로 위촉하여야 한다. 다만, 학부모전체회의에서 학부모대표를 선출하기 곤란한 사유가 있는 경우에는 학급별 대표로 구성된 학부모대표회의에서 선출된 학부모대표로 위촉할 수 있다.[개정 2011.5.19]

② 자치위원회는 분기별 1회 이상 회의를 개최하고, 자치위원회의 위원장은 다음 각 호의 어느 하나에 해당하는 경우에 회의를 소집하여야 한다.[신설 2011.5.19, 2012.1.26, 2012.3.21]

1. 자치위원회 재적위원 4분의 1 이상이 요청하는 경우
2. 학교의 장이 요청하는 경우
3. 피해학생 또는 그 보호자가 요청하는 경우

4. 학교폭력이 발생한 사실을 신고받거나 보고받은 경우
5. 가해학생이 협박 또는 보복한 사실을 신고받거나 보고받은 경우
6. 그 밖에 위원장이 필요하다고 인정하는 경우

③ 자치위원회는 회의의 일시, 장소, 출석위원, 토의내용 및 의결사항 등이 기록된 회의록을 작성 · 보존하여야 한다.[신설 2011.5.19]

④ 그 밖에 자치위원회의 구성 · 운영에 필요한 사항은 대통령령으로 정한다.[개정 2011.5.19]

제14조(전문상담교사 배치 및 전담기구 구성) ① 학교의 장은 학교에 대통령령으로 정하는 바에 따라 상담실을 설치하고, 「초 · 중등교육법」 제19조의2에 따라 전문상담교사를 둔다.

② 전문상담교사는 학교의 장 및 자치위원회의 요구가 있는 때에는 학교폭력에 관련된 피해학생 및 가해학생과의 상담결과를 보고하여야 한다.

③ 학교의 장은 교감, 전문상담교사, 보건교사 및 책임교사(학교폭력문제를 담당하는 교사를 말한다) 등으로 학교폭력문제를 담당하는 전담기구(이하 "전담기구"라 한다)를 구성하며, 학교폭력 사태를 인지한 경우 지체 없이 전담기구 또는 소속 교원으로 하여금 가해 및 피해 사실 여부를 확인하도록 한다.[개정 2012.3.21]

④ 전담기구는 학교폭력에 대한 실태조사(이하 "실태조사"라 한다)와 학교폭력 예방 프로그램을 구성 · 실시하며, 학교의 장 및 자치위원회의 요구가 있는 때에는 학교폭력에 관련된 조사결과 등 활동결과를 보고하여야 한다.[개정 2012.3.21]

⑤ 피해학생 또는 피해학생의 보호자는 피해사실 확인을 위하여 전담기구에 실태조사를 요구할 수 있다.[신설 2009.5.8, 2012.3.21]

⑥ 국가 및 지방자치단체는 실태조사에 관한 예산을 지원하고, 관계 행정기관은 실태조사에 협조하여야 하며, 학교의 장은 전담기구에 행정적 · 재정적 지원을 할 수 있다.[개정 2012.3.21]

⑦ 전담기구는 성폭력 등 특수한 학교폭력사건에 대한 실태조사의 전문성을 확보하기 위하여 필요한 경우 전문기관에 그 실태조사를 의뢰할 수 있다. 이 경우 그 의뢰는 자치위원회 위원장의 심의를 거쳐 학교의 장 명의로 하여야 한다.[신설 2012.1.26, 2012.3.21]

⑧ 그 밖에 전담기구 운영 등에 필요한 사항은 대통령령으로 정한다.[신설 2012.3.21]

제15조(학교폭력 예방교육 등[개정 2011.5.19]) ① 학교의 장은 학생의 육체적 · 정신적 보호와 학교폭력의 예방을 위한 학생들에 대한 교육(학교폭력의 개념 · 실태 및 대처방안 등을 포함하여야 한다)을 학기별로 1회 이상 실시하여야 한다.[개정 2012.1.26]

② 학교의 장은 학교폭력의 예방 및 대책 등을 위한 교직원 및 학부모에 대한 교육을 학기별로 1회 이상 실시하여야 한다.[개정 2012.3.21]

③ 학교의 장은 제1항에 따른 학교폭력 예방교육 프로그램의 구성 및 그 운용 등을 전담기구와 협의하여 전문단체 또는 전문가에게 위탁할 수 있다.

④ 교육장은 제1항부터 제3항까지의 규정에 따른 학교폭력 예방교육 프로그램의 구성과 운용계획을 학부모가 쉽게 확인할 수 있도록 인터넷 홈페이지에 게시하고, 그 밖에 다양한 방법으로 학부모에게 알릴 수 있도록 노력하여야 한다.[개정 2012.1.26]

⑤ 그 밖에 학교폭력 예방교육의 실시와 관련한 사항은 대통령령으로 정한다.

제16조(피해학생의 보호) ① 자치위원회는 피해학생의 보호를 위하여 필요하다고 인정하는 때에는 피해학생에 대하여 다음 각 호의 어느 하나에 해당하는 조치(수 개의 조치를 병과하는 경우를 포함한다)를 할 것을 학교의 장에게 요청할 수 있다. 다만, 학교의 장은 피해학생의 보호를 위하여 긴급하다고 인정하거나 피해학생이 긴급보호의 요청을 하는 경우에는 자치위원회의 요청 전에 제1호, 제2호 및 제6호의 조치를 할 수 있다. 이 경우 자치위원회에 즉시 보고하여야 한다.[개정 2012.3.21]

1. 심리상담 및 조언
2. 일시보호
3. 치료 및 치료를 위한 요양
4. 학급교체
5. 삭제[2012.3.21]
6. 그 밖에 피해학생의 보호를 위하여 필요한 조치

② 자치위원회는 제1항에 따른 조치를 요청하기 전에 피해학생 및 그 보호

자에게 의견진술의 기회를 부여하는 등 적정한 절차를 거쳐야 한다.[신설 2012.3.21]

③ 제1항에 따른 요청이 있는 때에는 학교의 장은 피해학생의 보호자의 동의를 받아 7일 이내에 해당 조치를 하여야 하고 이를 자치위원회에 보고하여야 한다.[개정 2012.3.21]

④ 제1항의 조치 등 보호가 필요한 학생에 대하여 학교의 장이 인정하는 경우 그 조치에 필요한 결석을 출석일수에 산입할 수 있다.

⑤ 학교의 장은 성적 등을 평가함에 있어서 제3항에 따른 조치로 인하여 학생에게 불이익을 주지 아니하도록 노력하여야 한다.[개정 2012.3.21]

⑥ 피해학생이 전문단체나 전문가로부터 제1항제1호부터 제3호까지의 규정에 따른 상담 등을 받는 데에 사용되는 비용은 가해학생의 보호자가 부담하여야 한다. 다만, 피해학생의 신속한 치료를 위하여 학교의 장 또는 피해학생의 보호자가 원하는 경우에는 「학교안전사고 예방 및 보상에 관한 법률」 제15조에 따른 학교안전공제회 또는 시 · 도교육청이 부담하고 이에 대한 구상권을 행사할 수 있다.[개정 2012.1.26, 2012.3.21]

1. 삭제[2012.3.21]

2. 삭제[2012.3.21]

⑦ 학교의 장 또는 피해학생의 보호자는 필요한 경우 「학교안전사고 예방 및 보상에 관한 법률」 제34조의 공제급여를 학교안전공제회에 직접 청구할 수 있다.[신설 2012.1.26]

⑧ 피해학생의 보호 및 제6항에 따른 지원범위, 구상범위, 지급절차 등에 필요한 사항은 대통령령으로 정한다.[신설 2012.3.21]

제16조의2(장애학생의 보호) ① 누구든지 장애 등을 이유로 장애학생에게 학교폭력을 행사하여서는 아니 된다.

② 자치위원회는 학교폭력으로 피해를 입은 장애학생의 보호를 위하여 장애인전문 상담가의 상담 또는 장애인전문 치료기관의 요양 조치를 학교의 장에게 요청할 수 있다.

③ 제2항에 따른 요청이 있는 때에는 학교의 장은 해당 조치를 하여야 한다. 이 경우 제16조제6항을 준용한다.[개정 2012.3.21]

[본조신설 2009.5.8]

제17조(가해학생에 대한 조치) ① 자치위원회는 피해학생의 보호와 가해학생의 선도 · 교육을 위하여 가해학생에 대하여 다음 각 호의 어느 하나에 해당하는 조치(수 개의 조치를 병과하는 경우를 포함한다)를 할 것을 학교의 장에게 요청하여야 하며, 각 조치별 적용 기준은 대통령령으로 정한다. 다만, 퇴학처분은 의무교육과정에 있는 가해학생에 대하여는 적용하지 아니한다.[개정 2009.5.8, 2012.1.26, 2012.3.21]

1. 피해학생에 대한 서면사과
2. 피해학생 및 신고 · 고발 학생에 대한 접촉, 협박 및 보복행위의 금지
3. 학교에서의 봉사
4. 사회봉사
5. 학내외 전문가에 의한 특별 교육이수 또는 심리치료
6. 출석정지
7. 학급교체
8. 전학
9. 퇴학처분

② 제1항에 따라 자치위원회가 학교의 장에게 가해학생에 대한 조치를 요청할 때 그 이유가 피해학생이나 신고 · 고발 학생에 대한 협박 또는 보복행위일 경우에는 같은 항 각 호의 조치를 병과하거나 조치 내용을 가중할 수 있다.[신설 2012.3.21]

③ 제1항제2호부터 제4호까지 및 제6호부터 제8호까지의 처분을 받은 가해학생은 교육감이 정한 기관에서 특별교육을 이수하거나 심리치료를 받아야 하며, 그 기간은 자치위원회에서 정한다.[개정 2012.1.26, 2012.3.21]

④ 학교의 장은 가해학생에 대한 선도가 긴급하다고 인정할 경우 우선 제1항제1호부터 제3호까지, 제5호 및 제6호의 조치를 할 수 있으며, 제5호와 제6호는 병과조치할 수 있다. 이 경우 자치위원회에 즉시 보고하여 추인을 받아야 한다.[개정 2012.1.26, 2012.3.21]

⑤ 자치위원회는 제1항 또는 제2항에 따른 조치를 요청하기 전에 가해학생 및 보호자에게 의견진술의 기회를 부여하는 등 적정한 절차를 거쳐야 한다.[개정 2012.3.21]

⑥ 제1항에 따른 요청이 있는 때에는 학교의 장은 14일 이내에 해당 조치

를 하여야 한다.[개정 2012.1.26, 2012.3.21]

⑦ 학교의 장이 제4항에 따른 조치를 한 때에는 가해학생과 그 보호자에게 이를 통지하여야 하며, 가해학생이 이를 거부하거나 회피하는 때에는 「초·중등교육법」 제18조에 따라 징계하여야 한다.[개정 2012.3.21]

⑧ 가해학생이 제1항제3호부터 제5호까지의 규정에 따른 조치를 받은 경우 이와 관련된 결석은 학교의 장이 인정하는 때에는 이를 출석일수에 산입할 수 있다.[개정 2012.1.26]

⑨ 자치위원회는 가해학생이 특별교육을 이수할 경우 해당 학생의 보호자도 함께 교육을 받게 하여야 한다.[개정 2012.3.21]

⑩ 가해학생이 다른 학교로 전학을 간 이후에는 전학 전의 피해학생 소속 학교로 다시 전학올 수 없도록 하여야 한다.[신설 2012.1.26]

⑪ 제1항제2호부터 제9호까지의 처분을 받은 학생이 해당 조치를 거부하거나 기피하는 경우 자치위원회는 제7항에도 불구하고 대통령령으로 정하는 바에 따라 추가로 다른 조치를 할 것을 학교의 장에게 요청할 수 있다.[신설 2012.3.21]

⑫ 가해학생에 대한 조치 및 제11조제6항에 따른 재입학 등에 관하여 필요한 사항은 대통령령으로 정한다.[신설 2012.3.21]

제17조의2(재심청구) ① 자치위원회 또는 학교의 장이 제16조제1항 및 제17조제1항에 따라 내린 조치에 대하여 이의가 있는 피해학생 또는 그 보호자는 그 조치를 받은 날부터 15일 이내, 그 조치가 있음을 안 날부터 10일 이내에 지역위원회에 재심을 청구할 수 있다.[신설 2012.3.21]

② 자치위원회가 제17조제1항제8호와 제9호에 따라 내린 조치에 대하여 이의가 있는 학생 또는 그 보호자는 그 조치를 받은 날부터 15일 이내, 그 조치가 있음을 안 날로부터 10일 이내에 「초·중등교육법」 제18조의3에 따른 시·도학생징계조정위원회에 재심을 청구할 수 있다.

③ 지역위원회가 제1항에 따른 재심청구를 받은 때에는 30일 이내에 이를 심사·결정하여 청구인에게 통보하여야 한다.[신설 2012.3.21]

④ 제3항의 결정에 이의가 있는 청구인은 그 통보를 받은 날부터 60일 이내에 행정심판을 제기할 수 있다.[신설 2012.3.21]

⑤ 제1항에 따른 재심청구, 제3항에 따른 심사 절차 및 결정 통보 등에 필

요한 사항은 대통령령으로 정한다.[신설 2012.3.21]

⑥ 제2항에 따른 재심청구, 심사절차, 결정통보 등은 「초 · 중등교육법」 제18조의2제2항부터 제4항까지의 규정을 준용한다.[개정 2012.3.21]

[본조신설 2012.1.26]

제18조(분쟁조정) ① 자치위원회는 학교폭력과 관련하여 분쟁이 있는 경우에는 그 분쟁을 조정할 수 있다.

② 제1항에 따른 분쟁의 조정기간은 1개월을 넘지 못한다.

③ 학교폭력과 관련한 분쟁조정에는 다음 각 호의 사항을 포함한다.

1. 피해학생과 가해학생간 또는 그 보호자 간의 손해배상에 관련된 합의조정
2. 그 밖에 자치위원회가 필요하다고 인정하는 사항

④ 자치위원회는 분쟁조정을 위하여 필요하다고 인정하는 때에는 관계 기관의 협조를 얻어 학교폭력과 관련한 사항을 조사할 수 있다.

⑤ 자치위원회가 분쟁조정을 하고자 할 때에는 이를 피해학생 · 가해학생 및 그 보호자에게 통보하여야 한다.

⑥ 시 · 도교육청 관할 구역 안의 소속 학교가 다른 학생 간에 분쟁이 있는 경우에는 교육감이 해당 학교의 자치위원회위원장과의 협의를 거쳐 직접 분쟁을 조정한다. 이 경우 제2항부터 제5항까지의 규정을 준용한다.

⑦ 관할 구역을 달리하는 시 · 도교육청 소속 학교의 학생 간에 분쟁이 있는 경우에는 피해학생을 감독하는 교육감이 가해학생을 감독하는 교육감 및 관련 해당 학교의 자치위원회위원장과의 협의를 거쳐 직접 분쟁을 조정한다. 이 경우 제2항부터 제5항까지의 규정을 준용한다.

제19조(학교의 장의 의무) 학교의 장은 교육감에게 학교폭력이 발생한 사실 및 제16조, 제16조의2, 제17조, 제17조의2 및 제18조에 따른 조치 및 그 결과를 보고하고, 관계 기관과 협력하여 교내 학교폭력 단체의 결성예방 및 해체에 노력하여야 한다.[개정 2012.3.21]

제20조(학교폭력의 신고의무) ① 학교폭력 현장을 보거나 그 사실을 알게 된 자는 학교 등 관계 기관에 이를 즉시 신고하여야 한다.

② 제1항에 따라 신고를 받은 기관은 이를 가해학생 및 피해학생의 보호자와 소속 학교의 장에게 통보하여야 한다.[개정 2009.5.8]

③ 제2항에 따라 통보받은 소속 학교의 장은 이를 자치위원회에 지체 없이 통보하여야 한다.[신설 2009.5.8]

④ 누구라도 학교폭력의 예비 · 음모 등을 알게 된 자는 이를 학교의 장 또는 자치위원회에 고발할 수 있다. 다만, 교원이 이를 알게 되었을 경우에는 학교의 장에게 보고하고 해당 학부모에게 알려야 한다.[개정 2012.1.26]

⑤ 누구든지 제1항부터 제4항까지에 따라 학교폭력을 신고한 사람에게 그 신고행위를 이유로 불이익을 주어서는 아니 된다.[신설 2012.3.21]

제20조의2(긴급전화의 설치 등) ① 국가 및 지방자치단체는 학교폭력을 수시로 신고받고 이에 대한 상담에 응할 수 있도록 긴급전화를 설치하여야 한다.

② 국가와 지방자치단체는 제1항에 따른 긴급전화의 설치 · 운영을 대통령령으로 정하는 기관 또는 단체에 위탁할 수 있다.[신설 2012.1.26]

③ 제1항과 제2항에 따른 긴급전화의 설치 · 운영 · 위탁에 필요한 사항은 대통령령으로 정한다.[개정 2012.1.26]

[본조신설 2009.5.8]

제20조의3(정보통신망에 의한 학교폭력 등) 제2조제1호에 따른 정보통신망을 이용한 음란 · 폭력 정보 등에 의한 신체상 · 정신상 피해에 관하여 필요한 사항은 따로 법률로 정한다.

[본조신설 2012.3.21]

제20조의4(정보통신망의 이용 등) ① 국가 · 지방자치단체 또는 교육감은 학교폭력 예방 업무 등을 효과적으로 수행하기 위하여 필요한 경우 정보통신망을 이용할 수 있다.

② 국가 · 지방자치단체 또는 교육감은 제1항에 따라 정보통신망을 이용하여 학교 또는 학생(학부모를 포함한다)이 학교폭력 예방 업무 등을 수행하는 경우 다음 각 호의 어느 하나에 해당하는 비용의 전부 또는 일부를 지원할 수 있다.

1. 학교 또는 학생(학부모를 포함한다)이 전기통신설비를 구입하거나 이용하는 데 소요되는 비용
2. 학교 또는 학생(학부모를 포함한다)에게 부과되는 전기통신역무 요금

③ 그 밖에 정보통신망의 이용 등에 관하여 필요한 사항은 대통령령으로 정

한다.

[본조신설 2012.3.21]

제20조의5(학생보호인력의 배치 등) ① 국가 · 지방자치단체 또는 학교의 장은 학교폭력을 예방하기 위하여 학교 내에 학생보호인력을 배치하여 활용할 수 있다.

② 다음 각 호의 어느 하나에 해당하는 사람은 학생보호인력이 될 수 없다.[신설 2013.7.30][종전 제2항은 제3항으로 이동 2013.7.30]

1. 「국가공무원법」 제33조 각 호의 어느 하나에 해당하는 사람
2. 「아동 · 청소년의 성보호에 관한 법률」에 따른 아동 · 청소년대상 성범죄 또는 「성폭력범죄의 처벌 등에 관한 특례법」에 따른 성폭력범죄를 범하여 벌금형을 선고받고 그 형이 확정된 날부터 10년이 지나지 아니하였거나, 금고 이상의 형이나 치료감호를 선고받고 그 집행이 끝나거나 집행이 유예 · 면제된 날부터 10년이 지나지 아니한 사람
3. 「청소년 보호법」 제2조제5호가목3) 및 같은 목 7)부터 9)까지의 청소년 출입 · 고용금지업소의 업주나 종사자

③ 국가 · 지방자치단체 또는 학교의 장은 제1항에 따른 학생보호인력의 배치 및 활용 업무를 관련 전문기관 또는 단체에 위탁할 수 있다.[제2항에서 이동, 종전 제3항은 제4항으로 이동 2013.7.30]

④ 제3항에 따라 학생보호인력의 배치 및 활용 업무를 위탁받은 전문기관 또는 단체는 그 업무를 수행함에 있어 학교의 장과 충분히 협의하여야 한다.[개정 2013.7.30][제3항에서 이동 2013.7.30]

⑤ 국가 · 지방자치단체 또는 학교의 장은 학생보호인력으로 배치하고자 하는 사람의 동의를 받아 경찰청장에게 그 사람의 범죄경력을 조회할 수 있다.[신설 2013.7.30]

⑥ 제3항에 따라 학생보호인력의 배치 및 활용 업무를 위탁받은 전문기관 또는 단체는 해당 업무를 위탁한 국가 · 지방자치단체 또는 학교의 장에게 학생보호인력으로 배치하고자 하는 사람의 범죄경력을 조회할 것을 신청할 수 있다.[신설 2013.7.30]

⑦ 학생보호인력이 되려는 사람은 국가 · 지방자치단체 또는 학교의 장에게 제2항 각 호의 어느 하나에 해당하지 아니한다는 확인서를 제출하여야 한

다.[신설 2013.7.30]

[본조신설 2012.3.21]

제20조의6(영상정보처리기기의 통합 관제) ① 국가 및 지방자치단체는 학교폭력 예방 업무를 효과적으로 수행하기 위하여 교육감과 협의하여 학교 내외에 설치된 영상정보처리기기(「개인정보 보호법」 제2조제7호에 따른 영상정보처리기기를 말한다. 이하 이 조에서 같다)를 통합하여 관제할 수 있다. 이 경우 국가 및 지방자치단체는 통합 관제 목적에 필요한 범위에서 최소한의 개인정보만을 처리하여야 하며, 그 목적 외의 용도로 활용하여서는 아니 된다.

② 제1항에 따라 영상정보처리기기를 통합 관제하려는 국가 및 지방자치단체는 공청회 · 설명회의 개최 등 대통령령으로 정하는 절차를 거쳐 관계 전문가 및 이해관계인의 의견을 수렴하여야 한다.

③ 제1항에 따라 학교 내외에 설치된 영상정보처리기기가 통합 관제되는 경우 해당 학교의 영상정보처리기기운영자는 「개인정보 보호법」 제25조제4항에 따른 조치를 통하여 그 사실을 정보주체에게 알려야 한다.

④ 통합 관제에 관하여 이 법에서 규정한 것을 제외하고는 「개인정보 보호법」을 적용한다.

⑤ 그 밖에 영상정보처리기기의 통합 관제에 필요한 사항은 대통령령으로 정한다.

[본조신설 2012.3.21]

제21조(비밀누설금지 등) ① 이 법에 따라 학교폭력의 예방 및 대책과 관련된 업무를 수행하거나 수행하였던 자는 그 직무로 인하여 알게 된 비밀 또는 가해학생 · 피해학생 및 제20조에 따른 신고자 · 고발자와 관련된 자료를 누설하여서는 아니 된다.[개정 2012.1.26]

② 제1항에 따른 비밀의 구체적인 범위는 대통령령으로 정한다.

③ 제16조, 제16조의2, 제17조, 제17조의2, 제18조에 따른 자치위원회의 회의는 공개하지 아니한다. 다만, 피해학생 · 가해학생 또는 그 보호자가 회의록의 열람 · 복사 등 회의록 공개를 신청한 때에는 학생과 그 가족의 성명, 주민등록번호 및 주소, 위원의 성명 등 개인정보에 관한 사항을 제외하고 공개하여야 한다.[개정 2011.5.19, 2012.3.21]

부
록

제22조(벌칙) ① 제21조제1항을 위반한 자는 300만원 이하의 벌금에 처한다.

② 제17조제9항에 따른 자치위원회의 교육 이수 조치를 따르지 아니한 보호자에게는 300만원 이하의 과태료를 부과한다.[신설 2012.3.21.]

2. 학교안전사고 예방 및 보상에 관한 법률

[일부개정 2014.5.14. 법률 제12573호 시행일 2014.11.15.]
교육부(학생건강지원과) 02-2100-6547

제1장 총칙

제1조(목적) 이 법은 학교안전사고를 예방하고, 학생 · 교직원 및 교육활동참여자가 학교안전사고로 인하여 입은 피해를 신속 · 적정하게 보상하기 위한 학교안전사고보상공제 사업의 실시에 관하여 필요한 사항을 규정함을 목적으로 한다.

제2조(정의) 이 법에서 사용하는 용어의 정의는 다음과 같다.[개정 2011.5.19, 2012.1.26]

1. "학교"라 함은 다음 각 목의 어느 하나에 해당하는 기관 또는 시설을 말한다.
   가. 「유아교육법」 제2조제2호의 규정에 따른 유치원(이하 "유치원"이라 한다)
   나. 「초 · 중등교육법」 제2조의 규정에 따른 학교(이하 "초 · 중등학교"라 한다)
   다. 「평생교육법」 제20조제2항의 규정에 따라 고등학교 졸업 이하의 학력이 인정되는 평생교육시설(이하 "평생교육시설"이라 한다)
   라. 「재외국민의 교육지원 등에 관한 법률」 제2조제3호에 따른 한국학교
2. "학생"이라 함은 학교에 입학하여 수학하고 있는 자를 말한다.
3. "교직원"이라 함은 고용형태 및 명칭을 불문하고 학교에서 학생의 교육 또는 학교의 행정을 담당하거나 보조하는 교원 및 직원 등을 말한다.
4. "교육활동"이라 함은 다음 각 목의 어느 하나에 해당하는 활동을 말한다.
   가. 학교의 교육과정 또는 학교의 장(이하 "학교장"이라 한다)이 정하는 교육계획 및 교육방침에 따라 학교의 안팎에서 학교장의 관리 · 감독

하에 행하여지는 수업 · 특별활동 · 재량활동 · 과외활동 · 수련활동 또는 체육대회 등의 활동

나. 등 · 하교 및 학교장이 인정하는 각종 행사 또는 대회 등에 참가하여 행하는 활동

다. 그 밖에 대통령령이 정하는 시간 중의 활동으로서 가목 및 나목과 관련된 활동

5. "교육활동참여자"란 학생 또는 교직원이 아닌 사람으로서 다음 각 목의 어느 하나에 해당하는 사람을 말한다.

가. 학교장의 승인 또는 학교장의 요청에 따라 교직원의 교육활동을 보조하거나 학생 또는 교직원과 함께 교육활동을 하는 사람

나. 「비영리민간단체 지원법」 제4조제1항에 따라 등록된 비영리민간단체에서 학생의 등교 · 하교 시 교통지도활동 참여에 관하여 미리 서면으로 학교장에게 통지하여 학교장의 승인을 받거나 학교장의 요청에 따라 그 단체의 회원으로서 교통지도활동에 참여하는 사람

6. "학교안전사고"라 함은 교육활동 중에 발생한 사고로서 학생 · 교직원 또는 교육활동참여자의 생명 또는 신체에 피해를 주는 모든 사고 및 학교급식 등 학교장의 관리 · 감독에 속하는 업무가 직접 원인이 되어 학생 · 교직원 또는 교육활동참여자에게 발생하는 질병으로서 대통령령이 정하는 것을 말한다.

제3조(국가 또는 지방자치단체의 지원 등) 국가 또는 지방자치단체는 예산의 범위 안에서 학교안전사고 예방 사업 및 이 법에 따른 학교안전사고보상공제 사업의 운영에 소요되는 경비를 지원할 수 있다.

제4조 삭제[2010.3.17]

제2장 학교안전사고 예방

제5조(학교안전사고의 예방에 관한 책무) ① 교육부장관, 특별시 · 광역시 · 특별자치시 · 도 및 특별자치도(이하 "시 · 도"라 한다. 이하 같다)의 교육감(이하 "교육감"이라 한다), 학교장 및 「사립학교법」의 규정에 따라 사립학교를 설치 · 경영하는 자(이하 "학교장등"이라 한다)는 학교안전사고를 예방

하고 학교시설을 안전하게 관리 · 유지하기 위하여 노력하여야 한다.[개정 2008.2.29, 2012.1.26, 2013.3.23]

② 교육부장관 및 교육감은 학교안전사고의 예방을 위하여 필요한 시설물을 설치하고 학교안전사고의 발생 위험성이 있는 시설물을 보수 · 관리하는데 필요한 예산을 우선 지원하는 등 학교안전사고의 예방을 위하여 필요한 조치를 하여야 한다.[개정 2008.2.29, 2013.3.23]

제6조(학교시설에 대한 안전점검) ① 교육감 및 학교장등은 「재난 및 안전관리기본법」 제22조의 규정에 따른 교육부 소관 국가안전관리기본계획에 따라 연 2회 이상 학교시설에 대한 안전점검을 실시하여야 한다. 이 경우 교육감 및 학교장등은 안전점검을 실시한 결과 시설물의 재해 및 재난예방과 안전성 확보 등을 위하여 필요하다고 인정하는 때에는 시설물 안전점검 전문기관에 위탁하여 정밀안전진단을 실시하여야 한다.[개정 2008.2.29, 2013.3.23]

② 제1항의 안전점검에 관한 구체적인 사항은 대통령령으로 정한다.

제7조(학교시설안전관리기준) ① 교육부장관은 학교시설의 안전관리에 필요한 학교시설안전관리기준을 작성하여 이를 교육감 및 학교장등에게 통보하여야 한다.[개정 2008.2.29, 2013.3.23]

② 교육감 및 학교장등은 제1항의 규정에 따라 학교시설안전관리기준을 통보받은 경우에는 소관 학교시설 등을 설치 · 유지 또는 관리하는데 있어 이를 준수하여야 하며, 학교장은 학교시설안전관리기준에 따른 점검결과를 연 1회 이상 교육감에게 보고하여야 한다.

③ 제1항의 학교안전관리기준에 관한 구체적인 사항 및 제2항의 규정에 따른 점검결과의 보고에 관하여는 대통령령으로 정한다.

제8조(학교안전교육의 실시) ① 학교장은 학교안전사고를 예방하기 위하여 교육부령이 정하는 바에 따라 학생 및 교직원에게 학교안전사고 예방 등에 관한 교육(이하 "안전교육"이라 한다)을 실시하여야 한다.[개정 2008.2.29, 2013.3.23]

② 학교장은 필요하다고 인정하는 경우에는 교육활동참여자에게 안전교육을 실시할 수 있다.

③ 교육부장관 및 교육감은 안전교육에 필요한 교재를 개발하고 학교장의

요청이 있는 경우 안전교육을 담당할 강사를 알선하는 등 안전교육에 필요한 지원을 하여야 한다.[개정 2008.2.29, 2013.3.23]

④ 학교장은 소속 교원 또는 교육활동참여자로 하여금 안전교육을 담당하게 할 수 있다.[개정 2012.1.26]

제8조의2(학교장의 교육활동 안전대책 점검 · 확인 의무) ① 학교장은 교육활동을 직접 실시하는 경우 학교안전사고 예방을 위하여 안전대책을 점검 · 확인하는 등 필요한 조치를 강구하여야 한다.

② 학교장은 교육활동을 관련 기관 또는 단체 등에 위탁하여 실시하는 경우 학교안전사고 예방을 위하여 다음 각 호의 사항을 점검 · 확인하여야 한다.

1. 위탁할 기관 또는 단체 등의 설립 인가 · 허가 등의 여부
2. 교육활동 중에 발생하는 사고로 인한 손해배상 책임을 담보하기 위한 보험 등의 가입 여부
3. 「청소년활동 진흥법」 제10조제1호에 따른 청소년수련시설의 경우 같은 법 제36조에 따라 인증을 받은 청소년수련활동 프로그램을 실시하는지의 여부
4. 「청소년활동 진흥법」 제10조제1호에 따른 청소년수련시설의 경우 같은 법 제18조, 제18조의2, 제18조의3, 제19조 및 제19조의2에 따른 안전점검 및 안전교육 실시, 종합평가 결과 및 이에 따른 개선조치 이행 등의 여부
5. 그 밖에 관계 법령에 따라 실시되는 교육활동 프로그램의 안전점검, 안전대책 등의 여부

③ 제2항에 따른 학교장의 점검 · 확인 요청을 받은 기관 또는 단체의 장, 지방자치단체의 장 등은 이에 따라야 한다.

④ 제1항부터 제3항까지의 규정에 따른 학교장의 교육활동 안전대책 점검 · 확인의 절차, 방법, 범위, 그 밖에 필요한 사항은 대통령령으로 정한다.

[본조신설 2014.5.14]

제9조(명예학교안전요원 위촉) 학교장은 학부모 또는 지역 주민 등을 명예학교안전요원으로 위촉하여 학교안전사고의 예방을 위한 순찰, 교통지도 등의 활동을 하게 할 수 있다.

제10조(안전조치) 교육감 또는 학교장등은 학생 · 교직원 및 교육활동참여자

등의 안전을 확보하기 위하여 필요하다고 인정하는 때에는 학교시설의 사용을 제한하고 대체시설을 확보하는 등 필요한 조치를 하여야 한다.

제10조의2(학교안전사고 예방활동 단체에 대한 지원) ① 교육부장관 및 교육감은 「비영리민간단체 지원법」 제4조제1항에 따라 등록된 비영리민간단체 중 학생의 등교 · 하교 시 교통지도활동에 참여하는 비영리민간단체(이하 이 조에서 "단체"라 한다)에 대하여 그 활동에 필요한 예산을 지원할 수 있다.[개정 2013.3.23]

② 학교장은 교육부장관이 정하는 바에 따라 단체로부터 학생들의 안전사고 예방과 관련한 의견을 정기적으로 들어야 하며, 그 내용을 학교운영에 반영하여야 한다.[개정 2013.3.23]

③ 학교장은 제2항에 따라 시장 · 군수 · 구청장 또는 관할 경찰서장의 협조가 필요하다는 의견을 들은 경우 해당 기관에 협조를 요청하여야 한다.

④ 제3항에 따라 요청을 받은 해당 기관의 장은 특별한 사유가 없는 한 협조하여야 한다.

[본조신설 2012.1.26]

제3장 학교안전사고보상공제 사업

제11조(학교안전사고보상공제 사업의 실시) ① 교육감은 학교안전사고로 인하여 생명 · 신체에 피해를 입은 학생 · 교직원 및 교육활동참여자에 대한 보상을 하기 위하여 학교안전사고보상공제(이하 "학교안전공제"라 한다) 사업을 실시한다. 다만, 제2조제1호라목의 한국학교에 대하여는 교육부장관이 학교안전공제사업을 실시한다.[개정 2012.1.26, 2013.3.23]

② 학교안전공제의 사업연도는 정부의 회계연도에 따른다.

③ 제15조의 규정에 따라 설립된 학교안전공제회는 학교안전공제사업의 사업자가 된다. 다만, 제2조제1호라목의 한국학교에 대한 학교안전공제사업의 사업자는 제28조에 따라 설립된 학교안전공제중앙회로 한다.[개정 2012.1.26]

제12조(학교안전공제의 가입자) 제2조제1호의 규정에 따른 학교의 학교장은 학교안전공제의 가입자가 된다. 다만, 「초 · 중등교육법」 제60조의2의 규정에 따른 외국인학교의 학교장은 제15조의 규정에 따른 학교안전공제회의

승인을 얻어 학교안전공제에 가입할 수 있다.

제13조(학교안전공제에서의 탈퇴) ① 제12조 단서의 규정에 따라 학교안전공제에 가입한 외국인학교의 학교장은 제15조의 규정에 따른 학교안전공제회의 승인을 얻어 학교안전공제에서 탈퇴할 수 있다.

② 제1항의 규정에 따른 탈퇴의 효력은 학교안전공제회의 탈퇴 승인을 받은 날이 속하는 사업연도가 종료한 때 또는 당해 학교가 폐쇄된 때에 발생한다.

제14조(학교안전공제의 피공제자) ① 다음 각 호의 어느 하나에 해당하는 자는 각각 그 사유가 발생하는 때에 학교안전공제의 피공제자가 된다. 다만, 제12조 단서의 규정에 따른 외국인학교에 재학 · 재직중인 학생 · 교직원은 당해 학교가 같은 조의 규정에 따라 학교안전공제에 가입한 때에 학교안전공제의 피공제자가 된다.

1. 학생 : 학교안전공제에 가입한 학교에 입학(전입학을 포함한다)한 때
2. 교직원 : 학교안전공제에 가입한 학교에 임용되거나 전보된 때
3. 교육활동참여자 : 학교안전공제에 가입한 학교의 교육활동에 참여하게 된 때. 다만, 학교장의 명시적인 의사에 반하여 교육활동에 참여한 경우를 제외한다.

② 제1항의 규정에 따른 피공제자는 다음 각 호의 어느 하나에 해당하는 때에는 피공제자의 자격을 잃는다. 다만, 제13조제1항의 규정에 따라 학교안전공제에서 탈퇴하는 학교에 재학 · 재직중인 학생 · 교직원은 같은 조제2항의 규정에 따른 탈퇴의 효력이 발생한 때에 피공제자의 자격을 잃는다.

1. 피공제자가 사망한 때
2. 피공제자인 학생이 학교를 졸업(자퇴 또는 퇴학을 포함한다)하거나 다른 학교로 전학한 때
3. 피공제자인 교직원이 학교에서 퇴직하거나 다른 학교 또는 교육기관 등으로 전보된 때
4. 교육활동참여자가 교육활동에의 참여를 마친 때

제4장 학교안전공제회

제15조(학교안전공제회의 설립 등) ① 교육감은 학교안전공제 사업을 실시하기 위하여 해당 시·도에 학교안전공제회(이하 "공제회"라 한다)를 설립한다.

② 공제회는 법인으로 한다.

③ 공제회는 주된 사무소의 소재지에서 설립등기함으로써 성립된다.

제16조(명칭) 공제회의 명칭에는 교육감이 관할하는 지방자치단체를 표시하는 문자를 사용하여야 한다.

제17조(정관) ① 공제회의 정관에는 다음 각 호의 사항을 기재하여야 한다.

1. 목적
2. 명칭
3. 주된 사무소의 소재지
4. 사업에 관한 사항
5. 이사회에 관한 사항
6. 임원 및 직원의 임면에 관한 사항
7. 조직에 관한 사항
8. 자산 및 회계에 관한 사항
9. 정관 변경에 관한 사항
10. 내부 규정의 제정·개정 및 폐지에 관한 사항
11. 공고에 관한 사항

② 공제회의 정관은 교육감의 인가를 받아야 한다. 이를 변경하고자 하는 때에도 또한 같다.

제18조(공제회의 사업) ① 공제회는 다음 각 호의 사업을 수행한다.[개정 2012.3.21]

1. 공제가입자에 대한 공제료의 부과 및 징수
2. 제34조의 규정에 따른 공제급여의 지급 및 이에 관련된 업무

2의2. 「학교폭력예방 및 대책에 관한 법률」 제16조제6항에 따른 학교폭력 피해학생의 치료비 등의 지급, 구상권 행사 및 이에 관련된 업무

3. 학교안전사고의 예방과 관련된 사업

4. 학교안전사고 예방 및 학교안전공제 사업에 대한 교육 · 홍보
5. 제58조의 규정에 따른 학교안전공제보상심사위원회의 운영
6. 학교안전공제에 관하여 교육감이 위탁하는 사업
7. 학교안전사고와 관련된 공제가입자 또는 교직원 등의 지원에 관한 사업
8. 그 밖에 학교안전사고 예방 사업 및 학교안전공제 사업을 수행하기 위하여 필요한 사업

② 공제회는 학교안전사고 예방 등 그 목적을 달성하기 위하여 대통령령으로 정하는 범위에서 수익사업을 할 수 있다.[신설 2012.3.21]

제19조(공제회의 임원 등[개정 2012.1.26.]) ① 공제회의 임원으로 이사장 1인을 포함한 7인 이상 15인 이내의 이사와 2인 이내의 감사를 두되, 임원은 비상임으로 한다.

② 공제회의 이사장은 공제회를 대표하고, 공제회의 업무를 통할한다.

③ 공제회의 감사(監事)는 공제회의 업무와 회계를 감사(監查)한다.

④ 감사는 제3항에 따른 감사 결과 부정 또는 불비한 사항이 있는 것을 발견한 때에는 이사회에 보고하여야 하며, 교육감에게 회계감사 또는 직무감사를 요청할 수 있다.[신설 2012.1.26]

제20조(공제회 임원의 임명 등) ① 공제회의 이사장은 이사 중에서 교육감이 임명한다.

② 공제회의 이사는 공제가입자의 추천을 받은 자와 피공제자 또는 피공제자의 친권자 · 후견인 그 밖에 다른 법률에 따라 피공제자를 부양할 의무가 있는 자(이하 "보호자등"이라 한다) 등을 대표하는 자 및 다음 각 호의 어느 하나에 해당하는 자 중에서 교육감이 임명한다.[개정 2007.4.11]

1. 4급 이상의 국가공무원(「국가공무원법」 제2조의2의 규정에 따른 고위공무원단(이하 "고위공무원단"이라 한다)에 속하는 공무원 및 장학관을 포함한다) 또는 지방공무원으로 재직하였거나 재직하고 있는 자
2. 변호사 또는 공인회계사의 자격이 있는 자
3. 「의료법」 제77조의 규정에 따른 전문의(이하 "전문의"라 한다)의 자격이 있는 자
4. 「고등교육법」 제2조의 규정에 따른 대학, 산업대학, 교육대학, 전문대학, 방송 · 통신대학, 기술대학 및 각종학교(이하 "대학"이라 한다)에서 부교

수 이상의 직에 재직하였거나 재직하고 있는 자

③ 공제회의 감사는 제2항 각 호의 어느 하나에 해당하는 자 중에서 교육감이 임명한다.

④ 제2항의 규정에 따른 공제가입자의 추천 등 이사의 임명에 관하여 필요한 사항은 공제회의 정관으로 정한다.

⑤ 이사장 · 이사 및 감사의 임기는 3년으로 하되, 연임할 수 있다.

제21조(공제회 임원의 결격사유 등) ①「국가공무원법」 제33조제1항 각 호의 어느 하나에 해당하는 자는 공제회의 임원이 될 수 없다.

② 공제회의 임원이「국가공무원법」 제33조제1항 각 호의 어느 하나에 해당하게 된 때에는 당연히 퇴임한다.

③ 교육감은 공제회의 임원이 다음 각 호의 어느 하나에 해당하게 된 때에는 그 임원을 해임할 수 있다.

1. 신체 또는 정신상의 장애로 직무를 수행할 수 없다고 인정되는 때
2. 공제회의 업무와 관련하여 직무상의 의무를 위반한 때

제22조(이사회) ① 공제회에 이사장 및 이사로 구성하는 이사회를 둔다.

② 이사회는 다음 각 호의 사항을 심의 · 의결한다.

1. 공제회의 사업과 활동을 지원하기 위한 기본계획 등의 수립 · 변경 및 집행에 관한 사항
2. 공제회의 정관 및 규정의 제정 · 개정 및 폐지에 관한 사항
3. 제52조의 규정에 따른 학교안전공제및사고예방기금의 관리 · 운용에 관한 사항
4. 그 밖에 이사회가 공제회의 사업을 위하여 필요하다고 인정하는 사항

③ 이사장은 이사회를 소집하고 그 의장이 된다.

④ 이사회는 재적이사 과반수의 출석과 출석이사 과반수의 찬성으로 의결한다.

⑤ 감사는 이사회에 출석하여 발언할 수 있으며, 공제회의 회계 또는 업무집행에 부정 또는 불비한 사항이 있음을 발견한 때에는 이사장에게 이사회 소집을 요구할 수 있다. 이 경우 이사장은 7일 이내에 이사회를 소집하여야 한다.[개정 2012.1.26]

⑥ 제1항 내지 제5항의 규정 외에 이사회의 운영 등에 관하여 필요한 사항

은 공제회의 정관으로 정한다.

제23조(공제회 직원의 임면) 이사장은 공제회의 정관이 정하는 바에 따라 직원을 임면한다.

제24조(공제회의 재정) 공제회의 재정은 제52조의 규정에 따른 학교안전공제및사고예방기금으로부터의 전입금과 그 밖의 수입으로 충당한다.

제25조(지도 · 감독) ① 공제회는 매 사업연도 개시 1개월 전에 당해 사업연도의 사업계획서와 예산서를 교육감에게 제출하여야 한다.

② 공제회는 사업연도 종료일부터 3개월 이내에 당해 사업연도 결산서를 작성하여 교육감에게 제출하여야 한다.

③ 교육감은 공제회에 대하여 그 사업에 관한 보고를 명하거나 사업 또는 재산상황을 검사할 수 있고, 필요하다고 인정하는 때에는 정관의 변경을 명하는 등 필요한 조치를 할 수 있다.

제26조(유사명칭 사용금지) 공제회가 아닌 자는 학교안전공제회 또는 이와 유사한 명칭을 사용하지 못한다.

제27조(「민법」의 준용) 공제회에 관하여 이 법에 규정된 것을 제외하고는 「민법」 중 재단법인에 관한 규정을 준용한다.

제5장 학교안전공제중앙회

제28조(학교안전공제중앙회의 설립) 교육부장관은 학교안전사고 예방 사업과 학교안전공제 사업을 효율적으로 수행하기 위하여 학교안전공제중앙회(이하 "공제중앙회"라 한다)를 설립한다.[개정 2008.2.29, 2013.3.23]

제29조(공제중앙회의 사업) ① 공제중앙회는 다음 각 호의 사업을 수행한다.[개정 2012.1.26]

1. 학교안전사고 예방정책의 수립을 위한 조사 · 연구
2. 제62조의 규정에 따른 학교안전공제보상재심사위원회의 운영
3. 학교안전공제 제도에 대한 조사 · 연구
4. 학교안전공제 공제급여의 지급기준 등에 대한 조사 · 연구
5. 제2조제1호라목의 한국학교에 대한 학교안전공제사업
6. 그 밖에 학교안전사고 예방 및 학교안전공제 사업의 수행과 관련하여 공

제회의 업무를 지원하는데 필요한 사업

② 공제중앙회는 학교안전사고 예방 등 그 목적을 달성하기 위하여 대통령령으로 정하는 범위에서 수익사업을 할 수 있다.[신설 2012.3.21]

제30조(공제중앙회의 임원 등) ① 공제중앙회에 임원으로 이사장 1인을 포함한 19인 이내의 이사와 2인 이내의 감사를 두되, 임원은 비상임으로 한다.

② 이사장은 공제중앙회를 대표하고 공제중앙회의 업무를 통할한다.

③ 감사(監事)는 공제중앙회의 업무와 회계를 감사(監査)한다.

제31조(임원의 선임 및 임기) ① 공제중앙회의 이사장 및 감사는 대통령령이 정하는 임원추천심사위원회가 추천하는 자 중에서 교육부장관이 임명한다.[개정 2008.2.29, 2013.3.23]

② 이사장을 제외한 공제중앙회의 이사는 교육부장관이 임명하되, 각 시·도공제회별로 추천하는 자가 1인씩 총 16인이 포함되어야 한다.[개정 2008.2.29, 2013.3.23]

③ 제1항 및 제2항의 규정에 따른 공제중앙회 임원의 추천에 관하여 필요한 사항은 대통령령으로 정한다.

④ 이사장·이사 및 감사의 임기는 3년으로 하되, 연임할 수 있다.

제32조(공제중앙회의 재정) ① 공제중앙회의 재정은 공제회의 분담금 및 그 밖의 수입으로 충당한다.

② 제1항의 규정에 따른 공제회의 분담금 납부 및 그 밖의 필요한 사항은 대통령령으로 정한다.

제33조(준용규정) 제15조제2항·제3항, 제17조, 제21조 내지 제23조, 제26조 및 제27조의 규정은 공제중앙회에 관하여 이를 준용한다. 이 경우 "공제회"는 각각 "공제중앙회"로, "학교안전공제회"는 "학교안전공제중앙회"로, "교육감"은 각각 "교육부장관"으로 본다.[개정 2008.2.29, 2013.3.23]

제6장 공제급여

제34조(공제급여의 종류) 공제회가 지급하는 공제급여의 종류는 다음 각 호와 같다.

1. 요양급여
2. 장해급여
3. 간병급여
4. 유족급여
5. 장의비

제35조(공제급여액의 결정) ① 공제회는 공제급여의 종류별로 제36조 내지 제40조의 규정에 따라 공제급여액을 결정한다.

② 제1항의 규정에 불구하고 법원의 판결 등으로 학교안전사고로 인하여 피공제자가 입은 피해에 대하여 공제가입자 또는 피공제자가 지급하여야 할 보상액 또는 배상액이 확정되는 경우 그 확정된 보상액 또는 배상액(지연배상금을 포함한다)은 이 법에 따른 공제급여액으로 보아 공제회가 이를 부담한다.

제36조(요양급여) ① 요양급여는 학교안전사고로 인하여 피공제자가 부상을 당하거나 질병에 걸린 경우에 피공제자 또는 그 보호자등에게 지급한다.

② 요양급여는 학교안전사고로 인하여 피공제자가 입은 부상 또는 질병의 치료에 소요된 비용 중 「국민건강보험법」 제44조에 따라 피공제자 또는 그 보호자등이 부담한 금액으로 한다. 다만, 법원의 판결 등으로 「국민건강보험법」 제58조에 따라 공단의 구상권 행사에 따른 손해배상액이 확정된 경우 학교의 장이 부담할 부분은 공제회가 부담한다.[개정 2011.12.31, 2012.3.21]

③ 제2항의 규정에 따른 요양급여의 범위는 다음 각 호와 같다.

1. 진찰 · 검사
2. 약제 · 치료재료의 지급
3. 처치 · 수술 그 밖의 치료
4. 재활치료
5. 입원

6. 간호
7. 호송
8. 의지(義肢)·의치(義齒), 안경·보청기 등 보장구의 처방 및 구입

④ 제1항부터 제3항까지의 규정에도 불구하고 「학교폭력예방 및 대책에 관한 법률」 제2조제1호에 따른 행위로 인한 경우에는 같은 법 제16조제1항제1호부터 제3호까지의 조치를 이행하는 데 필요한 비용을 지급하여야 한다. [신설 2012.3.21]

⑤ 제1항부터 제4항까지의 규정에 따른 요양급여의 지급기준 등에 관하여 필요한 사항은 대통령령으로 정한다.[개정 2012.3.21]

제37조(장해급여) ① 장해급여는 제36조의 규정에 따른 요양급여를 받은 피공제자가 요양을 종료한 후에도 장해가 있는 때에는 「국가배상법」 제3조제2항제3호에서 정한 금액 및 같은 법 제3조제5항에서 정한 위자료를 피공제자 또는 그 보호자등에게 지급한다.

② 제1항의 규정에 따른 장해정도의 판정기준·장해급여액의 산정 및 지급방법 등에 관하여 필요한 사항은 대통령령으로 정한다.

제38조(간병급여) ① 간병급여는 제36조의 규정에 따른 요양급여를 받은 자가 치료를 받은 후에도 의학적으로 상시 또는 수시로 간병이 필요한 경우에 실제로 간병을 받는 피공제자 또는 그 보호자등에게 지급한다.

② 제1항의 규정에 따른 간병급여의 지급기준 등에 관하여 필요한 사항은 대통령령으로 정한다.

제39조(유족급여) ① 유족급여는 피공제자가 학교안전사고로 인하여 사망한 경우에 「국가배상법」 제3조제1항제1호에서 정한 금액 및 같은 법 제3조제5항에서 정한 위자료를 피공제자의 상속인에게 지급하되, 사실상 혼인관계에 있던 자를 포함하여 지급한다.[개정 2012.1.26]

1. 삭제[2012.1.26]
2. 삭제[2012.1.26]

② 제1항의 규정에 따른 유족급여의 지급기준 등에 관하여 필요한 사항은 대통령령으로 정한다.

제40조(장의비) ① 장의비는 피공제자가 학교안전사고로 인하여 사망한 경우에 「국가배상법」 제3조제1항제2호에서 정한 평균임금의 100일분을 그 장의

를 행하는 자에게 지급한다.

② 제1항의 규정에 따른 장의비의 지급기준 등에 관하여 필요한 사항은 대통령령으로 정한다.

제40조의2(위로금) ① 공제회는 피공제자인 학생이 교육활동 중에 학교안전사고 이외의 원인을 알 수 없는 사유로 사망한 경우에는 대통령령으로 정하는 위로금을 지급하여야 한다.

② 제1항에 따른 위로금은 제39조제1항에 따른 상속인에게 지급한다.

[본조신설 2012.3.21]

제41조(공제급여의 청구 및 지급 등) ① 제36조 내지 제40조의 규정에 따른 공제급여를 지급받고자 하는 자는 교육부령이 정하는 절차와 방식에 따라 공제회에 공제급여의 지급을 청구하여야 한다.[개정 2008.2.29, 2013.3.23]

② 제1항의 규정에 따라 청구를 받은 공제회는 공제급여를 청구 받은 날부터 14일 이내에 공제급여의 지급 여부를 결정하여야 한다. 다만, 제42조의 규정에 따른 조사의 필요성 등 정당한 사유가 있어 14일 이내에 공제급여의 지급 여부 결정이 어려운 때에는 14일을 연장할 수 있다.

③ 제2항의 규정에 따라 공제급여에 대한 지급 여부의 결정기간을 연장한 때에는 최초 지급 여부 결정기간이 만료되기 전까지 그 사유를 명시하여 공제급여의 지급을 청구한 자에게 통지하여야 한다.

④ 공제회가 공제급여를 지급하기로 결정한 경우에는 지체 없이 공제급여의 지급을 청구한 자에게 공제급여를 지급하여야 한다. 다만, 공제급여의 지급을 청구한 자의 신청이 있거나 공제회가 필요하다고 인정하는 경우에는 지급결정일 전이라도 공제급여의 전부 또는 일부를 먼저 지급할 수 있다.

⑤ 공제회는 제43조의 규정에 따라 공제급여의 전부 또는 일부를 지급하지 아니하기로 결정한 때에는 공제가입자와 공제급여의 지급을 청구한 자에게 지체 없이 그 이유를 통지하여야 한다. 이 경우 공제회는 공제급여의 지급을 청구한 자에게 제57조의 규정에 따라 심사청구를 할 수 있다는 사실과 심사청구 절차 및 기간 등을 알려야 한다.

제42조(학교안전사고의 조사 등) ① 공제회는 공제급여의 지급 여부를 결정하기 위하여 필요하다고 인정하는 경우에는 소속 직원으로 하여금 학교안전사고의 발생 장소를 방문하여 사고경위 등을 조사하게 하거나 사고관계자로

하여금 필요한 서류를 제출하게 하는 등의 조사를 할 수 있다.

② 공제회는 공제급여의 지급 여부를 결정하기 위하여 필요하다고 인정하는 경우에는 「국민건강보험법」 제42조의 규정에 따른 요양기관(이하 "요양기관"이라 한다)에 대하여 관계 진료기록의 열람 또는 필요한 자료의 제출을 요청할 수 있다.[개정 2011.12.31]

③ 제1항의 규정에 따라 조사를 하고자 하는 경우 공제회는 조사의 목적 및 내용 등을 학교안전사고가 발생한 장소의 관리자, 공제가입자, 당해 피공제자 그 밖의 사고관계자 등에게 미리 알려야 하고, 사고 발생 장소를 방문하는 공제회 소속 직원은 신분증을 제시하여야 한다.

④ 학교안전사고가 발생한 장소의 관리자, 공제가입자, 당해 피공제자, 요양기관 또는 그 밖의 사고관계자 등은 정당한 사유 없이 제1항 또는 제2항의 규정에 따른 조사를 방해하거나 자료의 제출을 거부하여서는 아니 된다.

제43조(공제급여의 제한) ① 공제회는 다음 각 호의 어느 하나에 해당하는 경우에는 이 법에 따른 공제급여의 전부 또는 일부를 지급하지 아니할 수 있다. 다만, 제3호에 해당하는 경우에는 공제급여를 지급하지 아니한다.

1. 피공제자의 자해 · 자살. 다만, 학교안전사고가 원인이 되어 자해 · 자살한 경우에는 공제급여의 전부를 지급한다.
2. 학교안전사고로 인하여 피해를 입은 피공제자 또는 그 보호자등이 정당한 사유 없이 요양기관의 지시를 따르지 아니하여 피공제자의 부상 · 질병 또는 장해의 상태가 악화되었거나 요양기관의 치료를 방해한 것이 명백한 경우
3. 학교안전사고와 관련하여 제36조 내지 제40조의 규정에 따른 공제급여를 받을 권리가 있는 자(이하 "수급권자"라 한다)가 「자동차손해배상 보장법」의 규정에 따른 손해배상을 받은 경우

② 공제회는 제12조 단서의 규정에 따라 공제회에 가입한 공제가입자가 교육부령이 정하는 기간 이상 제49조의 규정에 따른 공제료를 체납하고, 그 체납이 피공제자의 귀책사유로 인한 경우에는 그 금액을 모두 납부할 때까지 공제급여를 지급하지 아니할 수 있다.[개정 2008.2.29, 2013.3.23]

제44조(피공제자 등에 대한 공제급여금의 청구 등) ① 학교안전사고가 다음 각 호의 어느 하나에 해당하는 사유로 발생하고, 공제회가 수급권자에게

공제급여를 지급한 경우 공제회는 수급권자에게 지급한 공제급여에 상당하는 금액의 지급을 학교안전사고를 일으킨 자 또는 그 보호자등에게 청구할 수 있다.

1. 피공제자의 고의 또는 중대한 과실로 인하여 학교안전사고가 발생한 경우
2. 피공제자 또는 공제가입자가 아닌 자의 고의·과실로 인하여 학교안전사고가 발생한 경우

② 공제가입자는 학교안전사고가 발생한 때에는 이를 지체 없이 공제회에 통지하여야 한다.

제45조(다른 보상·배상과의 관계) ① 학교안전사고로 인하여 발생한 피해에 대하여 수급권자가 이 법에 따른 공제급여를 받은 경우에는 학교안전사고로 인하여 발생한 피해에 대한 보상 또는 배상의 책임이 있는 국가·지방자치단체·공제가입자 또는 피공제자는 그 공제급여 금액의 범위 안에서 다른 법령에 따른 보상 또는 배상의 책임을 면한다.

② 수급권자가 다른 법령에 따라 이 법의 공제급여에 상당하는 보상 또는 배상을 받은 경우 공제회는 그 보상 또는 배상의 범위 안에서 이 법에 따른 공제급여를 지급하지 아니한다.

제46조(부당이득의 환수) ① 공제회는 공제급여가 다음 각 호의 어느 하나에 해당하는 사유로 지급된 경우에는 그 공제급여액에 상당하는 금액을 환수하여야 한다.

1. 거짓 그 밖의 부정한 방법으로 공제급여를 받은 경우
2. 요양기관의 거짓 진단에 따라 공제급여가 부당하게 지급된 경우
3. 그 밖에 공제급여가 잘못 지급된 경우

② 제1항제2호의 규정에 해당하는 경우 수급권자와 당해 요양기관은 연대하여 공제급여 상당액을 반환하여야 한다.

제47조(수급권의 보호) ①수급권자의 공제급여를 받을 권리는 피공제자의 사망, 학교안전공제에 가입한 학교에서의 졸업·퇴학 등 신분관계의 변동으로 인하여 소멸되지 아니한다.

② 수급권자의 공제급여를 받을 권리는 이를 양도 또는 압류할 수 없다.

제48조(비용의 보전) ① 공제회는 교직원과 교직원의 업무를 보조하는 자 중

대통령령이 정하는 자가 학교안전사고와 관련하여 비용을 지출한 경우 이에 대한 비용을 보전할 수 있다.

② 제1항의 규정에 따른 비용을 보전하는 경우 그 지급기준 · 절차 및 보전 비용의 산정 등에 관하여 필요한 사항은 교육부령으로 정한다.[개정 2008.2.29, 2013.3.23]

제7장 공제료

제49조(공제료) ① 공제가입자는 공제료를 공제회에 납부하여야 한다. 이 경우 공제가입자는 대통령령이 정하는 바에 따라 피공제자에게 공제료에 충당하기 위한 금액의 전부 또는 일부를 징수할 수 있다.

② 공제회는 제1항의 규정에 따라 징수한 공제료를 제52조의 규정에 따른 학교안전공제및사고예방기금의 수입으로 계상하여야 한다.

③ 교육부장관은 대통령령이 정하는 바에 따라 매 사업연도마다 전전년도 이전 최근 3년 간의 학교안전사고의 발생 추이와 공제급여 지급 실적, 전전년도의 공제 사업 및 예방 사업 등의 운영경비와 물가 상승률 등을 반영하여 공제료 산정기준을 정하고 이를 고시하여야 한다.[개정 2008.2.29, 2013.3.23]

④ 공제회는 제3항의 규정에 따라 고시된 공제료 산정기준에 근거하여 관할 구역 내 학교안전사고의 발생 추이와 공제급여의 지급 실적, 학교의 종류 및 규모 등을 고려하여 공제료를 산정하고 이를 공제가입자에게 통보하여야 한다.

⑤ 제4항의 규정에 따라 산정된 공제료를 통보 받은 공제가입자는 통보된 공제료에 대하여 이의가 있을 경우 교육부령이 정하는 절차와 방식에 따라 공제회에 이의를 신청할 수 있다.[개정 2008.2.29, 2013.3.23]

제50조(공제료의 납부고지) ① 공제회는 제49조의 규정에 따라 산정된 공제료의 납부를 교육부령이 정하는 절차와 방식에 따라 공제가입자에게 고지하여야 한다.[개정 2008.2.29, 2013.3.23]

② 제1항의 규정에 따른 공제료의 납부고지서에는 다음 각 호의 사항을 기재하여야 한다.

1. 공제료의 금액
2. 납부기한
3. 납부장소

③ 공제료의 납부기한 · 납부방법 · 납부절차 등 공제료의 수납에 관하여 필요한 사항은 교육부령으로 정한다.[개정 2008.2.29, 2013.3.23]

제51조(국가 등의 공제료 부담) ① 다음 각 호의 어느 하나에 해당하는 피공제자(제1호 및 제2호의 경우에는 학생인 피공제자를 말한다)에 대한 공제료는 이를 국가 또는 지방자치단체가 부담한다.[개정 2007.7.27, 2011.5.19, 2011.8.4, 2011.9.15]

1. 「국민기초생활 보장법」 제12조의 규정에 따른 교육급여를 받는 수급자와 그 자녀인 피공제자 및 같은 법 제24조의 규정에 따른 차상위계층으로 조사된 자와 그 자녀인 피공제자
2. 「독립유공자예우에 관한 법률」 제15조의 규정에 따라 교육보호를 받는 자, 「국가유공자 등 예우 및 지원에 관한 법률」 제22조제1항에 따른 교육지원 대상자, 「보훈보상대상자 지원에 관한 법률」 제25조제1항에 따른 교육지원 대상자, 「5 · 18민주유공자예우에 관한 법률」 제12조의 규정에 따른 교육지원대상자 및 「특수임무유공자 예우 및 단체설립에 관한 법률」 제11조의 규정에 따른 교육지원대상자인 피공제자
3. 제2조제5호에 따른 교육활동참여자

② 국가 또는 지방자치단체는 예산의 범위 안에서 학생인 피공제자에 대한 공제료를 부담할 수 있다.

③ 제18조제1항제2호의2에 따른 학교폭력 피해학생의 치료비 등의 소요경비는 국가 또는 지방자치단체가 부담한다.[신설 2012.3.21]

제8장 학교안전공제 및 사고예방기금

제52조(기금의 설치 및 조성) ① 교육감은 학교안전공제 사업 및 학교안전사고의 예방 사업에 필요한 재원을 확보하고, 공제급여에 충당하기 위하여 학교안전공제 및 사고예방기금(이하 "기금"이라 한다)을 설치한다.

② 기금은 공제료 수입, 국가 및 지방자치단체의 보조금, 기금의 운용수익,

적립금, 결산상 잉여금, 차입금, 기부금과 그 밖의 수입금을 재원으로 하여 이를 조성한다.

제53조(기금의 용도) ① 기금은 다음 각 호의 용도에 사용한다.[개정 2012.3.21]

1. 공제급여의 지급
2. 공제회의 재정 지원
3. 차입금 및 이자의 상환
4. 학교안전공제제도의 조사 · 연구 · 홍보 및 학교안전사고의 예방 · 교육지원 사업
5. 제18조제1항제2호의2에 따른 학교폭력 피해학생 치료비 등과 관련한 경비의 지급
6. 그 밖에 학교안전사고의 예방 및 학교안전공제와 관련하여 대통령령이 정하는 사업

② 제1항제5호에 대한 집행 기준, 절차 및 방법 등은 교육부령으로 정한다.[신설 2012.3.21, 2013.3.23]

제54조(기금의 관리 · 운용) ① 기금은 공제회가 관리 · 운용한다.

② 공제회는 다음 각 호의 방법에 따라 기금을 관리 · 운용하여야 한다.

1. 금융기관 또는 체신관서에의 예입 및 금전신탁
2. 투자신탁 등의 수익증권 매입
3. 국가 · 지방자치단체 또는 금융기관이 직접 발행하거나 채무이행을 보증하는 유가증권의 매입
4. 그 밖에 기금 증식을 위하여 대통령령이 정하는 사업

③ 공제회는 기업회계의 원칙에 따라 기금을 계리하여야 한다.

제55조(기금의 운용계획) 공제회는 매 사업연도마다 교육부장관이 정하는 바에 따라 기금운용계획을 수립하여 교육감의 승인을 얻어야 한다.[개정 2008.2.29, 2013.3.23]

제56조(잉여금 · 손실금 · 차입금) ①기금의 결산상 잉여금이 생긴 때에는 이를 적립금으로 계상하고, 결산상 손실금이 생긴 때에는 적립금을 사용할 수 있다.

② 교육감은 기금을 운용함에 있어 일시적으로 자금의 부족 등이 생긴 때에

는 대통령령이 정하는 절차와 방식에 따라 금융기관 등으로부터 차입 또는 일시 차입을 할 수 있다. 이 경우 일시차입금은 당해 사업연도 내에 상환하여야 한다.

제9장 심사청구 및 재심사청구

제57조(심사청구의 제기) ① 공제회의 공제급여 결정에 대하여 불복이 있는 자는 제58조의 규정에 따른 학교안전공제보상심사위원회에 심사청구를 할 수 있다.

② 제1항의 규정에 따른 심사청구는 공제급여에 관한 결정이 있음을 안 날부터 90일 이내에 하여야 한다. 다만, 천재 · 지변 · 전쟁 · 사변 그 밖의 불가항력적인 사유로 심사를 청구할 수 없는 기간은 심사청구기간에 산입하지 아니한다.

③ 제1항의 규정에 따른 심사청구에 관하여 필요한 사항은 대통령령으로 정한다.

제58조(학교안전공제보상심사위원회) ① 제57조의 규정에 따른 심사청구를 심리 · 결정하게 하기 위하여 공제회에 학교안전공제보상심사위원회(이하 "심사위원회"라 한다)를 둔다.

② 심사위원회는 위원장 1인을 포함하여 9인 이상 15인 이내의 위원으로 구성한다.

③ 심사위원회의 위원장은 위원 중에서 교육감이 지명하는 자가 되고, 위원은 다음 각 호의 어느 하나에 해당하는 자 중에서 교육감이 임명 또는 위촉한다.[개정 2008.2.29, 2013.3.23]

1. 5급 이상의 국가공무원(고위공무원단에 속하는 공무원 및 장학관을 포함한다) 또는 지방공무원으로 재직하였거나 재직하고 있는 자
2. 변호사의 자격이 있는 자
3. 전문의의 자격이 있는 자
4. 손해사정사 등 보험 업무 분야에서 5년 이상 실무에 종사한 경력이 있는 자
5. 고등학교 이하의 각급 학교에 재직하고 있는 자로서 10년 이상의 교육경

력이 있는 자

6. 대학에서 조교수 이상의 직에 재직하였거나 재직하고 있는 자

7. 학부모 대표

8. 그 밖에 제1호 내지 제5호에 준하는 자격이 있는 자로서 교육부령이 정하는 자

④ 심사위원회 위원의 임기는 2년으로 하되, 연임할 수 있다.

⑤ 심사위원회의 운영 등에 관하여 필요한 사항은 대통령령으로 정한다.

제59조(심사청구에 대한 심리 · 결정) ① 심사위원회는 제57조의 규정에 따라 심사청구를 받은 날부터 60일 이내에 심사청구에 대한 결정을 하여야 한다. 다만, 부득이한 사유로 인하여 그 기간 내에 결정을 할 수 없는 때에는 1차에 한하여 1개월을 넘지 아니하는 범위 안에서 그 기간을 연장할 수 있다.

② 심사위원회는 심사청구의 심리를 위하여 필요하다고 인정하는 경우에는 심사청구인의 신청 또는 직권에 따라 다음 각 호의 행위를 할 수 있다.

1. 심사청구인 또는 관계인을 지정장소에 출석하게 하여 질문하거나 의견을 진술하게 하는 것
2. 심사청구인 또는 관계인에게 증거가 될 수 있는 문서 또는 그 밖의 물건을 제출하게 하는 것
3. 전문적인 지식이나 경험을 가진 자로 하여금 감정 또는 진단을 하게 하는 것

제60조(결정의 효력) 심사위원회가 결정을 행한 경우에 심사청구인이 제61조제2항의 규정에 따른 기간 내에 재심사청구 또는 공제급여와 관련된 소송을 제기하지 아니하거나 제기된 재심사청구 또는 소송을 취하한 때에는 공제회와 심사청구인 간에 당해 결정의 내용과 동일한 합의가 성립된 것으로 본다.

제61조(재심사청구의 제기) ① 제59조제1항의 규정에 따른 심사청구에 대한 결정에 불복이 있는 자는 제62조의 규정에 따른 학교안전공제보상재심사위원회에 재심사청구를 할 수 있다.

② 제1항의 규정에 따른 재심사청구는 심사청구에 대한 결정서 정본이 심사청구인에게 송달된 날부터 90일 이내에 제기하여야 한다. 이 경우 천재 ·

지변 · 전쟁 · 사변 그 밖에 불가항력 등 재심사 청구인의 책임 없는 사유로 재심사를 청구할 수 없는 기간은 재심사청구기간에 산입하지 아니한다.

제62조(학교안전공제보상재심사위원회) ① 제61조의 규정에 따른 재심사청구를 심리 · 재결하기 위하여 공제중앙회에 학교안전공제보상재심사위원회(이하 "재심위원회"라 한다)를 둔다.

② 재심위원회는 위원장 1인을 포함하여 9인 이상 15인 이내의 위원으로 구성한다.

③ 재심위원회의 위원장은 위원 중에서 교육부장관이 지명하는 자가 되고, 재심위원회 위원은 다음 각 호의 어느 하나에 해당하는 자 중에서 교육부장관이 임명 또는 위촉한다.[개정 2008.2.29, 2013.3.23]

1. 3급 이상의 국가공무원(고위공무원단에 속하는 공무원 및 장학관을 포함한다) 또는 지방공무원으로 재직하였거나 재직하고 있는 자
2. 변호사의 자격이 있는 자
3. 전문의의 자격이 있는 자
4. 손해사정사 등 보험 업무 분야에서 10년 이상 실무에 종사한 경력이 있는 자
5. 고등학교 이하의 각급 학교에 재직하고 있는 자로서 15년 이상의 교육경력이 있는 자
6. 대학에서 부교수 이상의 직에 재직하였거나 재직하고 있는 자
7. 학부모 대표
8. 그 밖에 제1호 내지 제5호에 준하는 자격이 있는 자로서 교육부령이 정하는 자

④ 위원의 임기는 2년으로 하되, 연임할 수 있다.

⑤ 재심위원회의 운영 등에 관하여 필요한 사항은 대통령령으로 정한다.

제63조(재심사청구에 대한 심리 · 재결) 제59조의 규정은 재심사청구에 대한 심리 · 재결에 관하여 이를 준용한다. 이 경우 "심사위원회"는 각각 "재심위원회"로, "심사청구"는 각각 "재심사청구"로, "심사청구인"은 각각 "재심사청구인"으로, "결정"은 "재결"로 본다.

제64조(재결의 효력) 재심위원회가 재결을 행한 경우에 재심사청구인이 재심위원회의 재결서 정본이 재심사청구인에게 송달된 날부터 60일 이내에 공

제급여와 관련된 소송을 제기하지 아니하거나 제기한 소송을 취하한 경우에는 공제회와 재심사청구인 간에 당해 재결 내용과 동일한 합의가 성립된 것으로 본다.

제10장 보칙

제65조(시효) ① 공제료의 징수 및 수급권자의 공제급여를 받을 권리는 3년간 행사하지 아니하면 소멸시효가 완성된다.

② 제1항의 규정에 따른 소멸시효에 관하여는 이 법에 정한 사항 외에는 「민법」의 규정에 따른다.

제66조(서류의 송달) 「국세기본법」 제8조 내지 제12조의 규정은 공제료 그 밖에 이 법에 따른 징수금에 관한 서류의 송달에 관하여 이를 준용한다.

제67조(자료의 제공 요청) ① 공제회는 학교장 및 요양기관 등에 대하여 학교안전공제 사업을 운영하기 위하여 필요한 자료의 제공을 요청할 수 있다.

② 제1항의 규정에 따라 자료의 제공을 요청받은 학교장 및 요양기관 등은 성실히 이에 응하여야 한다.

제68조(진찰요구) 공제회는 공제급여의 결정 등에 관하여 필요하다고 인정하는 때에는 피공제자에 대하여 공제회가 정하는 의료기관에서 진찰을 받도록 할 수 있다.

제69조(비밀의 유지) 다음 각 호에 규정된 직에 종사하는 자 및 그 직에 종사하였던 자는 그 업무상 알게된 비밀을 누설하여서는 아니 된다.

1. 공제회 · 공제중앙회의 임원 및 직원
2. 심사위원회 및 재심사위원회의 위원

제11장 벌칙

제70조(벌칙 적용에서의 공무원 의제) 공제회 및 공제중앙회의 임원 · 직원과 심사위원회와 재심위원회의 위원은 「형법」 제129조 내지 제132조의 적용에 있어서 이를 공무원으로 본다.

제71조(벌칙) 제69조의 규정을 위반한 자는 1년 이하의 징역 또는 1천만원

이하의 벌금에 처한다.

제72조(과태료) 다음 각 호의 어느 하나에 해당하는 자에 대하여는 50만원 이하의 과태료에 처한다.

1. 제26조(제33조의 규정에 따라 준용되는 경우를 포함한다)의 규정을 위반하여 학교안전공제회 · 학교안전공제중앙회 또는 이와 유사한 명칭을 사용한 자
2. 제42조제4항의 규정을 위반하여 조사를 방해하거나 자료의 제출을 거부한 자
3. 제44조제2항의 규정에 따른 통지를 하지 아니하거나 거짓으로 통지를 한 자
4. 제67조제1항의 규정에 따른 자료의 제공 요청을 정당한 사유 없이 거부하거나 제공하지 아니한 자

제73조(과태료의 부과 · 징수절차) ① 제72조의 규정에 따른 과태료는 대통령령이 정하는 바에 따라 교육감이 부과 · 징수한다.

② 제1항의 규정에 따른 과태료 처분에 불복이 있는 자는 그 처분을 고지받은 날부터 30일 이내에 당해 과태료 처분을 한 교육감에게 이의를 제기할 수 있다.

③ 제1항의 규정에 따른 과태료 처분을 받은 자가 제2항의 규정에 따라 이의를 제기한 때에는 교육감은 지체 없이 관할 법원에 그 사실을 통보하여야 하고, 그 통보를 받은 관할 법원은 「비송사건절차법」에 따른 과태료의 재판을 한다.

④ 제2항의 규정에 따른 기간 이내에 이의를 제기하지 아니하고 과태료를 납부하지 아니한 때에는 지방세체납처분의 예에 따라 이를 징수한다.

3. 소년법

[일부개정 2014.1.7. 법률 제12192호]
법무부(소년과) 02-2110-3342~3

제1장 총칙[개정 2007.12.21]

제1조(목적) 이 법은 반사회성(反社會性)이 있는 소년의 환경 조정과 품행 교정(矯正)을 위한 보호처분 등의 필요한 조치를 하고, 형사처분에 관한 특별조치를 함으로써 소년이 건전하게 성장하도록 돕는 것을 목적으로 한다.
[전문개정 2007.12.21]

제2조(소년 및 보호자) 이 법에서 "소년"이란 19세 미만인 자를 말하며, "보호자"란 법률상 감호교육(監護敎育)을 할 의무가 있는 자 또는 현재 감호하는 자를 말한다.
[전문개정 2007.12.21]

제2장 보호사건[개정 2007.12.21]

제1절 통칙[개정 2007.12.21]

제3조(관할 및 직능) ① 소년 보호사건의 관할은 소년의 행위지, 거주지 또는 현재지로 한다.
② 소년 보호사건은 가정법원소년부 또는 지방법원소년부「이하 "소년부(少年部)"라 한다」에 속한다.
③ 소년 보호사건의 심리(審理)와 처분 결정은 소년부 단독판사가 한다.
[전문개정 2007.12.21]

제4조(보호의 대상과 송치 및 통고) ① 다음 각 호의 어느 하나에 해당하는 소년은 소년부의 보호사건으로 심리한다.

1. 죄를 범한 소년
2. 형벌 법령에 저촉되는 행위를 한 10세 이상 14세 미만인 소년
3. 다음 각 목에 해당하는 사유가 있고 그의 성격이나 환경에 비추어 앞으로 형벌 법령에 저촉되는 행위를 할 우려가 있는 10세 이상인 소년
   가. 집단적으로 몰려다니며 주위 사람들에게 불안감을 조성하는 성벽(性癖)이 있는 것
   나. 정당한 이유 없이 가출하는 것
   다. 술을 마시고 소란을 피우거나 유해환경에 접하는 성벽이 있는 것

② 제1항제2호 및 제3호에 해당하는 소년이 있을 때에는 경찰서장은 직접 관할 소년부에 송치(送致)하여야 한다.

③ 제1항 각 호의 어느 하나에 해당하는 소년을 발견한 보호자 또는 학교·사회복리시설·보호관찰소(보호관찰지소를 포함한다. 이하 같다)의 장은 이를 관할 소년부에 통고할 수 있다.

[전문개정 2007.12.21]

제5조(송치서) 소년 보호사건을 송치하는 경우에는 송치서에 사건 본인의 주거·성명·생년월일 및 행위의 개요와 가정 상황을 적고, 그 밖의 참고자료를 첨부하여야 한다.

[전문개정 2007.12.21]

제6조(이송) ① 보호사건을 송치받은 소년부는 보호의 적정을 기하기 위하여 필요하다고 인정하면 결정(決定)으로써 사건을 다른 관할 소년부에 이송할 수 있다.

② 소년부는 사건이 그 관할에 속하지 아니한다고 인정하면 결정으로써 그 사건을 관할 소년부에 이송하여야 한다.

[전문개정 2007.12.21]

제7조(형사처분 등을 위한 관할 검찰청으로의 송치) ① 소년부는 조사 또는 심리한 결과 금고 이상의 형에 해당하는 범죄 사실이 발견된 경우 그 동기와 죄질이 형사처분을 할 필요가 있다고 인정하면 결정으로써 사건을 관할 지방법원에 대응한 검찰청 검사에게 송치하여야 한다.

② 소년부는 조사 또는 심리한 결과 사건의 본인이 19세 이상인 것으로 밝혀진 경우에는 결정으로써 사건을 관할 지방법원에 대응하는 검찰청 검사에

게 송치하여야 한다. 다만, 제51조에 따라 법원에 이송하여야 할 경우에는 그러하지 아니하다.

[전문개정 2007.12.21]

제8조(통지) 소년부는 제6조와 제7조에 따른 결정을 하였을 때에는 지체 없이 그 사유를 사건 본인과 그 보호자에게 알려야 한다.

[전문개정 2007.12.21]

제2절 조사와 심리[개정 2007.12.21]

제9조(조사 방침) 조사는 의학 · 심리학 · 교육학 · 사회학이나 그 밖의 전문적인 지식을 활용하여 소년과 보호자 또는 참고인의 품행, 경력, 가정 상황, 그 밖의 환경 등을 밝히도록 노력하여야 한다.

[전문개정 2007.12.21]

제10조(진술거부권의 고지) 소년부 또는 조사관이 범죄 사실에 관하여 소년을 조사할 때에는 미리 소년에게 불리한 진술을 거부할 수 있음을 알려야 한다.

[전문개정 2007.12.21]

제11조(조사명령) ① 소년부 판사는 조사관에게 사건 본인, 보호자 또는 참고인의 심문이나 그 밖에 필요한 사항을 조사하도록 명할 수 있다.

② 소년부는 제4조제3항에 따라 통고된 소년을 심리할 필요가 있다고 인정하면 그 사건을 조사하여야 한다.

[전문개정 2007.12.21]

제12조(전문가의 진단) 소년부는 조사 또는 심리를 할 때에 정신건강의학과 의사 · 심리학자 · 사회사업가 · 교육자나 그 밖의 전문가의 진단, 소년 분류심사원의 분류심사 결과와 의견, 보호관찰소의 조사결과와 의견 등을 고려하여야 한다.[개정 2011.8.4]

[전문개정 2007.12.21]

제13조(소환 및 동행영장) ① 소년부 판사는 사건의 조사 또는 심리에 필요하다고 인정하면 기일을 지정하여 사건 본인이나 보호자 또는 참고인을 소환할 수 있다.

② 사건 본인이나 보호자가 정당한 이유 없이 소환에 응하지 아니하면 소년부 판사는 동행영장을 발부할 수 있다.
[전문개정 2007.12.21]

제14조(긴급동행영장) 소년부 판사는 사건 본인을 보호하기 위하여 긴급조치가 필요하다고 인정하면 제13조제1항에 따른 소환 없이 동행영장을 발부할 수 있다.
[전문개정 2007.12.21]

제15조(동행영장의 방식) 동행영장에는 다음 각 호의 사항을 적고 소년부 판사가 서명날인하여야 한다.
1. 소년이나 보호자의 성명
2. 나이
3. 주거
4. 행위의 개요
5. 인치(引致)하거나 수용할 장소
6. 유효기간 및 그 기간이 지나면 집행에 착수하지 못하며 영장을 반환하여야 한다는 취지
7. 발부연월일

[전문개정 2007.12.21]

제16조(동행영장의 집행) ① 동행영장은 조사관이 집행한다.
② 소년부 판사는 소년부 법원서기관 · 법원사무관 · 법원주사 · 법원주사보나 보호관찰관 또는 사법경찰관리에게 동행영장을 집행하게 할 수 있다.
③ 동행영장을 집행하면 지체 없이 보호자나 보조인에게 알려야 한다.
[전문개정 2007.12.21]

제17조(보조인 선임) ① 사건 본인이나 보호자는 소년부 판사의 허가를 받아 보조인을 선임할 수 있다.
② 보호자나 변호사를 보조인으로 선임하는 경우에는 제1항의 허가를 받지 아니하여도 된다.
③ 보조인을 선임함에 있어서는 보조인과 연명날인한 서면을 제출하여야 한다. 이 경우 변호사가 아닌 사람을 보조인으로 선임할 경우에는 위 서면에 소년과 보조인과의 관계를 기재하여야 한다.

④ 소년부 판사는 보조인이 심리절차를 고의로 지연시키는 등 심리진행을 방해하거나 소년의 이익에 반하는 행위를 할 우려가 있다고 판단하는 경우에는 보조인 선임의 허가를 취소할 수 있다.

⑤ 보조인의 선임은 심급마다 하여야 한다.

⑥ 「형사소송법」 중 변호인의 권리의무에 관한 규정은 소년 보호사건의 성질에 위배되지 아니하는 한 보조인에 대하여 준용한다.

[전문개정 2007.12.21]

제17조의2(국선보조인) ① 소년이 소년분류심사원에 위탁된 경우 보조인이 없을 때에는 법원은 변호사 등 적정한 자를 보조인으로 선정하여야 한다.

② 소년이 소년분류심사원에 위탁되지 아니하였을 때에도 다음의 경우 법원은 직권에 의하거나 소년 또는 보호자의 신청에 따라 보조인을 선정할 수 있다.

1. 소년에게 신체적 · 정신적 장애가 의심되는 경우
2. 빈곤이나 그 밖의 사유로 보조인을 선임할 수 없는 경우
3. 그 밖에 소년부 판사가 보조인이 필요하다고 인정하는 경우

③ 제1항과 제2항에 따라 선정된 보조인에게 지급하는 비용에 대하여는 「형사소송비용 등에 관한 법률」을 준용한다.

[본조신설 2007.12.21]

제18조(임시조치) ① 소년부 판사는 사건을 조사 또는 심리하는 데에 필요하다고 인정하면 소년의 감호에 관하여 결정으로써 다음 각 호의 어느 하나에 해당하는 조치를 할 수 있다.

1. 보호자, 소년을 보호할 수 있는 적당한 자 또는 시설에 위탁
2. 병원이나 그 밖의 요양소에 위탁
3. 소년분류심사원에 위탁

② 동행된 소년 또는 제52조제1항에 따라 인도된 소년에 대하여는 도착한 때로부터 24시간 이내에 제1항의 조치를 하여야 한다.

③ 제1항제1호 및 제2호의 위탁기간은 3개월을, 제1항제3호의 위탁기간은 1개월을 초과하지 못한다. 다만, 특별히 계속 조치할 필요가 있을 때에는 한 번에 한하여 결정으로써 연장할 수 있다.

④ 제1항제1호 및 제2호의 조치를 할 때에는 보호자 또는 위탁받은 자에게

소년의 감호에 관한 필요 사항을 지시할 수 있다.

⑤ 소년부 판사는 제1항의 결정을 하였을 때에는 소년부 법원서기관 · 법원사무관 · 법원주사 · 법원주사보, 소년분류심사원 소속 공무원, 교도소 또는 구치소 소속 공무원, 보호관찰관 또는 사법경찰관리에게 그 결정을 집행하게 할 수 있다.

⑥ 제1항의 조치는 언제든지 결정으로써 취소하거나 변경할 수 있다.

[전문개정 2007.12.21]

제19조(심리 불개시의 결정) ① 소년부 판사는 송치서와 조사관의 조사보고에 따라 사건의 심리를 개시(開始)할 수 없거나 개시할 필요가 없다고 인정하면 심리를 개시하지 아니한다는 결정을 하여야 한다. 이 결정은 사건 본인과 보호자에게 알려야 한다.

② 사안이 가볍다는 이유로 심리를 개시하지 아니한다는 결정을 할 때에는 소년에게 훈계하거나 보호자에게 소년을 엄격히 관리하거나 교육하도록 고지할 수 있다.

③ 제1항의 결정이 있을 때에는 제18조의 임시조치는 취소된 것으로 본다.

④ 소년부 판사는 소재가 분명하지 아니하다는 이유로 심리를 개시하지 아니한다는 결정을 받은 소년의 소재가 밝혀진 경우에는 그 결정을 취소하여야 한다.

[전문개정 2007.12.21]

제20조(심리 개시의 결정) ① 소년부 판사는 송치서와 조사관의 조사보고에 따라 사건을 심리할 필요가 있다고 인정하면 심리 개시 결정을 하여야 한다.

② 제1항의 결정은 사건 본인과 보호자에게 알려야 한다. 이 경우 심리 개시 사유의 요지와 보조인을 선임할 수 있다는 취지를 아울러 알려야 한다.

[전문개정 2007.12.21]

제21조(심리 기일의 지정) ① 소년부 판사는 심리 기일을 지정하고 본인과 보호자를 소환하여야 한다. 다만, 필요가 없다고 인정한 경우에는 보호자는 소환하지 아니할 수 있다.

② 보조인이 선정된 경우에는 보조인에게 심리 기일을 알려야 한다.

[전문개정 2007.12.21]

제22조(기일 변경) 소년부 판사는 직권에 의하거나 사건 본인, 보호자 또는 보조인의 청구에 의하여 심리 기일을 변경할 수 있다. 기일을 변경한 경우에는 이를 사건 본인, 보호자 또는 보조인에게 알려야 한다.

[전문개정 2007.12.21]

제23조(심리의 개시) ① 심리 기일에는 소년부 판사와 서기가 참석하여야 한다.

② 조사관, 보호자 및 보조인은 심리 기일에 출석할 수 있다.

[전문개정 2007.12.21]

제24조(심리의 방식) ① 심리는 친절하고 온화하게 하여야 한다.

② 심리는 공개하지 아니한다. 다만, 소년부 판사는 적당하다고 인정하는 자에게 참석을 허가할 수 있다.

[전문개정 2007.12.21]

제25조(의견의 진술) ① 조사관, 보호자 및 보조인은 심리에 관하여 의견을 진술할 수 있다.

② 제1항의 경우에 소년부 판사는 필요하다고 인정하면 사건 본인의 퇴장을 명할 수 있다.

[전문개정 2007.12.21]

제25조의2(피해자 등의 진술권) 소년부 판사는 피해자 또는 그 법정대리인 · 변호인 · 배우자 · 직계친족 · 형제자매(이하 이 조에서 "대리인등"이라 한다)가 의견진술을 신청할 때에는 피해자나 그 대리인등에게 심리 기일에 의견을 진술할 기회를 주어야 한다. 다만, 다음 각 호의 어느 하나에 해당하는 경우에는 그러하지 아니하다.

1. 신청인이 이미 심리절차에서 충분히 진술하여 다시 진술할 필요가 없다고 인정되는 경우
2. 신청인의 진술로 심리절차가 현저하게 지연될 우려가 있는 경우

[본조신설 2007.12.21]

제25조의3(화해권고) ① 소년부 판사는 소년의 품행을 교정하고 피해자를 보호하기 위하여 필요하다고 인정하면 소년에게 피해 변상 등 피해자와의 화해를 권고할 수 있다.

② 소년부 판사는 제1항의 화해를 위하여 필요하다고 인정하면 기일을 지

정하여 소년, 보호자 또는 참고인을 소환할 수 있다.

③ 소년부 판사는 소년이 제1항의 권고에 따라 피해자와 화해하였을 경우에는 보호처분을 결정할 때 이를 고려할 수 있다.

[본조신설 2007.12.21]

제26조(증인신문, 감정, 통역 · 번역) ① 소년부 판사는 증인을 신문(訊問)하고 감정(鑑定)이나 통역 및 번역을 명할 수 있다.

② 제1항의 경우에는 「형사소송법」 중 법원의 증인신문, 감정이나 통역 및 번역에 관한 규정을 보호사건의 성질에 위반되지 아니하는 한도에서 준용한다.

[전문개정 2007.12.21]

제27조(검증, 압수, 수색) ① 소년부 판사는 검증, 압수 또는 수색을 할 수 있다.

② 제1항의 경우에는 「형사소송법」 중 법원의 검증, 압수 및 수색에 관한 규정은 보호사건의 성질에 위반되지 아니하는 한도에서 준용한다.

[전문개정 2007.12.21]

제28조(원조, 협력) ① 소년부 판사는 그 직무에 관하여 모든 행정기관, 학교, 병원, 그 밖의 공사단체(公私團體)에 필요한 원조와 협력을 요구할 수 있다.

② 제1항의 요구를 거절할 때에는 정당한 이유를 제시하여야 한다.

[전문개정 2007.12.21]

제29조(불처분 결정) ① 소년부 판사는 심리 결과 보호처분을 할 수 없거나 할 필요가 없다고 인정하면 그 취지의 결정을 하고, 이를 사건 본인과 보호자에게 알려야 한다.

② 제1항의 결정에 관하여는 제19조제2항과 제3항을 준용한다.

[전문개정 2007.12.21]

제30조(기록의 작성) ① 소년부 법원서기관 · 법원사무관 · 법원주사 또는 법원주사보는 보호사건의 조사 및 심리에 대한 기록을 작성하여 조사 및 심리의 내용과 모든 결정을 명확히 하고 그 밖에 필요한 사항을 적어야 한다.

② 조사 기록에는 조사관 및 소년부 법원서기관 · 법원사무관 · 법원주사 또는 법원주사보가, 심리기록에는 소년부 판사 및 법원서기관 · 법원사무관 ·

법원주사 또는 법원주사보가 서명날인하여야 한다.

[전문개정 2007.12.21]

제30조의2(기록의 열람 · 등사) 소년 보호사건의 기록과 증거물은 소년부 판사의 허가를 받은 경우에만 열람하거나 등사할 수 있다. 다만, 보조인이 심리 개시 결정 후에 소년 보호사건의 기록과 증거물을 열람하는 경우에는 소년부 판사의 허가를 받지 아니하여도 된다.

[전문개정 2007.12.21]

제31조(위임규정) 소년 보호사건의 심리에 필요한 사항은 대법원규칙으로 정한다.

[전문개정 2007.12.21]

제3절 보호처분[개정 2007.12.21]

제32조(보호처분의 결정) ① 소년부 판사는 심리 결과 보호처분을 할 필요가 있다고 인정하면 결정으로써 다음 각 호의 어느 하나에 해당하는 처분을 하여야 한다.

1. 보호자 또는 보호자를 대신하여 소년을 보호할 수 있는 자에게 감호 위탁
2. 수강명령
3. 사회봉사명령
4. 보호관찰관의 단기(短期) 보호관찰
5. 보호관찰관의 장기(長期) 보호관찰
6. 「아동복지법」에 따른 아동복지시설이나 그 밖의 소년보호시설에 감호 위탁
7. 병원, 요양소 또는 「보호소년 등의 처우에 관한 법률」에 따른 소년의료보호시설에 위탁
8. 1개월 이내의 소년원 송치
9. 단기 소년원 송치
10. 장기 소년원 송치

② 다음 각 호 안의 처분 상호 간에는 그 전부 또는 일부를 병합할 수 있다.

1. 제1항제1호 · 제2호 · 제3호 · 제4호 처분

2. 제1항제1호 · 제2호 · 제3호 · 제5호 처분
3. 제1항제4호 · 제6호 처분
4. 제1항제5호 · 제6호 처분
5. 제1항제5호 · 제8호 처분

③ 제1항제3호의 처분은 14세 이상의 소년에게만 할 수 있다.

④ 제1항제2호 및 제10호의 처분은 12세 이상의 소년에게만 할 수 있다.

⑤ 제1항 각 호의 어느 하나에해당하는 처분을 한 경우 소년부는 소년을 인도하면서 소년의 교정에 필요한 참고자료를 위탁받는 자나 처분을 집행하는 자에게 넘겨야 한다.

⑥ 소년의 보호처분은 그 소년의 장래 신상에 어떠한 영향도 미치지 아니한다.

[전문개정 2007.12.21]

제32조의2(보호관찰처분에 따른 부가처분 등) ① 제32조제1항제4호 또는 제5호의 처분을 할 때에 3개월 이내의 기간을 정하여 「보호소년 등의 처우에 관한 법률」에 따른 대안교육 또는 소년의 상담 · 선도 · 교화와 관련된 단체나 시설에서의 상담 · 교육을 받을 것을 동시에 명할 수 있다.

② 제32조제1항제4호 또는 제5호의 처분을 할 때에 1년 이내의 기간을 정하여 야간 등 특정 시간대의 외출을 제한하는 명령을 보호관찰대상자의 준수 사항으로 부과할 수 있다.

③ 소년부 판사는 가정상황 등을 고려하여 필요하다고 판단되면 보호자에게 소년원 · 소년분류심사원 또는 보호관찰소 등에서 실시하는 소년의 보호를 위한 특별교육을 받을 것을 명할 수 있다.

[본조신설 2007.12.21]

제33조(보호처분의 기간) ① 제32조제1항제1호 · 제6호 · 제7호의 위탁기간은 6개월로 하되, 소년부 판사는 결정으로써 6개월의 범위에서 한 번에 한하여 그 기간을 연장할 수 있다. 다만, 소년부 판사는 필요한 경우에는 언제든지 결정으로써 그 위탁을 종료시킬 수 있다.

② 제32조제1항제4호의 단기 보호관찰기간은 1년으로 한다.

③ 제32조제1항제5호의 장기 보호관찰기간은 2년으로 한다. 다만, 소년부

판사는 보호관찰관의 신청에 따라 결정으로써 1년의 범위에서 한 번에 한하여 그 기간을 연장할 수 있다.

④ 제32조제1항제2호의 수강명령은 100시간을, 제32조제1항제3호의 사회봉사명령은 200시간을 초과할 수 없으며, 보호관찰관이 그 명령을 집행할 때에는 사건 본인의 정상적인 생활을 방해하지 아니하도록 하여야 한다.

⑤ 제32조제1항제9호에 따라 단기로 소년원에 송치된 소년의 보호기간은 6개월을 초과하지 못한다.

⑥ 제32조제1항제10호에 따라 장기로 소년원에 송치된 소년의 보호기간은 2년을 초과하지 못한다.

⑦ 제32조제1항제6호부터 제10호까지의 어느 하나에 해당하는 처분을 받은 소년이 시설위탁이나 수용 이후 그 시설을 이탈하였을 때에는 위 처분기간은 진행이 정지되고, 재위탁 또는 재수용된 때로부터 다시 진행한다.

[전문개정 2007.12.21]

제34조(몰수의 대상) ① 소년부 판사는 제4조제1항제1호 · 제2호에 해당하는 소년에 대하여 제32조의 처분을 하는 경우에는 결정으로써 다음의 물건을 몰수할 수 있다.

1. 범죄 또는 형벌 법령에 저촉되는 행위에 제공하거나 제공하려 한 물건
2. 범죄 또는 형벌 법령에 저촉되는 행위로 인하여 생기거나 이로 인하여 취득한 물건
3. 제1호와 제2호의 대가로 취득한 물건

② 제1항의 몰수는 그 물건이 사건 본인 이외의 자의 소유에 속하지 아니하는 경우에만 할 수 있다. 다만, 사건 본인의 행위가 있은 후 그 정을 알고도 취득한 자가 소유한 경우에는 그러하지 아니하다.

[전문개정 2007.12.21]

제35조(결정의 집행) 소년부 판사는 제32조제1항 또는 제32조의2에 따른 처분 결정을 하였을 때에는 조사관, 소년부 법원서기관 · 법원사무관 · 법원주사 · 법원주사보, 보호관찰관, 소년원 또는 소년분류심사원 소속 공무원, 그 밖에 위탁 또는 송치받을 기관 소속의 직원에게 그 결정을 집행하게 할 수 있다.

[전문개정 2007.12.21]

제36조(보고와 의견 제출) ① 소년부 판사는 제32조제1항제1호 · 제6호 · 제7호의 처분을 한 경우에는 위탁받은 자에게 소년에 관한 보고서나 의견서를 제출하도록 요구할 수 있다.

② 소년부 판사는 조사관에게 제32조제1항제1호 · 제6호 · 제7호의 처분에 관한 집행상황을 보고하게 할 수 있고, 필요하다고 인정되면 위탁받은 자에게 그 집행과 관련된 사항을 지시할 수 있다.

[전문개정 2007.12.21]

제37조(처분의 변경) ① 소년부 판사는 위탁받은 자나 보호처분을 집행하는 자의 신청에 따라 결정으로써 제32조의 보호처분과 제32조의2의 부가처분을 변경할 수 있다. 다만, 제32조제1항제1호 · 제6호 · 제7호의 보호처분과 제32조의2제1항의 부가처분은 직권으로 변경할 수 있다.

② 제1항에 따른 결정을 집행할 때에는 제35조를 준용한다.

③ 제1항의 결정은 지체 없이 사건 본인과 보호자에게 알리고 그 취지를 위탁받은 자나 보호처분을 집행하는 자에게 알려야 한다.

[전문개정 2007.12.21]

제38조(보호처분의 취소) ① 보호처분이 계속 중일 때에 사건 본인이 처분 당시 19세 이상인 것으로 밝혀진 경우에는 소년부 판사는 결정으로써 그 보호처분을 취소하고 다음의 구분에 따라 처리하여야 한다.

1. 검사 · 경찰서장의 송치 또는 제4조제3항의 통고에 의한 사건인 경우에는 관할 지방법원에 대응하는 검찰청 검사에게 송치한다.
2. 제50조에 따라 법원이 송치한 사건인 경우에는 송치한 법원에 이송한다.

② 제4조제1항제1호 · 제2호의 소년에 대한 보호처분이 계속 중일 때에 사건 본인이 행위 당시 10세 미만으로 밝혀진 경우 또는 제4조제1항제3호의 소년에 대한 보호처분이 계속 중일 때에 사건 본인이 처분 당시 10세 미만으로 밝혀진 경우에는 소년부 판사는 결정으로써 그 보호처분을 취소하여야 한다.

[전문개정 2007.12.21]

제39조(보호처분과 유죄판결) 보호처분이 계속 중일 때에 사건 본인에 대하여 유죄판결이 확정된 경우에 보호처분을 한 소년부 판사는 그 처분을 존속할 필요가 없다고 인정하면 결정으로써 보호처분을 취소할 수 있다.

[전문개정 2007.12.21]

제40조(보호처분의 경합) 보호처분이 계속 중일 때에 사건 본인에 대하여 새로운 보호처분이 있었을 때에는 그 처분을 한 소년부 판사는 이전의 보호처분을 한 소년부에 조회하여 어느 하나의 보호처분을 취소하여야 한다.

[전문개정 2007.12.21]

제41조(비용의 보조) 제18조제1항제1호 · 제2호의 조치에 관한 결정이나 제32조제1항제1호 · 제6호 · 제7호(「보호소년 등의 처우에 관한 법률」에 따른 소년의료보호시설 위탁처분은 제외한다)의 처분을 받은 소년의 보호자는 위탁받은 자에게 그 감호에 관한 비용의 전부 또는 일부를 지급하여야 한다. 다만, 보호자가 지급할 능력이 없을 때에는 소년부가 지급할 수 있다.

[전문개정 2007.12.21]

제42조(증인 등의 비용) ① 증인 · 감정인 · 통역인 · 번역인에게 지급하는 비용, 숙박료, 그 밖의 비용에 대하여는 「형사소송법」 중 비용에 관한 규정을 준용한다.

② 참고인에게 지급하는 비용에 관하여는 제1항을 준용한다.

[전문개정 2007.12.21]

제4절 항고[개정 2007.12.21]

제43조(항고) ① 제32조에 따른 보호처분의 결정 및 제32조의2에 따른 부가처분 등의 결정 또는 제37조의 보호처분 · 부가처분 변경 결정이 다음 각 호의 어느 하나에 해당하면 사건 본인 · 보호자 · 보조인 또는 그 법정대리인은 관할 가정법원 또는 지방법원 본원 합의부에 항고할 수 있다.

1. 해당 결정에 영향을 미칠 법령 위반이 있거나 중대한 사실 오인(誤認)이 있는 경우
2. 처분이 현저히 부당한 경우

② 항고를 제기할 수 있는 기간은 7일로 한다.

[전문개정 2007.12.21]

제44조(항고장의 제출) ① 항고를 할 때에는 항고장을 원심(原審) 소년부에

제출하여야 한다.

② 항고장을 받은 소년부는 3일 이내에 의견서를 첨부하여 항고법원에 송부하여야 한다.

[전문개정 2007.12.21]

제45조(항고의 재판) ① 항고법원은 항고 절차가 법률에 위반되거나 항고가 이유 없다고 인정한 경우에는 결정으로써 항고를 기각하여야 한다.

② 항고법원은 항고가 이유가 있다고 인정한 경우에는 원결정(原決定)을 취소하고 사건을 원소년부에 환송(還送)하거나 다른 소년부에 이송하여야 한다. 다만, 환송 또는 이송할 여유가 없이 급하거나 그 밖에 필요하다고 인정한 경우에는 원결정을 파기하고 불처분 또는 보호처분의 결정을 할 수 있다.

[전문개정 2007.12.21]

제46조(집행 정지) 항고는 결정의 집행을 정지시키는 효력이 없다.

[전문개정 2007.12.21]

제47조(재항고) ① 항고를 기각하는 결정에 대하여는 그 결정이 법령에 위반되는 경우에만 대법원에 재항고를 할 수 있다.

② 제1항의 재항고에 관하여는 제43조제2항을 준용한다.

[전문개정 2007.12.21]

제3장 형사사건[개정 2007.12.21]

제1절 통칙[개정 2007.12.21]

제48조(준거법례) 소년에 대한 형사사건에 관하여는 이 법에 특별한 규정이 없으면 일반 형사사건의 예에 따른다.

[전문개정 2007.12.21]

제49조(검사의 송치) ① 검사는 소년에 대한 피의사건을 수사한 결과 보호처분에 해당하는 사유가 있다고 인정한 경우에는 사건을 관할 소년부에 송치하여야 한다.

② 소년부는 제1항에 따라 송치된 사건을 조사 또는 심리한 결과 그 동기

와 죄질이 금고 이상의 형사처분을 할 필요가 있다고 인정할 때에는 결정으로써 해당 검찰청 검사에게 송치할 수 있다.

③ 제2항에 따라 송치한 사건은 다시 소년부에 송치할 수 없다.

[전문개정 2007.12.21]

제49조의2(검사의 결정 전 조사) ① 검사는 소년 피의사건에 대하여 소년부 송치, 공소제기, 기소유예 등의 처분을 결정하기 위하여 필요하다고 인정하면 피의자의 주거지 또는 검찰청 소재지를 관할하는 보호관찰소의 장, 소년분류심사원장 또는 소년원장(이하 "보호관찰소장등"이라 한다)에게 피의자의 품행, 경력, 생활환경이나 그 밖에 필요한 사항에 관한 조사를 요구할 수 있다.

② 제1항의 요구를 받은 보호관찰소장등은 지체 없이 이를 조사하여 서면으로 해당 검사에게 통보하여야 하며, 조사를 위하여 필요한 경우에는 소속 보호관찰관 · 분류심사관 등에게 피의자 또는 관계인을 출석하게 하여 진술요구를 하는 등의 방법으로 필요한 사항을 조사하게 할 수 있다.

③ 제2항에 따른 조사를 할 때에는 미리 피의자 또는 관계인에게 조사의 취지를 설명하여야 하고, 피의자 또는 관계인의 인권을 존중하며, 직무상 비밀을 엄수하여야 한다.

④ 검사는 보호관찰소장등으로부터 통보받은 조사 결과를 참고하여 소년피의자를 교화 · 개선하는 데에 가장 적합한 처분을 결정하여야 한다.

[본조신설 2007.12.21]

제49조의3(조건부 기소유예) 검사는 피의자에 대하여 다음 각 호에 해당하는 선도(善導) 등을 받게 하고, 피의사건에 대한 공소를 제기하지 아니할 수 있다. 이 경우 소년과 소년의 친권자 · 후견인 등 법정대리인의 동의를 받아야 한다.

1. 범죄예방자원봉사위원의 선도
2. 소년의 선도 · 교육과 관련된 단체 · 시설에서의 상담 · 교육 · 활동 등

[본조신설 2007.12.21]

제50조(법원의 송치) 법원은 소년에 대한 피고사건을 심리한 결과 보호처분에 해당할 사유가 있다고 인정하면 결정으로써 사건을 관할 소년부에 송치하여야 한다.

[전문개정 2007.12.21]

제51조(이송) 소년부는 제50조에 따라 송치받은 사건을 조사 또는 심리한 결과 사건의 본인이 19세 이상인 것으로 밝혀지면 결정으로써 송치한 법원에 사건을 다시 이송하여야 한다.

[전문개정 2007.12.21]

제52조(소년부 송치 시의 신병 처리) ① 제49조제1항이나 제50조에 따른 소년부 송치결정이 있는 경우에는 소년을 구금하고 있는 시설의 장은 검사의 이송 지휘를 받은 때로부터 법원 소년부가 있는 시 · 군에서는 24시간 이내에, 그 밖의 시 · 군에서는 48시간 이내에 소년을 소년부에 인도하여야 한다. 이 경우 구속영장의 효력은 소년부 판사가 제18조제1항에 따른 소년의 감호에 관한 결정을 한 때에 상실한다.

② 제1항에 따른 인도와 결정은 구속영장의 효력기간 내에 이루어져야 한다.

[전문개정 2007.12.21]

제53조(보호처분의 효력) 제32조의 보호처분을 받은 소년에 대하여는 그 심리가 결정된 사건은 다시 공소를 제기하거나 소년부에 송치할 수 없다. 다만, 제38조제1항제1호의 경우에는 공소를 제기할 수 있다.

[전문개정 2007.12.21]

제54조(공소시효의 정지) 제20조에 따른 심리 개시 결정이 있었던 때로부터 그 사건에 대한 보호처분의 결정이 확정될 때까지 공소시효는 그 진행이 정지된다.

[전문개정 2007.12.21]

제55조(구속영장의 제한) ① 소년에 대한 구속영장은 부득이한 경우가 아니면 발부하지 못한다.

② 소년을 구속하는 경우에는 특별한 사정이 없으면 다른 피의자나 피고인과 분리하여 수용하여야 한다.

[전문개정 2007.12.21]

제2절 심판[개정 2007.12.21]

第56조(조사의 위촉) 법원은 소년에 대한 형사사건에 관하여 필요한 사항을 조사하도록 조사관에게 위촉할 수 있다.

[전문개정 2007.12.21]

第57조(심리의 분리) 소년에 대한 형사사건의 심리는 다른 피의사건과 관련된 경우에도 심리에 지장이 없으면 그 절차를 분리하여야 한다.

[전문개정 2007.12.21]

第58조(심리의 방침) ① 소년에 대한 형사사건의 심리는 친절하고 온화하게 하여야 한다.

② 제1항의 심리에는 소년의 심신상태, 품행, 경력, 가정상황, 그 밖의 환경 등에 대하여 정확한 사실을 밝힐 수 있도록 특별히 유의하여야 한다.

[전문개정 2007.12.21]

第59조(사형 및 무기형의 완화) 죄를 범할 당시 18세 미만인 소년에 대하여 사형 또는 무기형(無期刑)으로 처할 경우에는 15년의 유기징역으로 한다.

[전문개정 2007.12.21]

第60조(부정기형) ① 소년이 법정형으로 장기 2년 이상의 유기형(有期刑)에 해당하는 죄를 범한 경우에는 그 형의 범위에서 장기와 단기를 정하여 선고한다. 다만, 장기는 10년, 단기는 5년을 초과하지 못한다.

② 소년의 특성에 비추어 상당하다고 인정되는 때에는 그 형을 감경할 수 있다.

③ 형의 집행유예나 선고유예를 선고할 때에는 제1항을 적용하지 아니한다.

④ 소년에 대한 부정기형을 집행하는 기관의 장은 형의 단기가 지난 소년범의 행형(行刑) 성적이 양호하고 교정의 목적을 달성하였다고 인정되는 경우에는 관찰 검찰청 검사의 지휘에 따라 그 형의 집행을 종료시킬 수 있다.

[전문개정 2007.12.21]

第61조(미결구금일수의 산입) 제18조제1항제3호의 조치가 있었을 때에는 그 위탁기간은 「형법」 제57조제1항의 판결선고 전 구금일수(拘禁日數)로 본다.

[전문개정 2007.12.21]

第62조(환형처분의 금지) 18세 미만인 소년에게는 「형법」 제70조에 따른 유치선고를 하지 못한다. 다만, 판결선고 전 구속되었거나 제18조제1항제3호의 조치가 있었을 때에는 그 구속 또는 위탁의 기간에 해당하는 기간은 노역장(勞役場)에 유치된 것으로 보아 「형법」 제57조를 적용할 수 있다.

[전문개정 2007.12.21]

第63条(징역 · 금고의 집행) 징역 또는 금고를 선고받은 소년에 대하여는 특별히 설치된 교도소 또는 일반 교도소 안에 특별히 분리된 장소에서 그 형을 집행한다. 다만, 소년이 형의 집행 중에 23세가 되면 일반 교도소에서 집행할 수 있다.

[전문개정 2007.12.21]

第64条(보호처분과 형의 집행) 보호처분이 계속 중일 때에 징역, 금고 또는 구류를 선고받은 소년에 대하여는 먼저 그 형을 집행한다.

[전문개정 2007.12.21]

第65条(가석방) 징역 또는 금고를 선고받은 소년에 대하여는 다음 각 호의 기간이 지나면 가석방(假釋放)을 허가할 수 있다.

1. 무기형의 경우에는 5년
2. 15년 유기형의 경우에는 3년
3. 부정기형의 경우에는 단기의 3분의 1

[전문개정 2007.12.21]

第66条(가석방 기간의 종료) 징역 또는 금고를 선고받은 소년이 가석방된 후 그 처분이 취소되지 아니하고 가석방 전에 집행을 받은 기간과 같은 기간이 지난 경우에는 형의 집행을 종료한 것으로 한다. 다만, 제59조의 형기(刑期) 또는 제60조제1항에 따른 장기의 기간이 먼저 지난 경우에는 그 때에 형의 집행을 종료한 것으로 한다.

[전문개정 2007.12.21]

第67条(자격에 관한 법령의 적용) 소년이었을 때 범한 죄에 의하여 형을 선고받은 자가 그 집행을 종료하거나 면제받은 경우 자격에 관한 법령을 적용할 때에는 장래에 향하여 형의 선고를 받지 아니한 것으로 본다.

[전문개정 2007.12.21]

제3장의2 비행 예방[신설 2007.12.21]

제67조의2(비행 예방정책) 법무부장관은 제4조제1항에 해당하는 자(이하 "비행소년"이라 한다)가 건전하게 성장하도록 돕기 위하여 다음 각 호의 사항에 대한 필요한 조치를 취하여야 한다.

1. 비행소년이 건전하게 성장하도록 돕기 위한 조사 · 연구 · 교육 · 홍보 및 관련 정책의 수립 · 시행
2. 비행소년의 선도 · 교육과 관련된 중앙행정기관 · 공공기관 및 사회단체와의 협조체계의 구축 및 운영

[본조신설 2007.12.21]

제4장 벌칙[개정 2007.12.21]

제68조(보도 금지) ① 이 법에 따라 조사 또는 심리 중에 있는 보호사건이나 형사사건에 대하여는 성명 · 연령 · 직업 · 용모 등으로 비추어 볼 때 그 자가 당해 사건의 당사자라고 미루어 짐작할 수 있는 정도의 사실이나 사진을 신문이나 그 밖의 출판물에 싣거나 방송할 수 없다.

② 제1항을 위반한 다음 각 호의 자는 1년 이하의 징역 또는 1천만원 이하의 벌금에 처한다.[개정 2014.1.7]

1. 신문 : 편집인 및 발행인
2. 그 밖의 출판물 : 저작자 및 발행자
3. 방송 : 방송편집인 및 방송인

[전문개정 2007.12.21]

제69조(나이의 거짓 진술) 성인(成人)이 고의로 나이를 거짓으로 진술하여 보호처분이나 소년 형사처분을 받은 경우에는 1년 이하의 징역에 처한다.

[전문개정 2007.12.21]

제70조(조회 응답) ① 소년 보호사건과 관계있는 기관은 그 사건 내용에 관하여 재판, 수사 또는 군사상 필요한 경우 외의 어떠한 조회에도 응하여서는 아니 된다.

② 제1항을 위반한 자는 1년 이하의 징역 또는 1천만원 이하의 벌금에 처

한다.

[전문개정 2007.12.21]

제71조(소환의 불응 및 보호자 특별교육명령 불응) 다음 각 호의 어느 하나에 해당하는 자에게는 100만원 이하의 과태료를 부과한다.

1. 제13조제1항에 따른 소환에 정당한 이유 없이 응하지 아니한 자
2. 제32조의2제3항의 특별교육명령에 정당한 이유 없이 응하지 아니한 자

[전문개정 2007.12.21.]

참고문헌

강신덕 외(1988). 청소년상담 개인상담 실습교재. 한국청소년상담원.

강진령 · 유형근(2000). 집단괴롭힘. 학지사.

곽영길(2007). 학교폭력 피해에 대한 인식과 경험에 관한 연구. 동국대학교 대학원 박사학위논문.

교육과학기술부(2008). 학교폭력 피해학생 치유프로그램. 교육과학기술부.

교육과학기술부(2012). 학교폭력 사안대응 기본지침. 교육과학기술부.

교육과학기술부 · 한국교육개발원(2012). wee센터 운영가이드.

교육인적자원부(2007). 한국 교육 정보 지원센터 상담매뉴얼(5). 학교폭력 상담매뉴얼.

구본용(1997). 청소년의 집단따돌림의 원인과 지도방안. 청소년 대화의 광장 처 청소년 상담 문제 연구보고서.

권이종(1997). 학교폭력 이대로 둘 수 없다. 광주광역시 광주흥사단 학교폭력 시 절을 위한. 시대대토론회자료집.

권이종 외(2006). 청소년이해론. 교육과학사.

권해수(2012). 단기 집중형 법무부 대안교육프로그램 효과분석. 법무부 범죄예방 정책국.

김대헌 외(2013). 학교폭력의 예방과 대책. 동문사.

김성곤(2014). 강의노트. 법무연수원.

김옥녀(2009). 초등학교 아동의 집단따돌림 연구. 대진대학교 교육대학원 석사학위논문.

김용태(1997). 청소년 친구 따돌림의 실태조사 청소년 상담문제 연구보고서: 따돌리는 아이들 따돌림을 당하는 아이들. 청소년 대화의 광장.

김은영(1997). 학교폭력 피해학생들의 정신건강에 관한 연구: 학교사회 사업의 개입마련을 위하여. 숭실대학교 대학원 석사학위논문.
김종운(2013), 학교폭력의 예방과 대책. 학지사.
김종운(2013). 학교현장에 맞춘 학교폭력의 예방과 대책. 학지사.
김준호(1997). 학교폭력의 실태와 대책. 범죄방지포럼, 한국범죄방지재단.
김준호 외(1997). 학교주변 폭력의 실태와 대책. 한국정책연구원.
김진숙(2003), 청소년 상담의 기초, 한국청소년 상담원.
김창군 외(2010). 학교폭력의 발생원인과 대처방안. 법학연구, 38, 173-198.
김춘경(2010). 청소년 상담. 학지사.
김충기 외(2011). 진로상담과 진로교육. 동문사.
김혜원(2013). 청소년 학교폭력: 이해·예방·개입을 위한 지침서. 학지사.
노순규 외(2012). 학교폭력의 원인과 해결방법. 한국기업경영연구원.
문용린 외(2006). 학교폭력 예방과 상담. 학지사.
문용린 외(2011). 학교폭력 위기개입의 이론과 실제. 학지사.
문용린 외(2012). 학교폭력 예방과 상담. 학지사.
문재현 외(2012). 왕따 이렇게 해결할 수 있다. 살림터.
민지아(2012). 여학생의 성폭력 피해경험이 지위, 도피 비행행동에 미치는 영향. 연세대학교 사회복지대학원 석사학위논문.
박명선 외(1999). 학생의 집단따돌림에 대한 대책연구. 한국교육개발원.
박성희 외(2012). 학교폭력상담02 중학교 편. 학지사.
박영신 외(2001). 청소년 학교폭력행동과 환경 및 심리특성의 관계: 위탁청소년과 중 · 고등학생을 중심으로. 교육심리연구, 15(2), 25-52.
박용순(2000). 청소년 성폭력 예방을 위한 사회복지적 접근: 가해자와 피해자를 중심으로. 청소년학연구.
박진규(2000). 청소년 집단따돌림현상에 대한 사회문화적 고찰. 청소년학연구.
박태수(2003). 개인상담의 실제. 학지사
박효정 · 정미경 · 박종효(2006). 학교폭력 대처를 위한 지원체제 구축 연구. 한국교육개발원 연구보고서.
법무부 지식사이트(2008). 학교폭력 유형에 따른 법적 대처방안.
법무부(1994). 소년선도보호(소년선도위원 연수자료).
법무부 교과부 학교폭예방재단 등(2012), 학교폭력 사안처리 가이드북.
서울대 의과대학(2000). 학교폭력 피해자의 정신병 실태조사. 보건복지부.

송재홍 외 공저(2013). 학교폭력의 예방 및 대책. 학지사.

송화숙(2008). 청소년비행예방센터의 실질적 성과분석 및 향후 과제. 소년보호연구, 11, 62-104.

신지용(2005). 청소년폭력상담에 대한 정신과적 진단 세미나 자료.

안용성(2012). 학교폭력 청소년상담 3년 새 2배 늘었다. 세계일보, 10면, 2012.6.15.

여성가족부(2010). 김재엽 외. 전국성폭력 실태조사.

여성가족부(2012). 청소년폭력 예방전문가(양성연수자료).

오혜영 외(2009). 학부모개입 지침서 학교폭력. 청소년상담원.

원명희(2002). 학교폭력의 실태와 대책에 관한 연구: 학생폭력을 중심으로. 명제대학교 교육대학원 석사학위논문.

원혜욱 · 김자용(2009). 학교폭력 피해청소년 보호조치의 문제점 및 개선방안. 피해자학연구, 17(1), 291-311.

유미경(2004). 초등학교 집단따돌림의 유형과 동조성 및 충동성과의 관계. 경남대학교 교육대학원 석사학위논문.

이규미 외(2000). 외톨이 청소년의 심리사회적 특성에 관한 연구. 상담 및 심리치료학회 보고서.

이동환(2014). 학교폭력 유관기관 워크숍. 학교폭력과 소년보호기관 역할. 법무부.

이문웅(1992). 폭력행위의 문화인류학적 배경. 제4회 형사정책세미나 발표자료. 한국형사정책연구원.

이범희(1999). 감성지능과 사회성 정도에 따른 집단따돌림에 관한 연구. 아주대학교 교육대학원 석사학위논문.

이병환 외(2008). 대안교육의 실천과 모색. 학지사.

이상균(1999). 학교에서의 또래폭력에 영향을 미치는 요인. 서울대학교 대학원 박사학위논문.

이영돈(2012). 학교폭력 피해학생의 보호에 관한 법제도적 고찰. 법교육연구, 7(2), 117-149.

이유미(2006). 가해학생 대상 특별교육 프로그램. 문용린 외(2006). 학교폭력예방과 상담. 학지사.

이장호 외(2003). 상담심리학의 기초. 학지사.

이재민(1999). 서울시 중학생의 집단따돌림 및 괴롭힘("왕따")실태분석과 해결해결가능성에 관한 연구 연세대 행정대학원 석사학위논문.

이춘재 외(2000). 학교에서의 집단따돌림 : 실태와 특성. 집문당.

이현림 외(2012). 학교폭력상담의 이론과 실제. 한국학술정보(주).

이희영(1997). 학교폭력 피해자와 가해자의 사회 심리적 문제에 관한 연구: 학교 사회사업적 개입 마련을 위하여. 숭실대학교 대학원 석사학위논문.

임재연(2003). 학교폭력 피해 가해 학생의 정신적인 장애와 후유증: 청소년 폭력의 실태와 대책. 대구한의대 청소년 문제연구소, 29-48.

장맹배(2010). 학교폭력에서 나타난 갈등과 분쟁 개념에 대한 소고. 사회복지리뷰, 15, 83-104.

장희화 외(2012). 학교폭력상담01 초등학교 편. 학지사.

전국학교상담지원센터(2007). 초 · 중 · 고등학교 학교폭력 상담매뉴얼 개발. 교육인적자원부.

정재준(2012). 학교폭력 방지를 위한 한국 · 일본의 비교법적 연구. 법학연구, 53(2), 79-108.

정종진(2012). 학교폭력 상담: 이론과 실제. 학지사.

정지민(1998). 학교폭력 피해 · 가해 유형에 따른 청소년의 학교적응 및 공격성에 관한 연구. 숙명여자대학교 대학원 석사학위논문.

정진성(2009). 학교폭력의 원인에 대한 연구: 지역사회의 영향을 중심으로. 한국공안행정학회보, 제35권, 365-394.

정현옥(2008). 아동 성폭력 범죄애 대한 연구. 숭실대학교 대학원 석사학위논문.

정현주 · 김하나 · 최보영(2012). 학교폭력 부모 지침서. 한국청소년상담원.

조종태(2012). 학교폭력에 대한 효율적 대처방안. 범죄예방정책연구, 제24권, 9-11.

청소년폭력예방재단 상담센터(2004). 제1차 학교폭력전문상담원 양성교육.

청소년폭력예방재단 상담센터(2005). 제2차 학교폭력전문상담원 양성교육.

청소년폭력예방재단(1996). 폭력은 싫어요. 학교폭력의 예방과 지도. 청소년폭력예방재단.

청소년폭력예방재단(1996). 학교 폭력, 고통 받는 아이들을 위해 무엇을 할 것인가?. 청소년폭력예방재단.

청소년폭력예방재단(2002). 학교폭력 실태조사 보고서. 청소년폭력예방재단.

청소년폭력예방재단(2005). 청소년 폭력예방 전문가 양성과정.

청소년폭력예방재단(2008). 2007 학교폭력 실태조사 보고서. 청소년폭력예방재단.

청소년폭력예방재단(2011). 전국 학교폭력 실태조사 보고서. 청소년폭력예방재단.

청소년폭력예방재단(2013). 전국 학교폭력 실태조사 보고서. 청소년폭력예방재단.

최성훈(2012). 학교폭력예방에 있어서 여가레크리에이션의 역할. 한국 여가 레크리에이션학회 학술세미나 자료집, 17-27.

표갑수(1996). 학교내외 청소년 폭력의 실태와 대책 : 아동학대와 학교폭력. 제15회 아동학대예방협회 세미나.

학교폭력 근절을 위한 시민모임 운영위원(2003). 학교폭력문제 극복을 위한 지역사회의 역할. 도시와 빈곤, 제63호, 51-57.

한국교육개발원(2012). 집단 따돌림 예방 프로그램. 한국교육개발원.

한국교육개발원(2013). 어울림 학교폭력예방프로그램 연수안내. 한국교육개발원.

한국청소년개발원(2001). 학교폭력의 최근동향과 문제점에 대한 고찰. 한국청소년개발원.

한준상 외(1999). 청소년 집단따돌림 실태에 관한 연구. 한국청소년개발원.

한현민 역(2012). 초등학생의 스킬스트리밍: 친사회행동기술 교육의 새로운 전략과 전망. 시그마프레스.

홍경자(2010). 상담의 과정. 학지사.

Carkhuff, R. R. (1969). *Helping and buman reations : Selection and training (Vol.1)*. New York : holt,Rinehart & Winston.

Craig, W. M., Peters, D. & Konarski, R. (1998). *Bullying and vctimization among Canddian school children.* Available online from Applied Research Branch, Strategic Policy, Human Resources Development Canada; http://www.hrdcdncc.gc.ca/publicatins/research/abw-98-28e.shtmi.

Goldstein, S. (1995). *Understanding and managing children's classroom behavior(p. 302).* New York: John Wiley & Sons, Inc.

Ma, X. (2001). Bullying and being bullied: To what extent are bullies also victims?. *American Educational Research Journal, 38*(2), 351-370.

McGinnis, E. & Goldstein, A. P. (1997). Skillstreaming the elementary school child: A guide for teaching prosocial skills. Champaign, IL: Research Press.

Murray, J. P. (1999). Studying television violence. In J. K. Asamen & G. L. Berry(Eds.), *Research paradigms, television, and social behavior*(pp. 369-410). Thousand Oaks: Sage.

Olweus, D. (1993). *Bullying at School. Blackwell.* Oxford UK & U. S. A.

Olweus, D. (1993). *Bullying at school: What We know and We Can Do.* Oxford, UK: Blackwell.

Schaefer, E. S. (1961). Parental attitudes and child behavior. p.83.

Walker, H. M. & Gresham, F. M. (1997). Making schools safer and violence-free. *Inter-vention in School and Clinic, 32*, 199-204.

http://www.kyci.or.kr

http://www.safe182.go.kr

http://www.wee.or.kr

공저자 소개

김성곤

건국대 대학원(Ph. D, 교육심리전공)
현) 법무부 청소년비행예방센터 소장
전) 법무부 연수원 교수, 강남대학교 교육학과 겸임교수 역임
자격증) 중등학교 2급 정교사(상담), 한국진로전문상담사 1급, 한국교정전문상담사 1급, 한국피해상담사 1급, 분노조절상담사 1급, 정신보건상담사 1급, 진로상담전문가(수련감독급)

장성화

건국대 대학원(Ph. D, 교육심리전공)
현) 공군사관학교 인문학과 심리학 교수
전) 전북과학대학교 유아교육과 교수
전) 세계사이버대학교 상담심리학과 교수
자격증) 한국상담학회 전문상담사 1급(수퍼바이저), 정신보건상담사 1급

황인호

건국대 대학원(Ph. D, 교육심리전공)
현) 서초전문심리치료원 원장
현) 고려대학교 교육대학원 상담심리교육전공 겸임교수
전) 한국전문심리치료원 임상교수, 경찰교육원, 카운슬링 아카데미 외래교수
자격증) 미국 AAPC협회 Fellow(심리치료전문가) 한국상담심리학회 1급(수퍼바이저), 정신보건상담사 1급

김순자

건국대 대학원(Ph. D, 교육심리전공)
현) 한영신학대학교 상담심리학과 교수 및 진로상담연구원 대표원장
현) 사단법인 한국진로상담협회 수석부회장
전) 혜전대, 건국대, 세종대, 한국교통대, 한세대 강의, 루터대 상담실장
자격증) 중등정교사, 한국상담학회 전문상담사 1급(수퍼바이저), 한국피해상담사 1급, 가족상담사

차주환

건국대 대학원(Ph.D. 교육심리전공)
현) 유원대학교 교양융합학부 교수
전) 한영신학대학교 상담심리학과 겸임교수
전) 대진대, 건국대, 고려대 사범대학 외래교수
자격증) 한국상담학회 전문상담사 1급(수퍼바이저) 한국정신건강상담사협의회 정신건강증진상담사 1급

윤향숙

건국대 대학원(박사 수료, 교육심리전공)
현) 루터대학교 상담학과 겸임교수 및 한국진로상담연구원 부원장
전) 경동대학교 교육학과 교직 겸임교수
전) 용인대 학생생활 연구소 상담실장
자격증) 한국상담학회 전문상담사 1급(교정) 수퍼바이저, 정교사 2급, 청소년상담사

학교폭력 예방의 이론과 실제

초판 1쇄 발행 / 2014년 8월 25일
초판 2쇄 발행 / 2015년 8월 10일
초판 3쇄 발행 / 2018년 7월 30일

•

공저자 / 김성곤, 황인호, 차주환
장성화, 김순자, 윤향숙
발행인 / 이 중 수
발행처 / **동 문 사**

•

서울특별시 서대문구 홍제원 1길 12
(홍제동 137-8)
Tel : 02)736-3718(대), 736-3710, 3720
Fax : 02)736-3719
등록번호 : 제9-17호
가격 : 20,000원

•

ISBN : 978-89-8251-695-5(93370)
E-mail : dong736@naver.com
www.dongmunsa.com